UDO DI FABIO

Offener Diskurs und geschlossene Systeme

Soziologische Schriften

Band 53

Offener Diskurs und geschlossene Systeme

Das Verhältnis von Individuum und Gesellschaft in argumentations- und systemtheoretischer Perspektive

Von

Dr. Udo Di Fabio

Duncker & Humblot · Berlin

CIP-Titelaufnahme der Deutschen Bibliothek

Di Fabio, Udo:
Offener Diskurs und geschlossene Systeme: das Verhältnis von Individuum und Gesellschaft in argumentations- und systemtheoretischer Perspektive / von Udo Di Fabio. – Berlin: Duncker und Humblot, 1991
(Soziologische Schriften; Bd. 53)
Zugl.: Bielefeld, Univ., Diss., 1990
ISBN 3-428-07082-8
NE: GT

Fremddatenübernahme: Berliner Buchdruckerei Union GmbH, Berlin 61
Druck: Alb. Sayffaerth – E. L. Krohn, Berlin 61
Printed in Germany

ISSN 0584-6064
ISBN 3-428-07082-8

Vorwort

Das Raunen über eine Zeitenwende ist inzwischen von der Realität bestätigt und zum Teil überholt worden. Die Gesellschaft befindet sich in einem Dauerumbruch, der alte Orientierungen schneller in Frage stellt, als neue nachwachsen können. Die Soziologie, die in weiten Bereichen auch nur das Insistieren auf einer einheitlichen Theorie aufgegeben hat, steht nicht nur vor dem Problem, die Gegenwartsgesellschaft einleuchtend theoretisch zu explizieren, sie verliert auch in zunehmendem Maße den bislang unhinterfragt gültigen Kontext okzidentalen Denkens. In dieser Situation wird es immer wichtiger, das Augenmerk auf die grundsätzlichsten Konstruktionsprinzipien von Gesellschaftstheorien zu richten. Eine solch zentrale und grundsätzliche Bedeutung schreibt die vorliegende Arbeit der theorieleitenden Konstruktion des Verhältnisses von Individuum und Gesellschaft zu. Diese Beziehung ist ein Schlüsselarrangement für Gesellschaftstheorien. Von dieser Relation aus lassen sich auch schwer vergleichbare soziologische Theorien systematisch aufeinander beziehen und funktionell bewerten.

Die gesellschaftstheoretische Auseinandersetzung nicht nur im deutschsprachigen Raum wird heute durch die Konkurrenz von sprachtheoretischen und systemtheoretischen Entwürfen wesentlich bestimmt. Selten spektakulär, aber hartnäckig tragen Habermas und Luhmann seit mehr als zwei Jahrzehnten eine Debatte über die „bessere" Theorie der Gesellschaft aus. Die geisteswissenschaftlich weit verzweigten Einflüsse dieser Debatte reichen etwa in die Pädagogik, die Politikwissenschaft und das Recht. Dahinter verbirgt sich die Frage, ob gesellschaftliche Prozesse durch die Einrichtung und Intensivierung von Argumentationssystemen sich nach individuellen Präferenzen rational steuern lassen, oder aber, ob die Eigenlogik komplexer Systeme — sozialer wie personaler Systeme — in den Vordergrund gerückt und zunächst adäquat erfaßt und verstanden werden muß.

Für vielfältige Hilfe und Diskussionen bei der Ausführung dieser Arbeit danke ich besonders Frau Prof. Helga Gripp-Hagelstange und Sabine Rebbelmund. Dank schulde ich auch den Professoren Hermann Strasser und Niklas Luhmann für Mühen und Engagement im Promotionsverfahren. Für eher mittelbare, aber umso wertvollere Unterstützung richtet sich mein Dank an Prof. Fritz Ossenbühl.

Bonn, August 1990 Udo Di Fabio

Inhaltsverzeichnis

Zeitschriftenabkürzungen

AöR	= Archiv für öffentliches Recht
FAZ	= Frankfurter Allgemeine Zeitung
JbStVw	= Jahrbuch zur Staats- und Verwaltungswissenschaft
JöR	= Jahrbuch für öffentliches Recht
KJ	= Kritische Justiz
KZfSS	= Kölner Zeitschrift für Soziologie und Sozialpsychologie
ÖZS	= Österreichische Zeitschrift für Soziologie
Soz.Revue	= Soziologische Revue
UTR	= Umwelt- und Technikrecht
ZfRS	= Zeitschrift für Rechtssoziologie
ZfS	= Zeitschrift für Soziologie
ZRP	= Zeitschrift für Rechtspolitik
Z.syst.Ther.	= Zeitschrift für systemische Therapie

Einleitung

Das kulturelle Bewußtsein der Gegenwart versucht, mit Diskontinuitätsbegriffen sich zu definieren und selbst zu verstehen. Mode- und Schlagwörter wie „New Age", „Postmoderne", „Risikogesellschaft" oder der schon betagtere Ausdruck „postindustrielle Gesellschaft" signalisieren Absetzungsbewegungen vom klassischen Konzept der Moderne.[1] Das Unbehagen und die Kritik am Projekt der Moderne gehen tief. Nicht nur in den Geisteswissenschaften, sondern bis hinein in die Naturwissenschaften und erst recht innerhalb politischer und expressiver Bewegungen ist ein regelrechter Wettlauf um die radikalste Neuformulierung basaler Denkmuster der okzidentalen Kultur entbrannt.[2] Die Transzendierung des seit Descartes, Galilei und Newton selbstverständlich gewordenen kausal-analytischen, am Vorbild der exakten Naturwissenschaft sich orientierenden Denkens wird als Ziel ausgegeben. Die Bemühungen reichen von der Transformation einer zweckrational vereinseitigten Ökonomie bis zur Infragestellung des rationalen Denkens überhaupt und der Wiederbelebung des Mythos.[3]

Die Kritik am modernen Weltverständnis ist weder auf das Denken beschränkt, noch kommt es von ungefähr. Ein tiefer kultureller Pessimismus, der von apokalyptischen Szenarien bis zur resignativen Anpassung an eine unabänderliche Welt reicht, hat sich breitgemacht und läßt weder für den Glauben an positive Utopien noch für das Vertrauen in die Kraft der Aufklärung, den Menschen aus selbstverschuldeter Unmündigkeit zu führen, Raum. Zugleich dominieren zwei Grunderfahrungen die individuelle Wahrnehmung gesellschaftlicher Wirklichkeit. Zum einen wird das Ausgeliefertsein an gesellschaftliche, ökonomische und politische Prozesse zunehmend spürbar. Nicht mehr natürliche Gewalten, sondern vom Menschen selbst initiierte, aber in ihrer Komplexität nur noch unzureichend begriffene Prozesse werden als dumpfe, angsteinflößende Bedrohung empfunden. Auf der anderen Seite schrumpfen die Macht von Kollektiven und der Schutz,

---

1 Aus der reichhaltigen Literatur zu diesen Diskontinuitätsformulierungen vgl. nur: *Wolfgang Welsch,* Unsere postmoderne Moderne, 1987; *Ulrich Beck,* Risikogesellschaft. Auf dem Weg in eine andere Moderne, 1986; *Marylin Ferguson,* Die sanfte Verschwörung. Persönliche und gesellschaftliche Transformation im Zeitalter des Wassermanns, 1982; *Jean-Francois Lyotard,* La Condition postmoderne. Rapport sur le savoir, 1979. *Alain Touraine,* Die postindustrielle Gesellschaft, 1972.

2 Als Beispiele aus beiden Bereichen vgl. *David Bohm,* Die implizite Ordnung. Grundlagen eines dynamischen Holismus, 1985; *Fridjoff Capra,* The Turning Point, 1982, dtsch. Wendezeit, 1983.

3 *Peter Ulrich,* Transformation der ökonomischen Vernunft, 2. Auflage, 1987; *Manfred Frank,* Der kommende Gott. Vorlesungen über die Neue Mythologie, 1982.

den sie gewähren. Der Einzelne erlebt sich als Einzelner und nicht mehr primär etwa als Parteimitglied, Gewerkschaftsmitglied oder Konfessionsangehöriger. Die Macht der Gruppenbindung, die Durkheim noch als konstitutiv für das Funktionieren sozialer Integration ansah, schwindet und macht zunehmend individuellen Lebensentwürfen und Lebensstilen Platz.[4]

Der neue Individualisierungsschub, der sich auch gegen staatliche Bevormundung und Gängelung richtet, trägt ambivalente Züge. Man kann ihn als Vollendung oder Entfaltung einer der modernen Gesellschaft immanenten Entwicklungslogik zu immer größerer individueller Selbstbestimmung feiern oder auf die Risiken der Vereinzelung und der Abnahme sozialer Solidarität hinweisen.[5] Sowohl im alltagsweltlichen Bewußtsein wie in den Gesellschaftswissenschaften hat der Übergang von der Großgruppengesellschaft, durch die noch die Nationalstaaten zu Beginn des 20. Jahrhunderts geprägt wurden, zu einer individualisierten Risikogesellschaft mit hohen Chancen, aber auch Gefährdungspotentialen noch keine adäquate und konsistente neue Begrifflichkeit hervorgebracht.[6] Das veränderte Verhältnis von Individuum und Gesellschaft wird immer noch in der Terminologie der bürgerlichen Aufklärung eingefangen. Noch immer zirkulieren Vorstellungen vom organischen Gesellschaftsganzen und den Individuen als Teilen dieses Ganzen, die entweder diszipliniert werden müssen oder in ihrer Freiheit schon strukturell — durch ihr Verhältnis als Teil zum prägenden Ganzen — bedroht werden.

Das gegenwärtig erneut als kontingent erfahrene Verhältnis von Individuum und Gesellschaft hatte seit jeher für die soziologische Theoriebildung konstitutiven Charakter.[7] Die Begriffe „individuell" und „sozial" lassen latente Gegensätzlichkeit anklingen, mit der politische Werbestrategen arbeiten und Verfassungsrechtler argumentieren. Das von der Philosophie ererbte, von Hobbes eindrucksvoll zum Modell entwickelte Bild des Individuums als autonomem und sozial ungebändigtem Vereinzelten muß Gesellschaft und soziale Ordnung immer schon als Problem erscheinen lassen. Das Individuum als erkenntnistheoretischer Ausgangs- und Fixpunkt ist a priori und ergo natürlich. „Das Zusammenleben der Menschen miteinander, ihre Gesellschaft, deren Prozesse und Strukturen dagegen erscheinen als nicht naturgegeben und nicht eigentlich real."[8] Die tradierte Be-

---

4 In der soziologischen Literatur geht die Rede vom „Ende der Großgruppengesellschaft" und einem neuen Individualisierungsschub. *Beck*, Risikogesellschaft, S. 139 ff.

5 Hier verlaufen im politischen Bereich die Wertungs-Trennlinien nicht nur zwischen den konservativen und sozialdemokratischen Parteien, sondern auch in steigendem Maße innerhalb der Parteien selbst.

6 Auch hier trifft der Befund, daß die Gesellschaft der Gegenwart noch keinen Namen trage. *Mackensen*, Soziologische Revue 1988, S. 6.

7 Diese Begriffsrelationierung ist nicht identisch mit der gängigen theoretischen Dichotomisierung von Individualismus und Kollektivismus, wie sie im Anschluß an Parsons etwa von J.C. Alexander dargestellt wird. *J.C. Alexander*, Theoretical Logic in Sociology, Berkeley, 1982, Bd. 1, S. 90 ff.

griffsrelationierung von Individuum und Gesellschaft erzeugt geradezu automatisch die theoretische Frage, wie soziale Ordnung überhaupt möglich ist.[9] Die Erklärung, wie soziale Ordnung möglich ist, stellt aus dieser Sicht dann die Achillesferse jeder Gesellschaftstheorie dar. An diesem Punkt konzentriert sich der Kampf zwischen Systemtheorie und Handlungstheorie, phänomenologischen, utilitaristischen und ethnomethodologischen Ansätzen des symbolischen Interaktionismus.

Bereits die Klassiker der Soziologie fanden die Problembeziehung zwischen individueller Freiheit und sozialer Ordnung als feststehenden Orientierungsrahmen vor und versuchten, den durch Philosophie und Staatsphilosophie vorgegebenen Implikationen zu entgehen. Simmel stellte das Ganze-Teile-Schema schon beiläufig in Frage, indem er bemerkte, daß das Individuum nicht mehr zur Gänze Element sozialer Systeme sei.[10] Prononcierter versuchte Durkheim, ein anderes Moment der traditionellen Relationierung von Individuum und Gesellschaft zu überwinden, scil. die Vorstellung, daß individuelle Freiheit und soziale Ordnung Pole einer antinomischen oder antagonistischen Beziehung seien, in der Gewinne der einen Seite zu Verlusten der anderen Seite führen müßten. Webers soziologische Arbeiten schließlich können als großangelegter Versuch betrachtet werden, Gesellschaft als einen interdependenten Prozeß zwischen der Zunahme individueller Handlungsfreiheit und der Rationalisierung kulturell geformter Weltbilder und Handlungsorientierungen zu fassen und auf diese Weise den dinglich-substantiellen Beschränkungen des Teile-Ganzes-Schemas zu entgehen.

Ohne die Aussagekraft geistiger Ahnenforschung überzustrapazieren, kann man die beiden in Deutschland beheimateten großen Theorieentwürfe von Luhmann und Habermas als Fortsetzungen der Ansatzpunkte Durkheims und Webers ansehen. Während Luhmann die Durkheimsche Steigerungsformel, die entgegen der Nullsummenvorstellung eine Steigerung individueller Freiheit bei gleichzeitiger Zunahme des interdependenten Geflechts sozialer Ordnung für möglich erklärt, mit einem hochabstrakten systemtheoretischen Begriffsinstrumentarium gleichsam rekonstruiert, setzt Habermas die Handlungs- und Rationalisierungstheorie Webers durch konsequente Dualisierungen der Weberschen Grundannahmen auf deutlich abstrakterem Theorieniveau fort. Es scheint mir ein ebenso lohnenswertes wie prekäres Unternehmen, in diesen beiden anspruchsvollen Theoriekonzepten nach den konstruktiven Weichenstellungen zu suchen, die das Verhältnis von Individuum und Gesellschaft bestimmen, und zugleich auf die

---

8 *Nobert Elias,* Die Gesellschaft der Individuen, 1987, S. 259.

9 Habermas stellt sein Theorieprogramm unter die generelle Fragestellung, wie Handeln als soziales möglich ist, und sieht diese Frage nur als Kehrseite der Frage nach der Möglichkeit sozialer Ordnung. *Jürgen Habermas,* Vorstudien und Ergänzungen zur Theorie des kommunikativen Handelns, 1984, S. 571.

10 *Georg Simmel,* Schriften zur Soziologie, 1986, S. 120 f., 288.

geistigen Wurzeln bei Durkheim und Weber hinzuweisen.[11] Lohnenswert deshalb, weil beide Theorieentwürfe sich unter der kardinalen Fragestellung nach dem Verhältnis von Individuum und Gesellschaft[12] ungleich besser erschließen lassen, als es durch die gängigen Etikettierungen (Systemtheorie, Handlungstheorie, Sprachtheorie, Funktionalismus) und die mit ihnen transportierten, eingeschliffenen Vorurteile möglich ist. Lohnenswert auch, weil diese Gegenwartstheorien grundsätzliche Antworten auf die Fragen des identitätssuchenden Einzelnen zu geben versprechen: Wie kann ich mich in einer überkomplexen sozialen Welt orientieren, ohne mich einerseits als determiniert zu begreifen, ohne andererseits die volutative Kraft der Einzelaktion zu überschätzen und ohne vor der Komplexität der Gesellschaft in den Mythos zu flüchten wie einstmals unsere Ahnen vor der übermächtigen Natur? Prekär allerdings ist ein solches Vorhaben schon deshalb, weil die Theorieentwürfe von Habermas und Luhmann nicht nur ungemein voraussetzungsreich angelegt sind, sondern auch zwei divergente Perspektiven der Beobachtung (zum einen die vom einzelnen Handelnden, zum anderen die vom ganzen System ausgehende) entfalten und dadurch scheinbar ihre Kommunikations- und Anschlußfähigkeit untereinander einbüßen. Und dennoch beanspruchen beide Theorien, die jeweils andere Perspektive mit zu umschließen und beide Perspektiven zu integrieren, fordern sich — und damit ihre Gegenüberstellung — geradezu heraus.

Der Gang der vorliegenden Arbeit wird sich von Durkheims Frage leiten lassen, wie es zugehe, daß das Individuum einerseits immer autonomer wird und andererseits immer abhängiger von der Gesellschaft. Dabei wird dieses Problem zunächst in den Horizont klassischen okzidentalen Denkens eingeordnet, bevor seine Bearbeitung durch die beiden zentralen soziologischen Klassiker — Durkheim selbst und Weber — verfolgt wird. Die Grundlinien dieser beiden Klassiker werden heute von Habermas und Luhmann weitergeführt und reichen doch längst über sie hinaus. Diese Arbeit soll zeigen, daß beide Theorieentwürfe mit der von Durkheim formulierten Paradoxie zu kämpfen haben und daß hier der Schlüssel zum Verständnis der beiden Gegenwartstheoretiker liegt. Aber vor allem geht es um die Frage, ob das soziologische Denken den Paradoxien entgehen kann,

---

11 Reizvoll wäre es auch gewesen, die Relationierung von Individuum und Gesellschaft im Werk von Talcott Parsons zu rekonstruieren. Angesichts der originären Komplexität des Werkes von Parsons hätte eine Einarbeitung in diese Arbeit einerseits wohl deren Proportionen und inneren Aufbau gefährdet, da Strukturen in seiner Theorie nicht en passant, sondern nur im Gesamtzusammenhang des Werkes vorgestellt werden können. Wichtiger ist aber andererseits, daß Luhmanns Theorie eine systemtheoretische Radikalisierung von Parsons darstellt. Während Parsons in einem das organische und psychische System mitumfassenden allgemeinen Handlungssystem an der Einheit von Individuum und Gesellschaft festhält, löst Luhmann diese Einheit auf und gibt damit den Blick frei auf die Möglichkeiten einer soziologischen Theorie jenseits der Einheit von Individuum und Gesellschaft.

12 *Elias* (Die Gesellschaft der Individuen, S. 10) spricht von der „Kardinalfrage" der Soziologie. Mit dieser Frage untrennbar verbunden ist immer auch die Frage danach, wie soziale Ordnung möglich ist.

die in der alten Relation von Individuum und Gesellschaft angelegt sind, und um die Frage, zu welchen theoretischen und praktischen Konsequenzen eine Neukonstruktion dieses Paradigmas, die insbesondere Luhmann geleistet zu haben beansprucht, führt. Luhmann ist derjenige Soziologe, der antritt, „die alte und ewig unfruchtbare, ideologisch besetzte Diskussion über das Verhältnis von Individuum und Gesellschaft“[13] mit einem kühnen Neuentwurf zu überwinden. Demgegenüber hält Habermas an der Einheit von Individuum und Gesellschaft fest. Hinter diesen Kontrapositionen steht die Frage nach der Möglichkeit und der Rolle von Vernunft.

---

13 *Luhmann*, Soziale Systeme, S. 298.

A. Durkheims Steigerungsproblem im Kontext der Relation von Individuum und Gesellschaft

I. Das Steigerungsproblem

Eine der zentralen Fragen nicht nur seiner Arbeit, sondern der gesamten klassischen Soziologie formuliert *Emile Durkheim* im Vorwort zu „De la division du travail social" aus dem Jahr 1893:

> „Die Frage, die am Anfang der Arbeit stand, war die Frage nach den Beziehungen der individuellen Persönlichkeit und der sozialen Solidarität. Wie geht es zu, daß das Individuum, während es immer autonomer wird, immer mehr von Gesellschaft abhängt? Wie kann es zu gleicher Zeit persönlicher und solidarischer sein? Denn es ist unwiderlegbar, daß diese beiden Bewegungen, wie gegensätzlich sie auch erscheinen, parallel verlaufen."[1]

Mit dieser Problemformulierung hält sich Durkheim an tradierte Begrifflichkeiten und wagt doch zugleich den Schritt über sie hinaus. Die Gegenüberstellung von individueller Persönlichkeit und sozialer Solidarität bewegt sich im okzidentalen Denkschema einer Dichotomie von individueller Freiheit und sozialer Ordnung. Denken in dieser Dichotomie setzt sich immer auch der Versuchung aus, das Verhältnis beider Bereiche als antinomisches zu verstehen.[2] Freiheit und Ordnung werden als sich prinzipiell ausschließende Antipoden auf einer Skala gedacht, die vom elementaren Individuum bis zur das Ganze repräsentierenden Gesellschaft reicht.

Je größer individuelle Freiheit, desto drängender scheint die Frage, wie soziale Ordnung, wie Integration möglich sind. Je ausgeprägter, entfalteter und determinierender soziale Ordnung ausgebildet ist, desto gefährdeter und schutzbedürftiger erscheint das natürliche Gut individuelle Freiheit. In der okzidentalen Geschichte — von der Philosophie der Antike seit Plato und Aristoteles bis hin zur Staatstheorie der Moderne — wurden Gesellschaft und das Verhältnis des Einzelnen zur Gesellschaft in dieser begrifflichen Grundrelation gedacht.

Die Kraft der Grundrelation für die Formulierung soziologischer Theorie und für die Ausbildung soziologischen Problembewußtseins kann kaum überschätzt

---

1 *Durkheim*, Über die Teilung der sozialen Arbeit, übersetzt von Ludwig Schmidts, 1977 (zwischenzeitlich in neuer Übersetzung erschienen: *Emile Durkheim*, Über soziale Arbeitsteilung, 1988).

2 *Elias*, Die Gesellschaft der Individuen, S. 21 und S. 120.

werden. Die Geschichte der Dichotomie von individueller Freiheit und sozialer Ordnung, die wesentlich älter als die Soziologie ist, wurde von Anbeginn an in das Schema von den Teilen und dem Ganzen eingepaßt. Die Restriktion der Teile wurde als natürliche Bedingung für den Aufbau emergenter Ordnung angesehen; die Teile müssen also um der Integration des Ganzen willen in ihrer vorgegebenen Freiheit beschränkt werden. Diese Vorstellung verband sich mit dem Gedanken, daß Ordnungsbildung gleichsam Freiheit aufsaugt, verbraucht. Die Relation von freiem Individuum und sozialer Ordnung wurde als *Nullsummenspiel* gedacht — der Gewinn der einen Seite zieht automatisch Verluste der anderen Seite nach sich. Ein Mehr an Freiheit bedeutet ein Minus an sozialer Ordnung und umgekehrt. Es ist deshalb ein neuer und faszinierender Gedanke Durkheims, das Verhältnis von individueller Autonomie und sozialer Ordnung als *Steigerungsverhältnis* zu formulieren und damit Summenkonstanz- oder Knappheitsannahmen zu durchbrechen. Dann erscheinen die Steigerung und Stärkung beider Realitäten zugleich als möglich.[3]

Die Problemformulierung als Steigerungskontext umgreift auch die Möglichkeit, daß individuelle Autonomie und soziale Ordnung sich nicht nur wechselseitig nicht behindern, sondern sich in den jeweils unterschiedlichen Beiträgen voraussetzen, so daß die Steigerung des einen Bereichs nicht ohne Steigerungen im anderen Bereich vonstatten gehen kann.[4] Bevor die Ausarbeitung des Steigerungsgedankens bei Durkheim verfolgt wird (Abschnitt IV.), soll die Dichotomie von Individuum und sozialer Ordnung — die Durkheim ja nicht verwirft, sondern lediglich modifiziert — in ihrem geistesgeschichtlichen Kontext knapp skizziert werden (Abschnitte II. und III.).

II. Ursprünge bei Aristoteles

Sucht man nach den Ursprüngen der Relation von Individuum und Gesellschaft, stößt man wie so häufig in der okzidentalen Geistesgeschichte auf *Aristoteles*. Aristoteles hat das Problem individueller Freiheit im Denkzusammenhang der griechischen Philosophie sicherlich nicht als solches gesehen und auch nicht in systematischer Weise mit der Relation von Individuum und Gesellschaft gearbeitet.[5] Nicht das Individuum, sondern die Polis wurde als autark und deshalb

3 *Niklas Luhmann,* Arbeitsteilung und Moral. Durkheims Theorie, in: *Durkheim,* Teilung, S. 17 ff. (28).

4 Vgl. *Luhmann,* FN 3. Für *Elias* (FN 2, S. 90) ist dann auch aus individueller Perspektive Gesellschaft nicht nur das Beschränkende, sondern auch das Ermöglichende. „Die Gesellschaft ist nicht nur das Gleichmachende und Typisierende, sondern auch des Individualisierende."

5 Gleichwohl weist insbesondere die „Politik" eine — modern anmutende — Beziehung von Bürger und Polis auf, wobei der determinierende Vorrang der Polis stets erhalten bleibt. *Aristoteles,* Politik, übersetzt von Eugen Rolfes, 1958, 1253a.

prägend gedacht. Dennoch finden sich Anklänge einer zunächst nur verdeckt antinomischen Relationierung von Individuum und Gesellschaft. Dem aristotelischen Denken wird die Formel zugeschrieben, daß der Mensch umso freier sei, je weniger die öffentliche Gewalt in seine Freiheitsphäre eingreife.

„Diese Formel beruht auf einer philosophischen Voraussetzung, der nämlich, daß der Mensch unabhängig von der politischen Ordnung, in welcher er lebt, seine Realität ist. Das war sicherlich nicht die Auffassung Platos, aber schon bei Aristoteles beginnt diese Auffassung sich geltend zu machen, denn wie sollte man sonst seine Diskussion der Funktion des Gesetzes in der Politik, der Nikomachischen Ethik und der Rhetorik verstehen."[6]

Voraussetzung der Elementarisierung und der Profilierung des Einzelnen gegen das Ganze ist die individuelle Selbstfundierung des vereinzelt gedachten Bewußtseins, die der gesamten abendländischen Bewußtseinsphilosophie als eine ihrer erkenntnistheoretischen Prämissen zugrundeliegt.[7] Dieser individualisierten Fundierung entspricht auf erkenntnistheoretischer Seite die Subjekt-Objekt-Vorstellung. Dem einsam existierenden Einzelnen steht eine fremde, unverbundene und dingliche Welt gegenüber. Auf der praktischen Seite korreliert die solipsistische Weltsicht mit der Annahme von dem Einzelnen zugeschriebenen und seiner Verantwortlichkeit zugerechneten Handlungs- und Entscheidungsfreiheiten. Die Erklärungs- und Begründungsprobleme eines konsequent individualisierten Gesellschaftskonzepts werden bei Aristoteles nicht sichtbar, weil der einzelne Handelnde ebenso wie die Polis von der einigenden Idee des Guten überwölbt und letztlich bestimmt werden.[8]

Aristoteles entwickelt in seiner Nikomachischen Ethik einen differenzierten Handlungsbegriff. Unterschieden wird zwischen freiwilligem (echtem) und unfreiwilligem Handeln.[9] Unfreiwilliges Handeln ist notwendiges Handeln, wobei notwendig bedeutet, daß das Individuum ohne diesen (Handlungs-)Beitrag als Leitursache nicht ausreichend die Bedingungen seiner Existenz herstellen könnte.[10] Erklärungsbedürftig und Quelle von Problemen ist das freiwillige Handeln. Es enthält unhintergehbar das Element der Unsicherheit und Unberechenbarkeit. Freiwilliges Handeln setzt bei Aristoteles voraus, daß die Handlungsregie — das

6 *Franz L. Neumann,* Zum Begriff der politischen Freiheit, in: Zeitschrift für die gesamte Staatswissenschaft, Bd. 109, 1953, S. 25 (27).

7 Zu den Prämissen und Facetten des bewußtseinsphilosophischen Paradigmas und dem Zusammenhang von Solipsismus und Subjekt-Objekt-Trennung, *Dirk Böhler,* Rekonstruktive Pragmatik, 1985, S. 41 ff.

8 Das Gute ist als Prinzip der Ableitung entzogen. *Hans-Georg Gadamer,* Die Idee des Guten zwischen Plato und Aristoteles, 1978, S. 21.

9 *Aristoteles,* Werke, in deutscher Übersetzung, begründet von Ernst Grumbach, hrsg. von Hellmut Flashar, Bd. 6, Nikomachische Ethik, übersetzt von Franz Dirlemeier, 1979, 1110a ff.; vgl. auch Eudemische Ethik, Werke wie vor, Bd. 7, 1224a.

10 Zum Begriff der Notwendigkeit vgl. *Aristoteles,* Metaphysik, übersetzt von Paul Gohlke, 1961, 1015a / 1015b.

„Prinzip" — im Handelnden liegt, „und zwar so, daß er auch die einzelnen Umstände der Handlung kennt."[11] Handeln ohne kognitive Situationskompetenz — gleichsam wie in eine „black box" hinein — wird vom eigentlichen Handlungsbegriff abgesondert. Die Risikobelastung, die in der Annahme individueller Handlungsfreiheit liegt, ist damit allerdings nicht aus der Welt geschafft. Das entscheidende Problem besteht in der Kontingenz des Handelns, im „Wählen-können", dem Entscheiden nach intern und autonom gesetzten Prioritäten. Es geht darum, „daß etwas vor anderem gewählt wird."[12] Das Herrschende im Handelnden ist das Wählende.[13] Die Wahlfreiheit wiederum ist die logische Prämisse der Ethik, die sich nicht nur auf Mittel, sondern auch auf die Zwecke, die im forum internum frei gewählt werden, bezieht.[14] Diese Wahlfreiheit ist bei Aristoteles eingebettet in einen ethischen Kontext, der wissenschaftstheoretisches und praktisches Bemühen zusammenlaufen läßt. Für den Handelnden gilt es, das Gute zu erkennen, „auf den Logos zu hören".[15]

Das Problem der Handlungskontingenz kann sich bei Aristoteles nicht entfalten, weil er davon ausgeht, daß es zur Natur des Menschen gehöre, seine Triebgewalten zu beherrschen und seiner Vernunft zu folgen. Die durch die Philosophie geleitete Vernunft richtet sich auf die Erkenntnis des Guten, die auf der praktischen Ebene als Ordnungsstruktur des Ganzen — der Polis — verstanden werden kann.[16]

III. Die Wiederaufnahme der Relationierung von individueller Autonomie und sozialer Ordnung in der Philosophie der Moderne

1. Subjektive Weltwahrnehmung und Individualismus

Der Stellenwert, der individueller Handlungsfreiheit von der okzidentalen Geistesgeschichte zugemessen wird, entspricht einer ebenso okzidental-spezifischen erkenntnistheoretischen Besonderheit, scil. der Subjekt-Objekt-Trennung. Bereits der Metaphysik des Aristoteles lag die Präferenz zugrunde, daß einem auf Erkenntnis gerichteten (erkennendem) Subjekt eine zu erkennende (der Erkenntnis unterworfene) objektive Welt gegenüberstehe. Das mittelalterliche Denken hat diese Prämisse nicht mehr aufgegeben, sondern nur die Kluft zwischen Subjekt

---

11 *Aristoteles*, Nikomachische Ethik, 1111a.

12 *Aristoteles*, a.a.O., 1112a.

13 *Aristoteles*, a.a.O., 1113a.

14 Vgl. *Aristoteles*, a.a.O.

15 *Gadamer*, Die Idee des Guten, S. 97. Die Frage, ob das Gute dabei ein objektiv-externer Maßstab oder ein pragmatisch sich in der politischen Praxis entfaltendes Prinzip ist — dazu *Gadamer*, a.a.O., S. 95 — kann dabei dahinstehen.

16 Dazu *Gadamer*, Die Idee des Guten, S. 100 f.

und Objekt durch die Gottesvorstellung und den Glauben zu überbrücken gesucht. Die durch die christliche Lehre transportierte Annahme individueller Handlungsfreiheit [17] hat die mittelalterliche Theologie und Philosophie latent immer mit der Paradoxie von individueller Freiheit und sozialer Ordnung konfrontiert. Die Domestizierung der solipsistischen Erkenntnisbewegung durch das jenseits aller Erfahrung liegende Glaubenserlebnis und die Einbettung der theoretisch unterstellten Handlungsfreiheit in eine praktisch geschlossene, streng hierarchisierte und reglementierte politische und ökonomische Ordnung [18] haben der Kraft der Paradoxie jedoch die Spitze genommen.

Die Neutralisierung der konstruktiven Widersprüche, die im individualistischen Erkenntnis- und Verantwortungskonzept liegen, kennzeichnet die gesamte Periode des Mittelalters. Mit dem Beginn der Neuzeit sind Angriffe auf die Mediatisierungsfunktion des Glaubens und auf die Unwandelbarkeit der politisch-ökonomischen Ordnung verbunden, die dazu führen, daß das Spannungsverhältnis von individueller Freiheit und sozialer Ordnung als Problem wieder sichtbar wird. Die Rebellion des Bürgertums gegen die statisch-theokratische Auffassung von der einen Welt war mit dem Zurückdrängen der Präponderanz des Glaubens als gewisser Erkenntnisquelle (oder als Erkenntnissurrogat) verbunden und setzte die Sprengkraft individualistischer Welterfahrung wieder und radikaler denn je frei. [19] Der Begriff der individuellen Autonomie und ein radikal subjektivierter (autonomisierter) Wahrheits- und Erkenntnisbegriff tauchen nahezu zeitgleich auf und scheinen ihre jeweilige Wirkung wechselseitig zu verstärken.

Zu einem Zeitpunkt, zu dem sich nicht nur empirische Vorgehensweisen, sondern darüber hinaus auch das planmäßige Experiment einen festen Platz in der naturwissenschaftlichen Praxis erobert hatten, verteidigt der Rationalist Descartes einerseits die Subjekt-Objekt-Trennung gegen einen pragmatisch objektivierenden Empirismus, und andererseits greift er den scholastischen, auf Autoritäten gestützten Wahrheitsbegriff mittelalterlicher Provenienz an. Nicht nur, daß radikaler Skeptizismus ein sicheres Fundament einzig in der Selbstvergewisserungsformel „cogito ergo sum“ zu finden hat, die Welt kann auch nicht an sich und aus sich heraus erkannt werden, sondern nur mediatisiert durch den Verstand. Diesen Verstand gilt es für Descartes auf eine wahrlich autonome Grundlage zu

---

17 Handlungsfreiheit und Subjekt-Vorstellung wurden von der christlichen Theologie auf den Paulusbrief an die Römer zurückgeführt. (Abschnitt Röm 7, 7-25). Vgl. Frithard Scholz, Freiheit als Indifferenz, 1982, S. 212 ff.

18 Dabei wurde diese Ordnung als prästabilierte Harmonie vorausgesetzt — bei Aristoteles durch die Idee des prägenden Ganzen und in der mittelalterlichen Theologie durch die Idee der einheitlichen Schöpfungsordnung. Vgl. Georg Geismann, Kant als Vollender von Hobbes und Rousseau, in: Der Staat 21 (1982), S. 161 (162 f.).

19 In der Renaissance wurde die Idee der autonomen Gestaltungsfreiheit des Menschen auf der Grundlage seiner Vernunftbegabung grundlegend formuliert von: *Giovanni Pico della Mirandola,* Ausgewählte Schriften, übersetzt und eingeleitet von A. Liebert, 1905, S. 159 ff.

stellen, indem alle von außen herangetragenen Vorurteile dem radikalen individuellen Skeptizismus unterworfen werden. Die individuelle Ratio verdiene bereits deshalb diese selbstvergewissernde Reinigung, weil nur im Bereich seines eigenen Denkens der Mensch einen exklusiven und unmanipulierbaren Zugang habe.

> „Denn da ich jetzt weiß, daß ja selbst die Körper nicht eigentlich durch die Sinne oder durch die Einbildungskraft, sondern einzig durch den Verstand erkannt werden, nicht dadurch, daß man sie betastet oder sieht, sondern daß man sie deutet: so erkenne ich ganz offenbar, daß ich nichts leichter und augenscheinlicher erkennen kann — als meinen Geist."[20]

Mit diesem Ansatzpunkt wird nicht nur der Graben zwischen Subjekt und Objekt als Differenz der Erkenntnismöglichkeit unterstellt, sondern auch — und vor allem — eine ich-zentrierte Weltsicht zum Ausgangspunkt allen Denkens propagiert. Traditionelle Werte, Orientierungen und Einstellungen sollen keine unhinterfragte Geltung für die Handlungsentscheidung und das Denken des Individuums haben,[21] sondern das vom einsamen Subjekt mit seinen eigenen Vergewisserungsformen für wahr Befundene. Geltungsanspruch soll nur erheben können, was mit Gründen versehen ist und in einer logischen Kette auf die individuelle Selbstvergewisserung des „cogito ergo sum" zurückgeführt werden kann.[22]

Diese erkenntnistheoretische Neubestimmung erfolgt nicht zufällig in einer Zeit, in der das Bürgertum seine politischen Forderungen mit einem egalitär-individualistischen, ich-zentrierten Gesellschaftsverständnis, wenn nicht durchzusetzen, so doch zu untermauern sucht. Im politisch-programmatischen Sinne bedeutet Individualismus im Kern dreierlei:

> „(1) Was einen Menschen zum Menschen macht, ist seine Freiheit von der Abhängigkeit vom Willen anderer. (2) Freiheit von der Abhängigkeit von anderen bedeutet Freisein von allen Beziehungen zu anderen, mit Ausnahme jener Beziehungen, die das Individuum freiwillig eingeht, im Hinblick auf sein eigenes Interesse. (3) Das Individuum ist wesentlich Eigentümer seiner eigenen Person und Fähigkeiten, für die es der Gesellschaft nichts schuldet."[23]

Die politisch gegenständlich werdende Vorstellung von einem prinzipiell freien, gleichen und ungebundenen Individuum erlangt in der beginnenden Neuzeit eine ganz andere Bedeutung als in der griechischen Polis. Das Individuum wird zum politischen Kampfbegriff und zum umgreifenden Paradigma von Wissenschaft, Staatstheorie, Philosophie und später auch der Gesellschaftswissenschaft im engeren Sinne.

---

[20] *Descartes,* 2. Meditation, Ziffer 16, Meditationen über die Grundlagen der Philosophie, hrsg. von Lüder Gäbe, 1960, S. 29.

[21] *Descartes* spricht von „alten Meinungen"; vgl. vorangehende Fußnote.

[22] Zur Kritik an diesem vorgeblich logisch konsequenten Zweifel durch den Pragmatismus vgl. *Joas,* Durkheim und der Pragmatismus, in: KZfSS 1985, 411 (415 f.).

[23] *Macpherson,* Die politische Theorie des Besitzindividualismus, 1973, S. 295.

„Die Lösung des Menschen aus den traditionalen Bindungen läßt die Vorstellung des „Individuums" entstehen. Dieses als autonom gedachte Konstrukt bedarf zu seiner Konstituierung „natürlicher Rechte", vor allem des Rechts auf Freiheit (Bindungslosigkeit) und Eigentum. Garantiert werden diese Rechte durch den vertragstheoretisch begründeten Zentralstaat. Diese Denkfigur schafft analytisch die Aufteilung in „Staat" und „Gesellschaft", wobei letztere als Aggregat atomistischer Individuen aufgefaßt wird."[24]

Descartes schlägt mit seinen Meditationen einen Bogen zwischen den politischen Emanzipationsforderungen und einer radikal individualisierten Erkenntnistheorie. Individuelles Handeln und individuelles Erkennen sollen von der das Individuum prädeterminierenden Staats- und Gesellschaftsmacht, deren ideologische Wurzeln im Anerkennen einer traditionalen, unabänderlichen Ordnung liegen, befreit werden.

2. Die Radikalisierung des Bestandsproblems in der Gesellschaftstheorie von Hobbes

Anders als zu den Zeiten des Aristoteles treten zu Beginn der Moderne die philosophischen Disziplinen auseinander. Während die antike Weltsicht die Einheit von Individuum und Gesellschaft im Guten gewahrt sah und die Philosophie als Bemühen um das Erkennen des Guten der natürliche Repräsentant der Einheit war, differenzieren sich in der Moderne die Bereiche Ethik, Staatstheorie und Erkenntnistheorie. Descartes betreibt seine Erkenntnistheorie unberührt von den konstruktiven Konsequenzen für Ethik und Staatsphilosophie, indes *Hobbes* sich in erster Linie mit dem Legitimationsproblem des Staates und damit einer etatistisch verstandenen sozialen Ordnung befaßt.

Die Faszination der Hobbesschen Staatstheorie liegt nicht nur in ihrer suggestiven Einfachheit, sondern vor allem in dem Mut, bei der „Erklärung" und Rechtfertigung staatlich-gesellschaftlicher Ordnung die individuelle Handlungsfreiheit nicht zu leugnen, zu modifizieren oder durch die Annahme immer schon bestehender kultureller und ethischer Überformung in Bezug auf das Bestandsproblem „harmloser" zu gestalten, sondern diese Handlungsfreiheit gerade zu radikalisieren.

Der Gedanke eines autonom handelnden Individuums war zwar nicht neu, aber das kontrafaktische Absehen von allen kulturellen Einbettungen des Individuums verschärfte das Problem, wie soziale Ordnung bei freien Akteuren denkbar ist, in einer Weise, daß aus der Signifikanz des Problems eine rationale Lösung fast naturwüchsig sich aus der Einsicht ergab, daß soziale Ordnung nötig ist.

Individuelle Freiheit wird zur absoluten Beziehungslosigkeit radikalisiert. Für Hobbes ist der Einzelne eine ebenso einsame und exklusive Entität wie in der

---

24 *Bauer / Matis,* Geburt der Neuzeit, 1988, S. 368.

Erkenntnistheorie das erkennende Subjekt.[25] Die Radikalisierung des bereits in der Handlungstheorie des Aristoteles angelegten Individualismuskonzepts drückt der anhebenden Moderne ihren unverwechselbaren Stempel auf.

> „Since Hobbes it is the individual who is locked at as beeing the point of reference for any right and for any legislation. An ancient conception of liberty to be found in *Aristotele* indicates that it means „to be oneself" or to „posses" oneself. This conception in Aristotele's thought is a condition of the felicity which may be reached in the well-ordered life of the polis. Now, in Hobbes, it is radicalised as the one and only point of depature. The individual has got nothing but himself, he is only related to himself."[26]

Aus der absoluten Beziehungslosigkeit entstehen die Bedingungen des Kampfes aller gegen alle. Der Kampf aller gegen alle nimmt — kontraempirisch — einen zeitlich rückverlagert gedachten idealisierten, präsozialen Urzustand an, wo jeder mit gleichen Rechten (bzw. jeder ohne Rechte) ausgestattet dem anderen gegenübersteht, die Menschen durch nichts verbunden sind als ihr wechselseitig aufeinander bezogenes Machtkalkül. In diesem Hobbesschen Naturzustand[27] ist der Zusammenhang zwischen den Teilen und dem Ganzen zerstört, die Elemente sind keiner vorgängigen ordnenden Restriktion mehr ausgesetzt. Aber das Hobbessche Gedankenexperiment zieht das Ganze — die Gesellschaft — nur für einen Augenblick aus dem Gesichtsfeld. Bereits die kalkulierende Selbstreflektion des Individuums und seine Vernunftbegabung (reason) richten sich auf eine Entscheidungs- und Handlungssituation, die von dem ebenfalls vernunftbegabten anderen mitabhängt und deshalb sozial ist.[28]

Diese rudimentär soziale Situation entbehrt jedoch einer jeden Ordnung. Keine Erwartung, kein Kalkül hat sich verfestigt. Die Vernunft der Strategen läuft leer, weil der andere nur durch die faktische Überlegenheit beherrscht werden kann, nicht aber sein Verhalten anders bestimmt oder auch nur vorausgesehen werden könnte.

Damit der Individualismus nicht durch ein Übermaß an Unvorhersehbarkeiten und den Zwang zur permanenten Machtausübung in völlige Unfreiheit umschlägt, ist die akkordierte Aufhebung des Naturzustandes vonnöten.[29] Der Gesellschafts-

---

25 Vgl. *Thomas Hobbes,* De Corpore Politico, Chapter I, in: The English Works of Thomas Hobbes, 1966, Bd. IV, S. 81 ff.

26 *Bernhard Willms,* Liberty as Conditio Humana in Hobbes, in: Thomas Hobbes. His View of Man, edited by J. G. van der Bend, 1982, S. 99 (103). Diese spürbare Radikalisierung wird von Willms zu Recht als Konsequenz der Isolierung des Individuums, das aus dem „ganzen Haus" heraus in die Welt gesetzt wird, gesehen. Erst wenn es der traditionalen Steuerung entbehrt, bedarf es der unmittelbaren Selbststeuerung, bedarf es der Autonomie. Vgl. dazu *Bauer / Matis,* a.a.O., S. 370.

27 *Hobbes,* Leviathan, 17. Kapitel, in der Übersetzung von Jacob Peter Mayer, 1970, S. 155 f. Vgl. dazu auch *Paul J. Johnson,* Hobbes and the Wolf-Man, in: Thomas Hobbes. His View of Man, edited by J. G. van der Bend, 1982, S. 31 ff.

28 Dazu näher: *David P. Gauthier,* The Logic of Leviathan, 1969, S. 76 ff.

vertrag, den die freien Individuen schließen, schafft soziale Ordnung und den Staat als ihre Verkörperung. Im rationalen Kontext der beginnenden Moderne wird der Staat logisch zwingend begründet und legitimiert. Er ist personifizierte soziale Ordnung. Staat ist kein Subsystem der Gesellschaft, sondern die gemeinsam gewollte Zentralinstanz, die sicherstellt, daß individuelle Erwartungsbildung nicht enttäuscht wird. Erst einmal entstanden, greift der Staat in den Machtkampf aller gegen alle mit überlegenen Machtmitteln ein, um diesen freiheitsverhindernden Machtkampf zu beenden. Der Preis allerdings ist das Übermaß an gebündelter Macht in den Händen des Staates, der respekterheischend als Leviathan dem Einzelnen gegenübertritt. Für Hobbes entfaltet der Staat als eigenständiges Wesen — als Person — determinierende und zwingende Kraft.

> „Staat ist eine Person, deren Handlungen eine große Menge Menschen kraft der gegenseitigen Verträge eines jeden mit einem jeden als ihre eigenen ansehen, auf daß diese nach ihrem Gutdünken die Macht aller zum Frieden und zur gemeinschaftlichen Verteidigung anwende."[30]

Der Staat ist nach dieser Vorstellung aber nicht nur eine besonders starke Einzelperson im Spiel der Individuen; wäre dem so, könnte er nicht auch zugleich Repräsentant des Ganzen sein. Er ist Resultante der Einzelhandlungen und des einzelnen vertraglichen Wollens, er ist repräsentierter allgemeiner Wille.[31]

Trotz dieser ideellen Identifizierung von Individuum und Staat beansprucht der „Leviathan" absolute Macht und kann gar nicht anders, als der potentielle Feind des Einzelnen zu sein. Er muß dies um so mehr sein, je weniger integrative Steuerung in den Individuen verankert ist, da deren Egoismen soziale Ordnung bedrohen. In der Hobbesschen Staatstheorie bleibt der Staat notwendig stark, weil individuelles Handeln und soziale Ordnung als Gegensätze gedacht werden. Den Individuen wird keine Instanz zugetraut, die in ihnen das Ganze repräsentieren könnte und so bereits im Prozeß der Entscheidung, die dem Handeln vorausgeht, integrativ wirkte. Wer den Staat aus der Hobbesschen Überhöhung lösen und das Verhältnis von Bürger und Staat aus den Schützengräben einer antinomischen Relationierung befreien will, muß Integrationsanforderungen der sozialen Ordnung in den Köpfen der Individuen erfüllt sehen, gleichsam als soziale Moderation, die in der individuellen Steuerungsinstanz wirksam wird. Ein solches

---

29 Staatliche Macht wird danach um der individuellen Freiheit willen begründet. Zur gleichen Zeit wird aber auch die Befreiung von tradierten Zwängen propagiert und so eine Paradoxie der Moderne offengelegt. „Men want freedom from constraints, while at the same time they recognize the necessity of order." *James M. Buchanan,* The Limits of Liberty, Chicago, 1975, IX.

30 *Thomas Hobbes,* Leviathan, 17. Kapitel, übersetzt von Jacob Peter Mayer, 1970, S. 155 f. Zur Frage, ob dem Staat für Hobbes etwas Persönliches als Artificial Man zukomme oder ob er eine rein rationale, nichtkontingente Maschine darstelle, vgl. *Stefan Smid,* Recht und Staat als „Maschine", Der Staat 1988, S. 325 (331).

31 Der Staat wird hier auch in seiner Funktion als Organ der Gesamtheit gesehen. Vgl. *Ferdinand Tönnies,* Thomas Hobbes. Der Mann und Denker, 1922, S. 193.

Konzept hat besonders eindrucksvoll Kant mit seiner im Kontext der Aufklärung stehenden Pflichtethik entworfen.

3. Personale Selbststeuerung und Vernunft — Die Pflichtethik Kants

a) Kant und Hobbes

Betrachtet man Kants Stellungnahme zu Hobbes,[32] so fallen auf den ersten Blick mehr Gemeinsamkeiten als Unterschiede auf. Auch Kant hält einen starken Staat für nötig, um soziale Ordnung zu garantieren. Auch er geht nicht nur von der natürlichen Prämisse der Freiheit des Menschen aus, sondern auch von der prinzipiellen Selbständigkeit eines jeden Bürgers.[33] Kant hält, wie vor ihm Hobbes und Rousseau, an der Idee eines ursprünglichen Vertrages (contractus originarius) fest, stellt dabei allerdings im Verhältnis zu Hobbes klar, daß er einen solchen Vertrag für ein rein ideelles Konstrukt und für empirisch (faktisch) unmöglich hält.[34]

Die bei Hobbes mit aller Deutlichkeit artikulierte Antinomie zwischen „Leviathan" und freiem Individuum sieht auch Kant insofern, als staatliches (öffentliches) Recht dazu diene, dem Einzelnen Grenzen seiner Freiheit zu ziehen. Er bezeichnet diese den Einzelnen treffende Bindung an das staatliche Gesetz als „äußere", d.h. heteronome Pflicht.

> „Der Zweck nun, der in solchem äußeren Verhältnis an sich selbst Pflicht und selbst die oberste formale Bedingung (conditio sine qua non) aller übrigen äußeren Pflicht ist, ist das Recht der Menschen unter öffentlichen Zwangsgesetzen, durch welche jedem das Seine bestimmt und gegen jedes Anderen Eingriff gesichert werden kann."[35]

Aber in zweifacher und entscheidender Hinsicht weicht Kant von Hobbes ab. Zum einen ist der Staat für Kant kein Leviathan, der — einmal geschaffen — absolut und ohne gesetzliche Bindung unbeschränkt regieren kann. Die vom Staat erlassenen Gesetze — jene heteronome Pflicht des Individuums — sind nicht ausreichend durch den bloßen Umstand legitimiert, daß sie von dem dazu durch den actus consensus ermächtigten Staat erlassen werden. Die Qualität jedes einzelnen Gesetzes muß sich einem außerstaatlichen Prüfungsmaßstab unterwerfen, nämlich der von jedem Einzelnen getragenen, insgesamt gesellschaftlich wirkenden Vernunft.[36]

---

32 *Immanuel Kant,* Zum Verhältnis der Theorie zur Praxis im Staatsrecht (Gegen Hobbes), in: Über den Gemeinspruch, Akademie Textausgabe, Band VIII, 1968, S. 289 ff.

33 *Kant,* a.a.O., S. 290.

34 *Kant,* a.a.O., S. 297.

35 *Kant,* a.a.O., S. 289.

36 *Kant,* a.a.O., S. 297.

Mit dieser doppelten Fundierung und gleichzeitigen Begrenzung des Staates folgt Kant, von Hobbes ausgehend, dem Konzept Rousseaus, der im contrat social keine absolute Machtübertragung auf einen Herrscher sieht, sondern die freiwillige Unterordnung des Einzelnen unter den die Freiheit aller sichernden allgemeinen Willen (volonté générale).[37]

Zum anderen — und mit dem Erfordernis der Vernunftkontrolle des Staatshandelns eng zusammenhängend — läuft bei Kant soziale Integration nicht nur über den äußeren, staatlichen Zwang wie bei Hobbes, sondern der auferlegten äußeren Pflicht korrespondiert eine im Individuum verankerte *innere* Pflicht. Dieses sich wechselseitig bedingende und damit die von Hobbes radikalisierte Antinomie von Individuum und Gesellschaft überwindende Verhältnis von innerer und äußerer Pflicht erschließt sich als doppeltes Integrationskonzept allerdings nur, wenn es in den Kontext von Vernunft und Aufklärung gestellt wird.

b) Aufklärung, Vernunft und Freiheit

Popper hat Kant als letzten großen Vorkämpfer der *Aufklärung* bezeichnet.[38] Kants Begriff der Aufklärung prägt bis in die Gegenwart das Verständnis dieser Idee, seine bündige Antwort auf die Frage, was Aufklärung sei, ist längst zum — allerdings nicht immer verstandenen — Allgemeingut geworden.

> „Aufklärung ist der Ausgang des Menschen aus seiner selbst verschuldeten Unmündigkeit. Unmündigkeit ist das Unvermögen, sich seines Verstandes ohne Leitung eines anderen zu bedienen. Selbstverschuldet ist diese Unmündigkeit, wenn die Ursache derselben nicht am Mangel des Verstandes, sondern der Entschließung und des Muthes liegt, sich seiner ohne Leitung eines anderen zu bedienen. Sapere aude! Habe Muth dich Deines *eigenen* Verstandes zu bedienen! ist also der Wahlspruch der Aufklärung.[39]

Wichtig für die gedankliche Ausrichtung Kants, die Hobbessche Antinomie von Individuum und Staat in einer Einheit aufzuheben, ist der — in diesem Zitat hergestellte — Zusammenhang von Gattungsgeschichte und Selbststeuerung des einzelnen Menschen durch seinen eigenen Verstand. Das autonome Denken (Selbstdenken) ist der Kern der Kantschen Auffassung von Vernunft.

Vor dem Gerichtshof dieser individuell verankerten Vernunft hat nichts schon immer Dagewesene — keine Tradition oder Gewohnheit und auch keine gesetzliche Regel — unhinterfragt Bestand, wenn es sich nicht vor dem rationalen und kritischen Denken als *begründet* ausweisen kann.[40] Vernunft ist selbstreflexiv

---

37 *Rousseau,* Contrat Social, I 6; vgl. dazu *Geismann,* Kant als Vollender von Hobbes und Rousseau, in: Der Staat 21 (1982), S. 161 ff.

38 *Popper,* Immanuel Kant. Der Philosoph der Aufklärung, in: Immanuel Kant zu ehren, hrsg. von Joachim Kopper und Rudolf Malter, 1974, S. 335 (336).

39 *Kant,* Was ist Aufklärung? Akademie Textausgabe, Band VIII, S. 35.

gewordenes Denken. Das Individuum, das sich diesem Denken unterwirft, unterwirft sich damit sowohl der Natur, deren Teil das Denken ist, als auch der Gesellschaft, die jene rationalen Strukturen des Denkens hervorgebracht hat, als auch sich selbst. Es unterwirft sich insofern sich selbst, als es sich in bewußte Abhängigkeit von seinen eigenen, individuell erzeugten Ansichten, Beurteilungen und Wertungen begibt, also von unmittelbarer Fremdsteuerung auf Eigensteuerung „umschaltet“.[41]

Die Selbstunterwerfung unter Gesetze der Vernunft darf nicht als Unterwerfung unter Gesetze der Natur, die in der Vernunft nur abgebildet werden, mißverstanden werden. Vernunft ist nicht nur ein in Denkoperationen übersetzter Reflex der Natur.[42]

Ohne diese eigene Qualität und Emergenz des Denkens wäre für Kant individuelle Freiheit gar nicht als solche möglich. Wenn die Natur, als Totalität begriffen, gesetzmäßig funktionierte und kausal determiniert wäre, so wäre auch individuelles Handeln determiniert und deshalb unfrei. Individuelles Handeln muß daher — unbeschadet aller heteronomen Zwänge und emotionalen Antriebe — vom Individuum selbst bestimmt sein, damit die Freiheitsprämisse sinnvoll formuliert werden kann.[43]

Diese Selbstbestimmung macht bei Kant nicht etwa vor heteronomen, äußeren Geboten halt, sondern umfaßt diese. Aufklärung in seinem Sinne hält die Einhaltung staatlicher oder sittlicher Gesetze nur dann für wertvoll, wenn sie aus innerer Einsicht, d.h. letztlich freiwillig erfolgt. Denkt man dieses Konzept idealtypisch zu Ende, so bedarf es gegenüber vernunftgeleiteten Menschen keiner sozialen oder staatlichen Repression zur Erhaltung der — vernünftigen — sozialen Ordnung. Integration wird durch individuelle Einsicht und nicht (mehr) durch kollektiven Zwang garantiert.

---

40 Vgl. dazu: *Maximilian Forschner,* Gesetz und Freiheit. Zum Problem der Autonomie bei I. Kant, 1974, S. 14 ff.

41 In der Sprache der Systemtheorie wird individuelles Handeln dadurch nicht mehr allein durch soziale Determinanten erklärbar, sondern nur im Zusammenhang mit der Beobachtung des als geschlossen vorgestellten Persönlichkeitssystems. Die Operationen des eigengesteuerten individuellen Systems erreichen ein Selbständigkeitsniveau, das dazu zwingt, Einzelmomente mehr als Verweisungen und Anschlußoptionen im eigenen System zu betrachten, denn als Reaktionen auf Umweltereignisse oder Eingriffe in die Umwelt. Vgl. dazu unten Kapitel III.1.

42 Vgl. *Popper,* a.a.O., S. 342, der auf den Satz Kants hinweist, wonach der Verstand seine Gesetze nicht aus der Natur schöpfe, sondern sie dieser vorschreibe.

43 Vgl. dazu *Gerhard Prauss,* Kant über Freiheit als Autonomie, 1983, S. 12 f.; *Smid,* Recht und Staat als „Maschine“, Der Staat 1988, S. 325 (339).

c) Vernunft und Pflicht

Die enge Bindung von Vernunft und individueller Freiheit ist konstitutiv für die praktische Philosophie Kants. Der Mensch ist nur deshalb Mensch, weil sein Wille und sein Handeln nicht fremdbestimmt sind.[44] Aber der Wille ist kein ungezügelter, wilder Wille, er ist nicht ungebunden, sondern gehorcht (eigenen) Gesetzen.

> „. . . so ist die Freiheit, ob sie zwar nicht eine Eigenschaft des Willens nach Naturgesetzen ist, darum doch nicht gar gesetzlos, sondern muß vielmehr eine Causalität nach unwandelbaren Gesetzen, aber von besonderer Art sein; denn sonst wäre ein freier Wille ein Unding."[45]

Diese Unterworfenheit unter eigene Gesetze, die der sich betätigende Wille als (sittliche) Pflicht verspürt, ist für Kant denknotwendig mit dem Begriff individueller Freiheit vorgegeben.[46] Die Bestimmung dieser Gesetze, um die sich die Philosophie vor Kant durch eine inhaltliche Bestimmung des Guten und des Bösen bemühte, erfolgt bei Kant förmlich, d. h. vor jedem konkreten Inhalt, durch den berühmten kategorischen Imperativ.[47]

Der kategorische Imperativ ist nicht nur mit dem Problem behaftet, daß bei der praktischen Umsetzung keine durchgängige Eindeutigkeit seiner Entscheidungsregel sich herstellen läßt, weil über Möglichkeit und Sinn der Verallgemeinerung einer Einzelhandlung durchaus kontroverse Ansichten bestehen können. Darüber hinaus hat Kant aber auch erhebliche Mühe, die Verbindlichkeit dieses Prinzips zu begründen. Warum soll der Einzelne diesem Prinzip als innerem Zwang folgen? An diesem Argumentationspunkt wird Kant von dem Problem, wie soziale Ordnung möglich ist, wieder eingeholt. Zwar steht außer Zweifel, daß sich selbststeuernde Individuen, die nach der Regel des kategorischen Imperativs entscheiden, eine stabile soziale Ordnung auch ohne staatlichen Zwang erreichen, die Frage ist nur, warum sie sich dieser Regel unterwerfen und so selbst ihre Freiheit beschränken sollen.[48]

Dieses zentrale Problem hat Kant durchaus als solches gesehen.

> „. . . denn wir könnten den, der uns fragte, warum denn die Allgemeingültigkeit unserer Maxime, als eines Gesetzes, die einschränkende Bedingung unseres Han-

---

44 Das Wiederanknüpfen an antike Vorstellungen vom Menschen als Subjekt ethischer Vernunft wird als „kopernikanische Wendung" der Philosophie betrachtet. Vgl. *Peter Ulrich,* Transformationen der ökonomischen Vernunft, 1987, S. 276.

45 *Kant,* Übergang von der Metaphysik der Sitten zur Kritik der reinen praktischen Vernunft, Akademie Textausgabe, Band IV, S. 446.

46 „. . . also ist ein freier Wille und ein Wille unter sittlichen Gesetzen einerlei." a.a.O., S. 447.

47 § 7 der Kritik der praktischen Vernunft: „Handle so, daß die Maxime deines Willens jederzeit zugleich als Prinzip einer allgemeinen Gesetzgebung gelten könne." Akademie Textausgabe, Bd. V, S. 30.

48 „. . . aber was verpflichtet uns, den kategorischen Imperativ zu akzeptieren?" *Münch,* Theorie des Handelns, 1982, S. 317.

delns sein müsse, und worauf wir den Werth gründen, den wir dieser Art zu handeln beilegen, der so groß sein soll, daß es überall kein höheres Interesse geben kann, und wie es zugehe, daß der Mensch dadurch allein seinen persönlichen Werth zu fühlen glaubt, gegen den eines angenehmen oder unangenehmen Zustandes für nichts zu halten sei, keine genugthuende Antwort geben."[49]

An dieser angesichts der sonstigen Stringenz und Denkmacht Kants eher hilflos klingenden Stelle fällt auch die spezifische Zirkularität der kantischen Argumentation ins Auge — eine Zirkularität, die Kant freimütig einräumt.[50]

Kant hatte den Hobbesschen Begriff von Freiheit, wonach diese urwüchsig und animalisch dem Einzelnen innewohnt, zu einer sublimen, kulturierten Freiheit gewandelt. Der Mensch ist nur und gerade deshalb frei, weil er der Pflicht gegen seine anderslautenden natürlichen Antriebe zu folgen vermag. Derjenige, der diese Pflicht nicht spürt oder sie zwar spürt, aber sie ignoriert, ist nach dieser Auffassung gar nicht frei, weil er von der Natur determiniert wird. Wenn man die so verstandene Freiheit dem Problem sozialer Ordnung gegenüberstellt, ergänzen sich beide Bereiche paßgenau. Mehr noch. Die Durkheimsche Steigerungsformel, wonach individuelle Freiheit und soziale Ordnung nicht notwendig sich antinomisch in einem Nullsummenspiel gegenüberstehen, sondern sich wechselseitig bedingen und verstärken können, wird bei Kant bereits sichtbar. Je freier ein Individuum im Sinne Kants wird, desto mehr verankert sich die soziale Ordnung, weil die kollektive Akzeptanz des kategorischen Imperativs zu einer akkordierten Rücksichtnahme im Zusammenspiel der Einzelnen führt.

Gleichwohl sieht Kant sich dem Vorwurf der zirkulären Argumentation ebenso ausgesetzt wie der Frage nach der praktischen Implementierung des kategorischen Imperativs im Handelnden. Den Zirkel kann er nicht durchbrechen, indem er das Selbstbewußtsein des Denkens, das als Vernunft seinen typischen und pflichtzentrierten Charakter erhält, als zwingende Einsicht in die (soziale) Notwendigkeit zu vermitteln sucht.[51]

In der „Kritik der praktischen Vernunft" unternimmt Kant einen neuen Anlauf, die Implementierung des kategorischen Imperativs in die soziale Wirklichkeit als notwendig oder doch zumindest wahrscheinlich zu plausibilisieren. Die Befolgung des sittlichen Gesetzes soll eine Reaktion im Individuum auslösen, die als positives Gefühl motivierend wirkt. Die Wahl der Pflicht vor der Selbstliebe löse *Achtung* aus. Das moralische Gesetz sei (auch) subjektiv ein Grund für Achtung.[52]

Auch wenn Kant Achtung als Wirkung des moralischen Gesetzes a priori — also vor aller Erfahrung — annimmt, so ist es doch im Hinblick auf spätere

---

49 *Kant*, Übergang, a.a.O., S. 449 f.

50 *Kant*, a.a.O., S. 450.

51 *Kant*, a.a.O., S. 452 f. Vgl. auch: *Ulrich*, Transformation der ökonomischen Vernunft, S. 277 f.

52 *Kant*, Kritik der praktischen Vernunft, Akademie Textausgabe, Bd. V, S. 74.

Theorieentwicklungen interessant zu sehen, wie Kant mit dem Begriff der Achtung über die solipsistische Perspektive hinausgreift und den Geltungsgrund der sittlichen Pflicht nicht isoliert im Einzelnen sucht, sondern diesen Geltungsgrund in einem Verhältnis zu anderen, in einer *Reaktion* anderer verankert. „Achtung geht auf Personen",[53] aber sie kann auch nur von Personen ausgehen, sie ist nur als Reaktion, als Urteil anderer denkbar. Auch Selbstachtung ist von dem Urteil anderer nicht unabhängig.[54]

Es fällt natürlich leicht, empirische Erfahrung gegen diesen — nicht zufällig durch die Setzung als a priori gegen Widerlegung immunisierten — Zusammenhang geltend zu machen, etwa mit dem Hinweis darauf, daß beispielsweise Reichtum mehr Achtung und Respekt auslöse als moralisches Handeln. Dem Soziologen Durkheim konnte die Antwort Kants auf das Integrationsproblem denn auch nicht genügen, zu ideell muten Konstruktion und Ergebnis an. Überzeugend wäre das Integrationskonzept Kants erst, wenn die Individuen und die Gesellschaft sich nach seinem Vernunftbegriff entfaltet hätten. Solange dies nicht der Fall ist, bleibt das Gebäude seiner praktischen Philosophie normativ und deshalb in Bezug auf die empirische Gesellschaft ohne durchschlagende Überzeugungskraft. Gleichwohl ist in diesem normativen Konzept die Durkheimsche Steigerungsformel angelegt. Kant bewegt sich deutlich über die Antinomie von individueller Freiheit und sozialer Ordnung hinaus. Humanisierung des Menschen und der sozialen Ordnung nach Maßgabe einer kommunikativ entfalteten Vernunft lassen sich nach Kant nur noch als Wechselwirkungsverhältnis begreifen. Individuelle Freiheit und eine „gerechte sittliche Ordnung" sind aufeinander bezogen. Der eine Bereich kann sich nicht gegen den anderen entfalten, ohne seine eigene Struktur zu gefährden oder die Bedingungen seiner Existenz zu verletzen. Die Soziologie kann allerdings dieses Verhältnis nicht länger normativ fassen, sondern muß im Blick auf die gesellschaftliche Wirklichkeit deskriptive Modelle versuchen.

---

53 *Kant*, a.a.O., S. 76.

54 An diese Bindung von Moral und Achtung knüpft auch Luhmann an. Für ihn besteht Moral in ihrem Kern aus Achtung. Vgl. dazu: *Luhmann*, Soziale Systeme S. 318 ff. Die kommunikative Dimension der Vernunft wird bei Habermas in seiner Theorie des kommunikativen Handelns als zentraler Bezugspunkt herausgearbeitet. Vgl. unten Kapitel C.

IV. Kontinuität und Diskontinuität Durkheims zur traditionellen Relationierung von Individuum und Gesellschaft

1. Soziologie als Tatsachenwissenschaft — Die Emergenzthese Durkheims

Durkheim ist Soziologe. Die Philosophie oszilliert um die Paradoxie, daß individuelle Freiheit zugleich als Voraussetzung und auch als Gefährdung sozialer Ordnung wirkt und umgekehrt individuelle Freiheit sich sozialer Ordnung verdankt und zugleich durch sie bedroht wird. Für den Soziologen Durkheim ist der aus der cartesischen Bewußtseinsperspektive resultierende Begriff individueller Freiheit prima facie weder ein Problem noch eine soziologische Tatsache. Die soziale Ordnung als integrierter, aufeinander abgestimmter Zusammenhang von Regeln, Normen und moralischen Geboten ist immer schon vorhanden und eigentlicher Gegenstand der Soziologie. Individuelle Freiheit ist aus dieser Sicht kein konstitutives Problem, sondern eher ein Randphänomen, daß soziologisch erst dann Bedeutung erlangt, wenn es als juridische oder moralische Anomie soziale Ordnung tatsächlich und ausnahmsweise gefährdet.[55]

Für Durkheim stellt das individuelle Handeln nur insoweit ein soziologisches Phänomen dar, als es von sozialen Regeln geleitet ist. Nur derartige Erscheinungen haben nach Durkheims naturwissenschaftlich beeinflußter Auffassung einen objektiven Charakter, alles andere ist Psychologie.

> „Wenn ich meine Pflichten als Bruder, Gatte und Bürger erfülle, oder wenn ich übernommene Verbindlichkeiten einlöse, so gehorche ich damit Pflichten, die außerhalb meiner Person und der Sphäre meines Willens im Recht und in der Sitte begründet sind."[56]

Diese Regeln, Pflichten und Zeichensysteme (vor allem Sprache), an denen ein Individuum sich orientiert, sind nichts individuell Geschaffenes. Für den Einzelnen sind diese sozialen Systeme immer schon etwas Vorhandenes, außer ihm Existierendes, das er im Wege der Erziehung (kognitiv oder repressiv) übernimmt.[57]

Soziologie ist deshalb als separate Wissenschaftsdisziplin notwendig, weil sowohl die Philosophie wie die Psychologie ihre referentielle Verankerung im

---

[55] Vgl. *Durkheim*, Vorwort zur zweiten Auflage von „Über die Teilung der sozialen Arbeit", a.a.O., S. 40; zum Begriff der Anomie vgl. auch *Peter Christian Lutz*, „Alientation" als Konzept der Sozialwissenschaften, KZfSS 1975, 1 (3 f.). Wegen der Zentrierung auf das Problem sozialer Ordnung mit einem eher funktionalistisch systemtheoretischen Deutungsrahmen wird Durkheim zu der konservativen Richtung der Soziologie gerechnet. Dazu *Hermann Strasser*, The Normative Structure of Sociology, London 1976, S. 118 ff.

[56] *Durkheim*, Die Regeln der soziologischen Methode, 1984, S. 105.

[57] *Durkheim*, a.a.O.

Individuum finden. Durkheim betont diesen Disziplinen gegenüber die Nichtreduzierbarkeit sozialer Phänomene auf individuelle Verhaltensweisen, auch wenn soziale Gebilde (substantiell) aus nichts weiter als eben solchen Verhaltensweisen bestehen.

> „Wir haben nicht nur behauptet, daß Soziales sich qualitativ vom Individuellen unterscheide, sondern im gewissen Sinn dem Individuum gegenüber eigenständig sei, ..."[58]

und

> „... wenn sich Einzelwesen zusammenfinden, bilden sie ein psychisches Gebilde ganz neuer Art, das folglich auch seine eigene Weise zu denken und zu empfinden hat."[59]

Dem Individuum wird damit nicht nur wie bei Hobbes der personifizierte, omnipotente Staat gegenübergestellt, sondern ihm tritt das gesamte Ensemble sozialer Ordnung als eigenständiges und eigenlogisches Wesen entgegen. Fast scheint es, als gerate für Durkheim — hinterrücks — nicht die Frage, wie soziale Ordnung möglich ist, zur Kardinalfrage, sondern die, wie neben der sozialen Determination des Einzelnen überhaupt noch Raum für individuelle Entscheidungsfreiheit verbleiben kann. Selbst ein für das Individuum so existentielles Phänomen wie der Selbstmord wird für Durkheim ein sozial determiniertes Geschehen. „Die Kollektivneigungen sind es, die den einzelnen zum Selbstmord bestimmen. Die Vorgänge in der privaten Sphäre, die man allgemein als unmittelbaren Anlaß des Selbstmordes annimmt, beziehen ihre Wirksamkeit einzig aus der moralischen Verfassung des Betreffenden, die wiederum Echo der moralischen Verfassung der Gesellschaft ist."[60]

Durkheim beobachtet die soziale Sphäre ganz im traditionellen Subjekt-Objekt-Schema und versucht, ihren Gesetzmäßigkeiten auf die Spur zu kommen. Als soziologische Fakten (Tatsachen) werden von ihm Typen des Verhaltens und Denkens untersucht.[61]

Die von Durkheim angeführten Beispiele derartiger sozialer Tatsachen wie Rechtsnormen, Moralgebote, religiöse Dogmen, Finanzsysteme, aber auch Mitleid und kollektive Gefühlsausbrüche[62] signalisieren, daß soziale Tatsachen dabei nicht als substantielle „Dinge" im traditionellen Sinne gedacht sind, sondern nur insoweit als Objektivationen verstanden werden, als sie als äußeres Verhalten beobachtbar sind und sich insofern „in den Individuen widerspiegeln".[63]

---

58 *Durkheim,* Der Selbstmord, 1983, S. 364.

59 *Durkheim,* a.a.O., S. 361.

60 *Durkheim,* a.a.O., S. 346. An anderer Stelle versichert er allerdings, daß sozialer Zwang individuelle Freiheit nicht notwendigerweise ausschließe. *Durkheim,* Regeln, a.a.O., S. 107.

61 *Durkheim,* Regeln, a.a.O., S. 106.

62 *Durkheim,* a.a.O., S. 107.

Die methodische Perspektive Durkheims verschiebt zwar die Referenz vom Individuum zur sozialen Ordnung, bewegt sich aber ansonsten scheinbar vollständig in dem vorgegebenen traditionellen Denkmuster des Subjekt-Objekt-Schemas. Aber während Hobbes das in der Relation von Individuum und Gesellschaft angelegte Bestandsproblem sozialer Ordnung radikalisiert hat, radikalisiert Durkheim das Schema von Individuum und sozialer Ordnung selbst. Durkheim trennt das eigentlich Untrennbare. Indem er die Sozialsphäre nonpersonal — als eigenlogisch — verselbständigt und als Ordnungs- und Regelsystem des Handelns reduziert, wird dem Einzelakteur nicht nur wie bei Hobbes ein zwar omnipotenter, aber personal gedachter und hinsichtlich der Kreation von den Individuen autonom, in einem bewußten Akt (dem Vertrag) geschaffener — und damit auch als „Leviathan" noch menschliche Züge tragender — Staat gegenübergestellt, sondern das Individuum wird mit einem omnipräsenten, unhintergehbaren Handlungssystem konfrontiert. Der im Ganzes-Teile-Schema angelegte Kausalzusammenhang, wonach das Ganze zerlegbar in seine Teile ist, scheint damit erheblich eingeschränkt, weil das Ganze eben nicht mehr aus den Teilen (etwa den Motiven und Absichten des Aktors) erklärbar ist. Das Individuelle und das Soziale werden bei Durkheim als zwei divergente Realitäten vorgestellt.[64] Im Grunde legt die Emergenzthese Durkheims, wonach dem sozialen System eine eigene, irreduzible Realität zukomme, die Vermutung nahe, daß das Ganzes-Teile-Schema verlassen und damit die Relation von Individuum und Gesellschaft (zu Lasten der individuellen Perspektive) aufgelöst wird.[65]

Mit gleichem Recht kann man die Emergenzthese Durkheims jedoch auch als Reformulierung der Aristotelischen Einsicht ansehen, wonach das Ganze mehr ist als die Summe seiner Teile. Die Eigenlogik und die eigene Realität der sozialen Ordnung wären dann nur Chiffren für jenes „Mehr", das das Ganze seinen Teilen voraushat und das dem Ganzen seine strukturierende Kraft verleiht.[66]

Soweit man Durkheims Vorstoß, das Soziale als Realität sui generis zu behandeln, noch als durch das Schema vom Ganzen und seinen Teilen gedeckt sieht, stellt sich allerdings die Frage, wie der systematische Zusammenhang zwischen den Teilen (individuellen Handlungen) und dem Ganzen (Gesellschaft respektive soziale Ordnung) hergestellt wird. Die Determination des Einzelnen, die sich

---

63 *Durkheim*, a.a.O., S. 109. Nur in diesem Sinne können soziale Tatsachen wie „Dinge" der objektiven Welt betrachtet werden. Vgl. dazu *Durkheim*, a.a.O., S. 115 ff.

64 Besonders deutlich: *Durkheim*, Soziologie und Philosophie, 1985, S. 71 ff.

65 Genau dies wirft Adorno Durkheim vor, scil. daß er kollektive Gebilde ohne individuellen Gegenpol zu erfassen suche. *Adorno*, Einleitung zu Durkheim, Soziologie und Philosophie, 1985, S. 14.

66 Für einen solchen Traditionsanschluß spricht schon die Terminologie Durkheims, wenn von der „Synthese des Ganzen" gesprochen wird. *Durkheim*, Soziologie und Philosophie, a.a.O., S. 73. Noch deutlicher wird der Kontakt zum traditionellen Ganzes-Teile-Schema bei den Organismusanalogien Durkheims. Vgl. Über die Teilung der sozialen Arbeit, a.a.O., S. 81.

aus der notwendigen Verwendung sozialer Strukturen (Sprache, Regeln, Werte, Denkkategorien) ergibt, ist zu indifferent, um für sich allein die Existenz einer stabilen sozialen Ordnung zu garantieren. Die Verschiebung der Referenz von der individuellen zur sozialen Perspektive — die Durkheim mit der Etablierung der Soziologie als Wissenschaftsdisziplin institutionalisieren will — kommt nicht um das empirische Problem der Handlungsfreiheit herum. Die Frage, wie in der Relation von Individuum und Gesellschaft der Bestand sozialer Ordnung erklärbar ist, muß auch von Durkheim gesondert beantwortet werden.

2. *Soziale Ordnung zwischen mechanischer und organischer Solidarität*

a) Vom Staat zur Gesellschaft

Mit einiger Vehemenz hat Durkheim sich der Frage angenommen, wie soziale Ordnung, wie die Integration von Gesellschaft zu erklären ist. Das Problem von Hobbes, der davon ausgeht, daß Menschen ohne Sozialordnung im Naturzustand sich prinzipiell feindlich gegenüberstehen (homo homini lupus), schildert Durkheim ebenso eindringlich wie Hobbes selbst.

> „Die menschlichen Leidenschaften halten nur vor einer moralischen Macht ein, die sie respektieren. Wenn aber jede Autorität dieser Art fehlt, dann herrscht das Recht des Stärkeren, und der latente oder offene Kriegszustand ist notwendigerweise chronisch."[67]

Das von Durkheim behandelte Thema der Anomie als Gefahr des Verlustes an sozialer Integration ist im Grunde die soziologische Fortschreibung der Hobbesschen Annahme, Menschen ohne Staat regredierten in den Naturzustand des Kampfes aller gegen alle.

Aber während das Pendant des freien, ungezügelten Individuums bei Hobbes der Staat, der Leviathan, als omnipotentes Über-Individuum war, so ist bei Durkheim — abstrakter und komplexer gelagert — die soziale Ordnung schlechthin der begriffliche Gegenspieler des freien Individuums. Die abstraktere Lagerung der Relation von Individuum und Gesellschaft bei Durkheim, die in der Überschreitung substantieller Gesellschaftsvorstellungen (etwa der Gleichsetzung mit dem personifizierten absolutistischen Staat) liegt, bleibt auf die Relation selbst aber nicht ohne essentielle Auswirkung. Die ordnungsstiftende Kraft geht bei Hobbes vom Staat aus, bleibt deshalb dem Individuum äußerlich, ist bloßer Zwang. Weil die soziale Ordnung für Durkheim aber vor allem eine — nicht personifizierte — Handlungsstruktur darstellt und diese Handlungsstruktur von den Individuen in irgendeiner Form internalisiert sein muß, kann die ordnungserhaltende Kraft nicht nur in staatlicher Sanktion zu finden sein, sondern muß in einem Bereich lokalisierbar sein, der sowohl der Gesellschaft als auch dem

---

[67] *Durkheim,* Vorwort zur zweiten Auflage, Über die Teilung der sozialen Arbeit, a.a.O., S. 41.

Individuum zuzurechnen ist. Die beiden Begriffe, die für Durkheim diese Integrationskraft bezeichnen, sind „Moral und „Solidarität".

b) Moral und Solidarität

Durkheim legt den Begriff der Moral nicht einfach als Summe der handlungsleitenden, sanktionsbewehrten Normen fest, sondern versucht, tiefer anzusetzen. Er greift dabei bezeichnenderweise auf einen Integrationsmodus zurück, der keine Affinität zum Prinzip staatlicher Integration durch Zwang aufweist, nämlich das Prinzip der „Freundschaft".[68]

Bereits Aristoteles hatte für die Entstehung von Freundschaft zwei scheinbar gegenläufige Mechanismen, die Ähnlichkeit und die Verschiedenheit zweier Menschen, benannt.[69] Diesen Gedanken führt Durkheim fort. Die Ähnlichkeit von Menschen, die bestimmte kongruente Merkmale aufweisen — etwa gleiche Charakterzüge, Lebensumstände, Weltbilder, Berufe —, ist für ihn eine Quelle der Solidarität, des Zusammengehörigkeitsgefühls. Die Wirkung dieses Integrationsmechanismus hängt mit der Überschneidung („Verwachsung") der Bilder des einen vom anderen zusammen[70].

Ähnlichkeit als Quelle der Solidarität ist in einfach strukturierten Gesellschaften, die im wesentlichen aus kleineren, jeweils an Autarkie orientierten Einheiten bestehen (Familien, Clans, Dörfer), der grundsätzliche Integrationsmechanismus. Er führt zu einer affektuellen Verbundenheit der Einzelnen, die sich wechselseitig in der Lebensführung der anderen wiederfinden. Allerdings reicht diese affektuelle Verbundenheit allein nicht aus, in einfachen Gesellschaften soziale Ordnung zu garantieren. Es treten Verhaltensregeln als Normen hinzu.

Verhaltenssteuernde Normen können bei niedriger sozialer Komplexität und segmentärer (d. h. im wesentlichen auf gleichen Einheiten aufbauender) Differenzierung der Gesellschaft sehr konkret und unmittelbar gefaßt werden. Ein solcher Normenkanon ist überschaubar, auf die konkreten Lebensverhältnisse funktional zugeschnitten und wird in seinem Kernbestand unnachsichtig und repressiv vom Kollektiv gegen individuelle Abweichungen und Übertretungen geschützt. Zugleich müssen die auf die Funktionen Abstimmung und Integration zugeschnittenen Normen auch individuell internalisiert werden. Bestandssichernde Normen werden in dem Gemeinschaftshorizont fest verankert und setzen — um den

---

[68] *Durkheim*, Teilung, a.a.O., S. 95; vgl. auch oben Abschnitt 2. Wer eine moralische Regel in erster Linie über ihre — wenngleich schwächere — Sanktion definiert, dem entgeht bei der Parallele zum staatlichen Gesetz, daß die Qualität der Sanktion eine ganz andere ist. Die Sanktion der moralischen Regel ist Teil des psychischen Prozesses und nur zu einem anderen Teil eine äußerliche, repressive Norm.

[69] *Aristoteles*, Nikomachische Ethik, VIII, 1155.

[70] *Durkheim*, Teilung, a.a.O., S. 102.

Vorgang der Internalisierung sicherzustellen — ein enge affektuelle Bindung des Einzelnen an zentrale Gebote der Gemeinschaft voraus.[71]

Die Bindung an die Gemeinschaft entsteht in kleinen — quasi naturwüchsig entstandenen — Gruppen, wie etwa der Familie, relativ leicht und auf einer konkreten, handlungsbestimmenden Ebene.[72] Insgesamt besteht in segmentär differenzierten Gesellschaften ein enger Bezug zwischen gemeinschaftlicher Solidarität, kollektiv verbindlichen Handlungsnormen und einem gemeinschaftlichen Weltbild.[73]

Den Integrationsvorgang, der in segmentär differenzierten Gesellschaften aus der Ähnlichkeit der Lebens- und Erlebensbedingungen resultiert, bezeichnet Durkheim — nicht sehr glücklich — als „mechanische Solidarität".[74] Mit der Bezeichnung „mechanisch" will Durkheim u. a. zum Ausdruck bringen, daß das individuelle Bewußtsein gleichsam willenlos wie ein Maschinenteil von der Gesamtkonstruktion der Gesellschaft abhängt.

> „In dieser Hinsicht ist das individuelle Bewußtsein einfach abhängig vom Kollektivtypus und folgt ihm in allen Regungen, wie der besessene Gegenstand den Bewegungen folgt, die ihm sein Besitzer aufzwingt."

Abweichungen vom kollektiven Standard sind Todsünden wider die Gemeinschaft und werden mit schärferen Sanktionen bedroht als Individualrechtsverletzungen.[75]

Segmentär differenzierte Gesellschaften, die ihre Integration der mechanischen Solidarität verdanken, müssen deshalb weit mehr ein stärker sanktioniertes (repressives) Strafrecht ausbilden als ein auf Kompensation ausgelegtes ziviles Haftungsrecht. Die strafbewehrten Normen stellen nämlich einen überschaubaren und unentbehrlichen Verhaltenskatalog dar, der die Mindestbedingungen eines geordneten Zusammenlebens sicherstellen soll. Strafrechtsregeln sind für Durk-

---

71 In segmentären Gesellschaften werden deshalb die Sanktionen in vielfältiger Weise an affektuelle Bedürfnisse und Ängste angeschlossen. Sie reichen vom Lächerlichmachen, Klatsch und der Ausschließung über transreale Sanktionen durch Gespenster, Ahnengeister, Gottheiten bis zur Furcht vor Hexeranklagen. Transreale Sanktionsfurcht kann dabei als Vorstufe zur Internalisierung in Form des Über-Ichs angesehen werden. Vgl. zu den verschiedenen Sozialisationsagenten: *Vivelo,* Handbuch der Kulturanthropologie, 1988, S. 169 f.

72 Vgl. dazu: *Münch,* Theorie des Handelns, a.a.O., S. 349.

73 Das Weltbild, das in traditionalen Gesellschaften magisch, mythisch oder religiös geprägt ist, verleiht den moralischen Regeln die Aura des Heiligen — man denke nur als Beispiel für religiöse Offenbarung an die Gabe der 10 Gebote des Alten Testamentes. Es ist diese Aura des Heiligen, die im mythischen Weltbildkontext und in Verbindung mit rituell eingeübten Verhaltensweisen und Realitätszugängen die moralischen Normen noch vor der körperlichen Sanktionsdrohung mit zwingender Autorität ausstattet. Vgl. dazu: *Habermas,* Theorie des kommunikativen Handelns, Bd. 2, 1982, S. 78 ff.

74 Er denkt dabei an „Kohäsionskräfte", die die Moleküle fester (anorganischer) Körper vereinigen. Vgl. *Durkheim,* Teilung, a.a.O., S. 171.

75 *Durkheim,* Teilung, a.a.O., S. 134.

heim institutionalisierte (organisierte) *Moral.*[76] Dem Strafrecht kommt in segmentär differenzierten Gesellschaften überragende Bedeutung zu, weil der Gleichschritt von individuellem Handeln und kollektivem Regelsystem zwingende Bedingung dauerhafter sozialer Integration ist.

Das Verhältnis von Individuum und Gesellschaft kann sich unter den Bedingungen mechanischer Solidarität nicht entkoppeln — im Sinne einer Autonomisierung freier Individuen und einer eigenlogischen Entwicklung der Sozialsphäre. Solidarität als Maß an sozialer Ordnung läßt sich nur auf Kosten individueller Autonomie steigern.

> „Die Solidarität kann also nur im umgekehrten Verhältnis zur Persönlichkeit vergrößert werden."[77]

Umgekehrt führt jede Individualisierungstendenz zu einer Gefährdung sozialer Ordnung und muß deshalb mit den Mitteln repressiven Rechts eingedämmt werden.

Unter solchen gesellschaftlichen Bedingungen gerät das Durkheimsche Steigerungsproblem, das die simultane Steigerung individueller Autonomie und des Maßes an sozialer Ordnung voraussetzt, erst gar nicht in den Blick. Dies ändert sich, wenn der basale Integrationsmechanismus und die Differenzierungsform der Gesellschaft sich ändern. Bekanntlich stellt Durkheim der mechanischen Solidarität die organische gegenüber. Eine arbeitsteilig organisierte Gesellschaft, die funktional und nicht länger mehr segmentär differenziert ist, knüpft ihr soziales Band nicht mehr über Gleichheiten und Ähnlichkeiten; zu disparat sind Einstellungen, Erfahrungen und Rollenanforderungen. Hielte man Integration nur über Ähnlichkeiten für möglich, müßte das Prinzip der Arbeitsteilung als Verstoß gegen die Regeln sozialer Ordnung gesehen werden. Für Durkheim ist aber gerade die Arbeitsteilung eine (neue) Quelle der Solidarität. Diese evolutionär später auftretende Integrationsform baut auf der *Verschiedenheit* der Individuen auf.[78]

In Analogie zu entwickelten biologischen Lebensformen nimmt Durkheim an, daß ein Organismus durch Spezialisierung einzelner Teile zu einem größeren Wachstum, zu größerer Flexibilität *und* zu größerem Zusammenhalt finden kann. Die einzelnen Teile sind dann zwar notwendigerweise heteronom, aber ihre Existenz kann ohne den Bezug auf den Gesamtorganismus gar nicht mehr verstanden werden; die Teile existieren — funktional gesehen — weit mehr *für das Ganze* als in Ganzheiten, die sich über gleiche Teile aufbauen.[79]

---

76 *Durkheim,* Teilung, a.a.O., S. 109.

77 *Durkheim,* Teilung, a.a.O., S. 170.

78 *Durkheim,* Teilung, a.a.O., S. 171.

79 Vgl. *Durkheim,* Teilung, a.a.O., S. 172. Auch hier sind die Anleihen an die Biologie unverkennbar. Wenn in der belebten Natur Zellverbände, die aus funktional gleichen Zellen bestehen, den Verlust einzelner Zellen ohne Bestandsproblem für das Ganze

Die Organanalogie ist nicht neu, sondern entspricht dem aristotelischen Ganzes-Teile-Schema.[80] Über den traditionellen Ordnungsrahmen hinaus führt erst die nähere Analyse, wie denn die Integration in funktional differenzierten Gesellschaften im einzelnen erfolgt.

Entscheidende Bedeutung für diese Analyse hat die Einsicht, daß ein funktional differenzierter Gesellschaftsaufbau nicht mehr über eine starre Restriktion der Teile im Sinne einer verhaltensreglementierenden Verpflichtung auf die Belange des Ganzen erfolgen kann. Funktionales Wachstum der Gesellschaft führt sehr schnell an die Grenzen allgemeinverbindlicher Verhaltensnormierungen. Die Regeln werden zu komplex, als daß sie durch alle gekannt, beachtet und internatlisiert werden könnten. Dies führt dazu, daß allgemeinverbindliche, für alle gültige Regeln, moralische Gebote und Einstellungen abstrahiert werden müssen, damit sie mit immer spezieller werdenden Situationen (z. B. Berufsrollen) überhaupt noch kompatibel sind. Die normative Engführung des Verhaltens, wie es in traditionalen Gesellschaften vorherrschend war, wird eher zum Hindernis gesellschaftlicher Entwicklung, als daß es deren Integration noch länger (allein) garantieren könnte.[81] Konkrete allgemeingültige Handlungsnormen (z. B. das mittelalterliche, religiös begründete Zinsverbot) behindern die funktionale Differenzierung der Gesellschaft und müssen zugunsten allgemeinerer Regeln (etwa pünktlich oder fleißig zu sein, Vorschriften im jeweils dazu passenden situativen Kontext zu beachten) zurücktreten.

Die Zurücknahme konkreter Verhaltensführung und -kontrolle ist aber nur dann möglich, wenn die Teile auch über die Kompetenz verfügen, allgemeinere Regeln auf die Erfordernisse einer konkreten Situation sinnvoll und funktional anzuwenden. Individuen in funktional aggregierten Gesellschaften benötigen eine größere Handlungs-, Entscheidungs- und Situationskompetenz. Sie müssen auf neue Umstände flexibel reagieren können, ohne gegen die allgemeinen normativen Steuerungsvorgaben zu verstoßen, sie müssen Kenntnisse und Erfahrungen anhäufen; sie müssen abstrakt denken lernen.

---

verkraften können, so kann auch eine segmentär differenzierte Gesellschaft, die einzelne Segmente verliert, ohne Strukturänderung intakt bleiben. Durkheim, Teilung, a. a. O., S. 231. In funktional differenzierten Gesellschaften kann aber durch den Verlust einzelner Elemente das Gesamtgefüge unmittelbar in Mitleidenschaft gezogen werden — man stelle sich nur den spontanen Ausfall aller Datenverarbeitungssysteme vor —, zumindest muß das Gesamtsystem möglicherweise durch Strukturänderung reagieren, um die ausgefallene Funktion zu ersetzen. Vgl. dazu auch *Durkheim*, Teilung, a. a. O., S. 190.

80 Vgl. oben II.

81 Die Institutionalisierung politischer Macht, die als erster Schritt zu einer funktional sich differenzierenden Gesellschaft angesehen werden kann, wäre dann nicht das Ende des Individualismus, sondern dessen Beginn, weil Individuen in unterschiedlichen Arbeits- und Sozialbereichen nicht mehr sozial unterschiedslos gesteuert werden können. Kritisch zu dieser These: *Elman R. Service*, Ursprünge des Staates und der Zivilisation, Frankfurt / M. 1977, S. 88.

Wenn man wie Durkheim funktional differenzierte Gesellschaften gegenüber segmentär differenzierten Gesellschaften nicht nur als leistungsfähiger ansieht, sondern auch als auf höherem Ordnungsniveau integriert, dann kann die Zunahme sozialer Ordnung nur über die Zunahme individueller Autonomie erreicht werden. Der Aufbau moderner Gesellschaften und die Entfaltung individueller Autonomie geraten dann in einen co-evolutionären Steigerungszusammenhang.

> „Das Kollektivbewußtsein muß also einen Teil des Individualbewußtseins frei lassen, damit dort spezielle Funktionen entstehen, die es nicht regeln kann. ... Einerseits hängt jeder um so enger von der Gesellschaft ab, je geteilter die Arbeit ist, und andererseits ist die Tätigkeit eines jeden um so persönlicher, je spezieller sie ist. ... Also wächst auch hier die Individualität des Ganzen zur gleichen Zeit mit der Individualität der Teile. Die Gesellschaft wird fähiger, sich als Ganzes zu bewegen, während zu gleicher Zeit jedes ihrer Elemente mehr Eigenbewegung hat.“[82]

Durkheim belegt diese These mit der Feststellung, daß in Gesellschaften, in denen organische Solidarität dominiert, die also funktional integriert werden, das auf enge Verhaltensführung angelegte, repressive Recht zugunsten des restitutiven Rechts (Privatrecht / Handelsrecht) zurückgeht. Repression überhaupt tritt als Integrationsmittel in gleichem Maße zurück, wie der mechanischen Solidarität durch Funktionalisierung des Gesellschaftsaufbaus der Boden entzogen wird.[83]

Dieser Befund läßt Hobbes weit hinter sich. Die moderne Gesellschaft, funktional differenziert und aus freien Individuen bestehend, scheint weniger denn je auf die repressive Macht des Leviathan angewiesen.[84] Aus der Perspektive des Einzelnen tritt eine geradezu paradoxe Entwicklung ein. Der Einzelne wird freier, weil er aus der reglementierenden Engführung des in Handlungsnormen und Weltbildern gegossenen Kollektivbewußtseins entlassen wird. Aber er wird zugleich auch abhängiger vom Sozialverband, weil er nur noch Teilfunktionen seiner existentialen Lebensumstände unmittelbar beherrscht. Seine Individualität profiliert sich, weil er seine Verschiedenheit kenntlich machen muß und sein Anderssein unter Beweis zu stellen hat. Aber er bedarf zu dieser Individualisierung der Anregung, Herausforderung und des Spiegels der anderen. Eine indivi-

---

82 *Durkheim,* Teilung, a.a.O., S. 172.

83 *Durkheim,* Teilung, a.a.O., S. 193 und 215.

84 Damit ist noch keineswegs ausgemacht, daß der Staat als solcher überflüssig würde. Im Gegenteil zeigt gerade die enorme Zunahme öffentlich-rechtlicher Rechtsvorschriften, daß seit Durkheim der Staat eher ein größeres Gewicht erlangt hat. Allerdings operiert der Staat bezeichnenderweise nur zum geringeren Teil mit Strafsanktionen, weit überwiegend mit restitutiven und verstärkt mit „anreizenden“ Normen (Steuervergünstigungen, Subventionen). Jüngstes und vielleicht signifikantestes Beispiel für die Rolle des Staates bei einer wirtschaftlichen und politischen Integration ist die Entwicklung der Europäischen Gemeinschaft, die ein fein ziseliertes Netz von Subventionen, Absprachen, Finanzausgleichen und Direktiven hervorgebracht hat, ohne auf repressives Recht bislang angewiesen zu sein. Vgl. als Überblick über die rechtlichen und politischen Handlungsformen der EG: *Andreas Sattler,* Die Entwicklung der Europäischen Gemeinschaften, JöR N. F. 37 (1987), S. 365 ff.

duelle Selbstdarstellung ist abhängig von der — möglichst intensiven — Wahrnehmung durch andere.[85]

Der Übergang von segmentär differenzierten Gesellschaften mit mechanischer Solidarität zu funktional differenzierten Gesellschaften mit organischer Solidarität führt zu einer Abnahme der Abhängigkeit des Individuums vom Kollektivbewußtsein und zugleich zu einer Zunahme der Bindungskraft organischer Solidarität, die der mechanischen überlegen ist.[86]

3. Ergänzende Integrationsfaktoren

Allerdings sieht sich der Durkheimsche Ansatz einer nicht beantworteten Frage ausgesetzt. Wieso erzeugt die funktionale Abhängigkeit des Einzelnen größere Integrationskräfte als die Internalisierung kollektiver Regeln? Gerade die Internalisierung des sog. Kollektivbewußtseins erscheint doch unter integrativen Gesichtspunkten als optimale Sicherung der Bestandsinteressen des Sozialsystems, ist doch die Struktur des Ganzen in den Teilen gleichsam substantiell widergespiegelt. Dagegen bleibt die behauptete Abhängigkeit von funktionalen Vernetzungen eher abstrakt und scheint nicht in gleichem Maße Handlungskonformität zu garantieren wie die mechanische Solidarität. Der Mechanismus organischer Solidarität bleibt aus der Perspektive des Individuums ein Geheimnis. Es muß schon auf die bindende Kraft ökonomischer Austauschbeziehungen oder einer „invisible hand" (Smith) zurückgegriffen werden, um Integration allein durch die funktional unterschiedliche Stellung der Individuen — gleichsam an ihrem Willen vorbei — zu erklären. Hält man die Hobbessche Prämisse vom ungezügelten Individuum im Naturzustand angesichts abnehmender Repressivität des Staates aufrecht, so kommt man nicht umhin, soziale Integration als Geschehen unabhängig vom freien Willen der Einzelnen, als durch Mechanismen der Sozialstruktur (etwa dem Markt) garantiert anzusehen.

Diesen von den *Utilitaristen*[87] eingeschlagenen Weg lehnt Durkheim aber erkennbar ab. Einer willensunabhängigen, spontanen Generierung von Gesellschaft auf der Grundlage von integrativen Sozialstrukturen und nichtintegrativen, willkürlichen resp. eigennützigen freien Handlungsbeiträgen tritt Durkheim aus der Position des methodischen Kollektivisten entgegen.

---

85 Der Zusammenhang von Interaktion, interdependenter Wahrnehmung und Identitätsbildung wurde in der mittlerweile zum Klassiker gewordenen Untersuchung *Meads,* Mind, Self and Society, 1934, präsent gemacht. Mead faßt die Bildung der Identität einer Person als Prozeß sozialer Erfahrung, in dem das Individuum lernt, die Perspektiven der anderen im Sinne einer universalen und abstrakten Kommunikationsgemeinschaft zu übernehmen. *Wenzel,* Mead und Parsons, in: Joas, Das Problem der Intersubjektivität, 1985, S. 26 (33).

86 Vgl. Durkheim, Teilung, a.a.O., S. 193.

87 Sehr informativ zum Utilitarismus ist die kritische Auseinandersetzung Münchs mit dieser Denkrichtung. *Münch,* Theorie des Handelns, a.a.O., S. 282 ff.

> „Das kollektive Leben kommt nicht aus dem individuellen Leben, sondern im Gegenteil, das zweite kommt aus dem ersten."[88]

Für Durkheim gehen die Utilitaristen — wie schon Hobbes — von einer falschen Prämisse aus. Sie sehen das Individuum als asoziale Monade, als unzivilisierten, eigennützigen Wolf, der nur entweder durch Gewalt (repressiver Staat) oder durch den stummen Telos sozialer Strukturen (Markt) zur Räson gebracht werden kann. Die Verschiebung der Integrationslast vom Individuellen zum Sozialen, wie sie von den Utilitaristen vorgenommen wird, reaktiviert das alte Ganzes-Teile-Schema, weil die Elemente in ihrer ursprünglichen Ungebundenheit vom prägenden Ganzen in seinen Bann gezogen werden. Durkheim wendet sich gegen die Äußerlichkeit dieses Zwangs.[89]

Durkheim löst die Antinomie und starre Trennung von Individuum und Gesellschaft, indem er die Prämisse des zügellosen, naturwüchsigen Individuums aufgibt und an seine Stelle den immer schon sozial geprägten, mit seinen Wünschen, Bedürfnissen und Interessen in soziale Zusammenhänge eingebundenen Einzelnen setzt. Eine ganz zentrale Prägung erfährt der Einzelne nach Ansicht Durkheims durch die Vorbereitung und Ausrichtung auf seine spezifische Funktion innerhalb des Systems der Arbeitsteilung — insbesondere durch seine Berufsrolle. Er werde dadurch derart stark geprägt, daß er außerhalb dieser Funktion nicht überleben könne.[90]

In der Entwicklungsetappe seines Schaffens, in der das Werk „Über die Teilung der sozialen Arbeit" entstand, versucht Durkheim noch, die Bindungskraft organischer Solidarität als evident aus der Faktizität der Arbeitsteilung folgend zu konstruieren. An die Stelle der Internalisierung des Kollektivbewußtseins tritt die Prägung der Individualität des Einzelnen durch die soziale Funktion, die er ausfüllt. Die von Durkheim ebenfalls konstatierte Verdichtung rechtlicher Regeln[91] widerspricht dieser These nicht,[92] da die Verselbständigung und Komplexitätszunahme einzelner Arbeitsfunktionen nach Orientierungsregeln verlangen, die aber einen völlig anderen Charakter als allgemeinverbindliche Regeln des Kollektivbewußtseins traditioneller Art aufweisen.

Gleichwohl hat Durkheim später das rein auf Arbeitsteilung aufbauende Integrationskonzept zwar nicht aufgegeben, aber erheblich relativiert. Fast scheint es, als traue er der aus der Arbeitsteilung entspringenden organischen Solidarität die Leistung, soziale Ordnung zu garantieren, doch nicht ganz zu.[93] Durkheim

---

88 *Durkheim*, Teilung, a.a.O., S. 319.

89 Er referiert als eine solche Position — scil. die von der Macht der außerindividuellen Dinge ausgeht — bei Spencer. Vgl. dazu *Durkheim*, Teilung, a.a.O., S. 240.

90 *Durkheim*, Teilung, a.a.O., S. 320.

91 Vgl. *Durkheim*, Teilung, a.a.O., S. 246.

92 Man könnte daraus immerhin folgern, daß zusätzliche außer-individuelle Handlungssteuerungen bereitgestellt werden müssen.

hat im weiteren Verlauf seiner Entwicklung erkennbar nach zusätzlichen Integrationsfaktoren gesucht und sie vor allem in der Wirkung von Erziehung und Moral gefunden.[94] Seine Moraldefinition erinnert — und dies scheint kein Zufall — wieder deutlich an Kant.

> „Sich moralisch zu verhalten, heißt, nach einer Norm handeln, die das Verhalten in dem bestimmten Fall entscheidet, ehe wir noch gezwungen sind, Partei zu ergreifen. Der Bereich der Moral ist der Bereich der Pflicht, und die Pflicht ist eine vorgeschriebene Handlung."[95]

Aber anders als bei Kant unterstehen diese Regeln nicht einer individuell kontrollierten und am kategorischen Imperativ orientierten individuellen Überprüfung,[96] sondern sie sind mit einer äußeren, auf das Individuum tief wirkenden Autorität ausgestattet.

> „Irgendetwas widersteht uns, überragt uns, drängt sich uns auf und zwingt uns."[97]

Dieser autoritative Zwang, der sich vom äußeren Zwang erheblich unterscheidet, weil er keine Sanktionsdrohung mit sich führt, stellt den „freiwilligen" Gehorsam des Einzelnen auch ohne gesellschaftliche oder staatliche Pression sicher.[98] Es ist diese eigentümlich zwingende Autorität, die moralische Normen von sonstigen Regeln unterscheidet.[99] Durkheim spricht dieser Autorität *sakralen* Charakter zu; die Heiligkeit der Norm wirke im Einzelnen.[100] Damit stellt er über Kant und dessen (rein rationalen) Vernunftbegriff hinaus eine *affektuelle*

---

93 Mit besonderer Sorge betrachtete Durkheim Krisen und Konflikte, die wie die von ihm diagnostizierte „Feindschaft von Kapital und Arbeit" gegen eine gelingende Integration ohne Zusatzsicherungen sprach. Vgl. *Durkheim,* Teilung, a. a. O., S. 396.

94 Daneben und damit zusammenhängend erhoffte er eine Wiederbelebung beruflicher „Spezialmoralen", die offenbar jene funktionale Prägung des einzelnen in seiner Berufsrolle sicherstellen sollten. Vgl. *Durkheim,* Vorwort zur zweiten Auflage der „Teilung", a. a. O. m, S. 40 ff.

95 *Durkheim,* Erziehung, Moral und Gesellschaft, 1984, S. 72; vgl. auch *ders.,* Soziologie und Philosophie, a. a. O., S. 84 f.

96 Vgl. oben III. 3. c).

97 *Durkheim,* Erziehung, a. a. O., S. 82.

98 *Durkheim,* Erziehung, a. a. O., S. 83.

99 *Durkheim,* Soziologie und Philosophie, a. a. O., S. 85, Durkheim unterscheidet zwischen mechanischen (analytischen) Regeln, die eo ipso eine bestimmte Reaktion insofern nach sich ziehen, als die jeweilige Konsequenz in der Handlung bereits enthalten ist, und synthetischen Regeln. Letztere tragen die Konsequenz des Handelns nicht in sich, sondern werden erst sozial mit einer Konsequenz verknüpft. Eine Mauer, die nicht lotgerecht gebaut wird, trägt die Konsequenz des Einstürzens eo ipso in sich. Daß dem Diebstahl allerdings eine Strafe folgt, ergibt sich erst durch den staatlichen Akt der Strafandrohung und Verurteilung. Die moralische Regel steht zwischen analytischen und synthetischen Regeln, weil sie zwar nicht rein analytisch die Konsequenz in sich trägt, aber auch keiner äußeren (sozialen) Sanktion bedarf. Durkheim spricht in diesem Zusammenhang vom „obligatorischen Charakter" der moralischen Regel. *Durkheim,* Soziologie und Philosophie, a. a. O., S. 94.

100 *Durkheim,* Soziologie und Philosophie, a. a. O., S. 87 und 99.

Bindung des Einzelnen an die moralische Regel her, die sich als Ehrfurcht und als Gefühl des gerechten Tuns im Individuum konkretisiert.[101]

Die im Forum internum zwingende Kraft moralischer Normen verdankt sich bereits der sozialen (und das heißt auch immer moralischen) Fixierung des Menschen. Die Gesellschaft hat sich für Durkheim zur Erreichung kollektiver Ziele gebildet. Sie verlangt dann allerdings auch kognitive und emotionale Anpassung der Individuen an jene Sozialstrukturen, die zur Erreichung oder Sicherstellung kollektiver Ziele und Bedürfnisse bestehen. Diese mit jedem Hineinwachsen eines Individuums verbundene Anpassungsleistung an kollektive Regeln verselbständigt sich im Einzelnen und schlägt sich in dessen Persönlichkeitsstruktur nieder.[102]

Weil ein Individuum ohne seine soziale Umwelt, deren Resultat und Interaktionspartner es darstellt und innerhalb derer es Akteur ist, gar nicht existieren könnte, hält Durkheim den traditionell angenommenen Antagonismus zwischen einem prinzipiell autark gedachten Individuum und einer von ihm äußerlichen, prinzipiell zu ihm beziehungslosen Gesellschaft für grundlegend falsch.[103]

Neben der sich aus der Arbeitsteilung und der bindenden Kraft moralischer Regeln erwachsenden sozialen Integration macht Durkheim einen dritten — und grundsätzlicheren — Mechanismus zur Herstellung sozialer Ordnung aus. In modernen Sozialverbänden entwickelt sich ein Individuum als Persönlichkeit umso mehr, als es von den kollektiven und funktionalen Anforderungen der Gesellschaft herausgefordert wird. Komplexitätssteigerungen im sozialen Bereich — Durkheim führt als Beispiel dafür die Intensivierung und Spezialisierung von Arbeitsverhältnissen an — zwingen das Individuum zum Aufbau sozialadäquater und ebenfalls komplexer werdender Persönlichkeitsstrukturen.[104] Ein Organismus, der durch diese soziale Herausforderung aus seiner Selbstgenügsamkeit gerissen wird,[105] wird in weit größerem Maße als zuvor sozial abhängig. Er

---

101 *Durkheim,* Soziologie und Philosophie, a.a.O., S. 96 vgl. dazu auch *Habermas,* Theorie des kommunikativen Handelns, Band 2, a.a.O., S. 75 ff.

102 Kollektive Regeln werden so in der Persönlichkeit „abgebildet". Vgl. *Durkheim,* Erziehung, a.a.O., S. 120 f. Allerdings bedürfen moralische Regeln auch der steten, gleichsam sie substantialisierenden Form der Erneuerung und Bestätigung in sozialen Gruppen, auf die sich der Einzelne affektuell zentriert. Moralische Bindung ist für Durkheim gleichbedeutend mit Bindung an eine Gruppe. Wie die Familie in der ersten Phase der Erziehung die primäre und vermittelnde Gruppe darstellt, so bedarf es auch für den Erwachsenen nach Durkheim einer Gruppenbindung, um moralische Regeln und Bindungen mit Leben zu erfüllen. Vgl. *Durkheim,* Erziehung, a.a.O., S. 128.

103 *Durkheim,* Erziehung, a.a.O., S. 121.

104 *Durkheim* spricht von der Anstachelung zu „ständiger und schmerzhafter Anstrengung". Durkheim, Erziehung, a.a.O., S. 120.

105 Die Anthropologie liefert Belege dafür, daß Sozialitäten von geringer Komplexität wie Jäger- und Sammlergesellschaften selbstgenügsame Individuen hervorbringen. Einem geringen Maß an Arbeit steht eine extrem bescheidene und genügsame Lebensfüh-

bedarf dauerhaft sozialer Reize und Orientierungen, um seinen neuen Persönlichkeitsstrukturen ein entsprechendes Aktions- und Betätigungsfeld bieten zu können.

> „So wie sich unser physischer Organismus mit Nahrungsmitteln ernährt, die er sich von außen holt, so nährt sich unser geistiger Organismus mit Ideen, Gefühlen und Praktiken, die uns von der Gesellschaft kommen. Von ihr haben wir den größten Teil unserer selbst. Von diesem Gesichtspunkt aus kann man sich mühelos erklären, wie sie Objekt unserer Bindung werden kann. In der Tat können wir uns nicht von ihr trennen, ohne uns von uns selbst zu trennen.“ [106]

Damit ist der Kreis der Voraussetzungen geschlossen, die gegeben sein müssen, um im Sinne der Durkheimschen Steigerungsfrage eine Co-Evolution von Individuum und Gesellschaft behaupten zu können. Die Relation ist konstruktiv so angelegt, daß sie quasi selbsttragend, d.h. über Wachstum sich selbst stabilisierend, ein Gleichgewicht erlangt.

V. Resümee

Stellt man Durkheims Integrationssoziologie in Zusammenhang mit der klassischen Relationierung von Individuum und Gesellschaft, wie sie seit Aristoteles das abendländische Denken prägte, so weist der Denkansatz Durkheims erhebliche Vorzüge auf. Der binäre Schematismus des Entweder/Oder von Freiheit oder Ordnung wird zugunsten eines wechselseitigen Steigerungsverhältnisses aufgelockert. Damit ist natürlich nicht gesagt, daß individuelle Freiheit und soziale Ordnung nicht in praxi sich antinomisch entwickeln *können*. Der theoretische Rahmen Durkheims beseitigt nur die perspektivische Fixierung auf diese durch das traditionelle Schema immer schon angelegte Antinomie und läßt auch andere Interpretationen des Verhältnisses von Individuum und sozialer Ordnung in modernen Gesellschaften zu.

Für Durkheim existiert keine quasi natürliche Individualität als notwendige Quelle sozialer Anomalie und als negatives Pendant sozialer Ordnung. Vielmehr bildet und intensiviert sich individuelle Autonomie mit dem Aufbau komplexerer Sozialstrukturen. Soziale Ordnung ist conditio sine qua non individueller Entwicklung.

Die in der Dichotomisierung von Individuum und Gesellschaft angelegte Antinomie, die sich bei Hobbes paradigmatisch radikalisierte, wird bei Durkheim an grundsätzlicher Stelle entschärft. Es gibt keine absolute Freiheit des Individuums. Ein solch isolierender Begriff von Freiheit verdankt sich der Fiktion von Gesell-

---

rung gegenüber. Vgl. dazu *Frank Robert Vivelo,* Handbuch der Kulturanthropologie, 1988, S. 71 ff.

106 *Durkheim,* Erziehung, a.a.O., S. 121.

schaftstheoretikern, die im Subjekt-Objekt-Schema und in der solipsistischen, cartesischen Perspektive der Bewußtseinsphilosophie befangen sind. Individuelle Strukturen sind immer schon sozial geformte Strukturen. Der wölfische Egoismus des Einzelnen ist im Grunde auch immer schon ein sozial mediatisierter und domestizierter Egoismus.

Die Referenz, die Durkheim aus der Sicht des methodischen Kollektivismus bevorzugt, verschiebt die Last für die Erklärung sozialer Ordnung von der Ebene der Individuen auf diejenige kollektiver Einheiten. Gruppen und Gesellschaften produzieren moralische Regeln, die zugleich ihren eigenen Bestand deshalb notwendig sichern, weil ein Individuum außerhalb dieser Restriktionen gar keine Individualität aufbauen könnte. Insoweit schließt Durkheim unmittelbar an Kant an. Mit der Annahme des notwendigen Einbaus kollektiver Strukturen (Kollektivbewußtsein) und funktionaler Zwänge in die Persönlichkeitsstruktur wird die starre Trennlinie zwischen Individuum und sozialer Ordnung aufgehoben. Es entsteht eine Zwischenzone, die weder eindeutig dem Individuellen noch dem Kollektiven zuzurechnen ist, die vielmehr die Verzahnung beider Bereiche repräsentiert.[107]

Gegenüber dem unbestreitbaren Orientierungsgewinn des Durkheimschen Konzepts fallen aber auch Erklärungsdefizite auf. Die Sichtweise des methodischen Kollektivismus blendet die Intention des Handelnden mit Ausnahme der sozialintegrativ wirkenden moralischen Normen aus. Individuelles Handeln erscheint in erster und entscheidender Linie als normengeleitetes Handeln.[108] Ordnungsgefährdendes, deviantes Verhalten wird verstanden als Fehlen motivationaler Bindungen an die allgemein anerkannten Normen.[109]

Die Welt sozialer (moralischer) Normen wird zu einem erkenntnistheoretischen Pendant zur Objektwelt der Naturwissenschaften.[110] Ein den Naturwissenschaften angenähertes Selbstverständnis der Soziologie kann gar nicht anders, als die Referenz des normengeleiteten Handelns einzunehmen. Individuelle Motive, Sinngebungen und Wertorientierungen, der ganze innerindividuelle Entscheidungsprozeß, der einer Handlung vorausgeht, sind nicht beobachtbar. Damit entfällt nicht nur eine unmittelbare empirische Kontrolle, sondern auch die prinzipielle Möglichkeit, eine distanzierte, von subjektiven Erfahrungen freigehaltene

---

107 Man denkt hier zu Recht an die Freudsche Konstruktion vom Über-Ich als individueller Repräsentant kollektiver Funktionserfordernisse. Internalisierte — und in modernen Gesellschaften abstrakter und formaler formulierte — Werte wie Pünktlichkeit, Fleiß, Anpassungsbereitschaft und Flexibilitätt (deren sachliche Inhaltslosigkeit mit dem Begriff der „Sekundärtugenden" kritisch angezeigt werden soll) stellen letztlich generalisierte Funktionserfordernisse ganz unterschiedlicher sozialer Systeme dar.

108 *Habermas*, Theorie des kommunikativen Handelns, Band 1, a. a. O., S. 129.

109 *Giddens*, Interpretative Soziologie, 1984, S. 114.

110 Dies wird durch die strikte Trennung des naturwissenschaftlichen vom sozialen Bereich nur unterstrichen. Vgl. *Giddens*, a. a. O., S. 113.

Beobachterperspektive einzunehmen, wie sie für das klassische Verständnis der Subjekt-Objekt-Relation für unabdingbar gehalten wird.

Die Korrektur der bürgerlichen Prämisse, wonach der Mensch absolut frei ist, hin zur Annahme, daß der Mensch durch soziale Regelsysteme in entscheidender Hinsicht sozial gesteuert wird, versieht den Freiheitsbegriff mit einem Attribut sozialer Art, wo Kant das Attribut rationaler Vernunftsteuerung der Freiheitsprämisse beifügte. Doch auch, wenn eine soziale Prägung des Individuums ebenso unbestreitbar wie die rationale Struktur von Denkprozessen ist, läßt sich individuelles Handeln doch nie ohne Rest in diese steuernden Beifügungen auflösen und Handeln aus ihnen heraus zureichend erklären. Sowohl Durkheim wie Kant haben den empirischen Befund nie leugnen können, daß Menschen trotz moralischer Erziehung, Gruppenbindung und sakraler Wirkung moralischer Regeln, trotz aller Vernunftbegabung sozialfeindlich, egoistisch oder zutiefst irrational handeln können.

Mit der sozialattributiven Engführung des klassischen Freiheitsbegriffs bei Durkheim geht eine eigentümliche Unbestimmtheit dessen einher, was eigentlich soziale Ordnung und das Kollektivbewußtsein im Kern ausmachen. Durkheim neigt zur Personifizierung dieser Einheiten und zu ihrer Substantialisierung. Beeindruckt von der Gefahr drohender Anomie wird Durkheim nicht müde, die zeitliche und logische Vorgeordnetheit des Sozialen gegenüber dem Individuellen zu betonen. Die Generierung, Entwicklung und individuelle Beeinflußbarkeit sozialer Systeme wird durch die Präponderanzthese allerdings einer Thematisierung entzogen. Der Steigerungsprozeß zwischen Individuum und Gesellschaft erhält dadurch eine Schieflage. Gesellschaft resp. soziale Differenzierung schreiten voran, das Individuum gerät unter Anpassungsdruck und zieht nach. Für eine echte Co-Evolution beider Ebenen fehlt es an der umgekehrten Möglichkeit. Durkheim vernachlässigt die logische Alternative, daß soziale Strukturen nicht nur passiv von einer bestimmten Persönlichkeitsstruktur der Individuen — als Umfeld oder Voraussetzung — abhängen, sondern daß individuelle Komplexitätssteigerungen als Herausforderung für gesellschaftliche Strukturen fungieren und so eine Schrittmacherrolle übernehmen können. Die Darstellung der Interdependenz des Steigerungsprozesses bedarf einer individuellen, handlungstheoretischen Ergänzung. Der neben Durkheim andere große Klassiker der Soziologie, Max Weber, hat diese vernachlässigte Perspektive ausgeleuchtet.

B. Das Verhältnis von Individuum und Gesellschaft im Zentrum der Handlungstheorie Webers

I. „Rationalisierung" als Zugang zu Weber

Die wissenschaftliche Beschäftigung mit dem Werk Webers knüpft gemeinhin an seine methodologischen Prämissen und seine in „Wirtschaft und Gesellschaft" vorausgestellten definitorischen Grundbegriffe des sozialen Handelns an. Demgegenüber hat sich in den vergangenen beiden Jahrzehnten zu Recht ein anderer Weberzugang in den Vordergrund geschoben, der sich zunächst Webers zentraler, evolutionstheoretisch gelagerter Rationalisierungsthese widmet.[1]

Die „Leitidee" Webers[2] liegt in der These, daß sich nicht nur die Entstehung des Kapitalismus, sondern der gesamte Entwicklungsgang moderner okzidentaler Gesellschaften aus einem universalgeschichtlichen Prozeß erklären lassen. Die Wurzeln dieses Prozesses sieht Weber in einer eigenwilligen, eigenlogisch sich entfaltenden Rationalisierung von Religionen und Weltbildern. Rationalisierung bedeutet für den von Weber entwicklungsgeschichtlich herausgehobenen Bereich der Religion die Abwendung von allen magischen Mitteln der Heilssuche und die sukzessive Hinwendung zu Praktiken der Heilssuche, die methodisch auf die reale Welt bezogen sind.[3] Mit Rationalisierung meint Weber darüber hinaus in einem umfassenden Sinne die *methodische*, d.h. dauerhafte Anwendung von Erfahrungsregeln, ihre geistige Verbindung mit anderen Erfahrungen, den Versuch, Regelmäßigkeiten in der äußeren Welt zu entdecken, um *planvoll* das Verhalten (Handeln) auf eine vorläufig begriffene Welt einzustellen. Dieses kontrollierte und reflektierte Handeln und Verarbeiten von Erfahrungen diene dem Ziel, mit *Erfolg* zu handeln, d.h. die reale Welt nach der inneren Absicht des Aktors zu verändern.[4]

---

[1] Ohne diese zentrale sachliche These Webers ist dessen vielfältig verschachteltes Werk nicht zu verstehen. Dazu überzeugend: *Tenbruck*, Das Werk Max Webers, KZfSS 27 (1975), 663 ff.; kritisch: *Schluchter*, Max Webers Religionssoziologie, KZfSS 36 (1984), 342 ff.; vgl. auch bereits *Reinhard Bendix*, Max Weber's Sociology Today, in: International Social Science Journal 17 (1965), 7 ff.; ferner: *Münch*, Theorie des Handelns, a.a.O., S. 487. Neuerdings verlagert Tenbruck allerdings den Verständnisschwerpunkt in Richtung Methodologie. *Tenbruck*, Das Werk Max Webers: Methodologie und Sozialwissenschaften, KZfSS 38 (1986), 13 ff.

[2] *Gabriel*, Analysen der Organisationsgesellschaft, 1979, S. 17. Nach Breuer hatte Weber überhaupt nur dieses eine Thema, scil. Rationalisierung; *Stefan Breuer*, Max Webers Herrschaftssoziologie, ZfS 10/1988, S. 315 (325).

[3] *Weber*, Gesammelte Aufsätze zur Religionssoziologie, Bd. 3, S. 6.

Rationales Denken setzt sich einerseits der Erfolgskontrolle durch die Wirklichkeit aus, zum anderen sucht es sinnhafte, geordnete und kompatible Anschlüsse an andere Sphären des Denkens und Handelns. Sowohl die empirische Rückkopplung wie der Aufbau von geistigen Ordnungen nach dem Generierungsschema einer entwickelten Logik sind kennzeichnend für die okzidentale Rationalität.[5] Von Rationalisierung als einem Prozeß spricht man dann, wenn es um die *Erweiterung* des empirischen Wissens, der Prognosefähigkeit und der Intensivierung der instrumentellen und organisatorischen Beherrschung empirischer Vorgänge geht.[6]

II. Rationalisierungsprozeß und Religion

Zwischen einer rationalen Einzelhandlung, die von der Soziologie zu erklären und zu prognostizieren wäre, und der von Weber betriebenen Analyse der Weltreligionen scheint prima vista kein unmittelbarer Zusammenhang zu bestehen. So nimmt es zunächst wunder, daß Weber sich engagiert mit den Weltreligionen befaßt und sich ihrer Rolle im Rationalisierungsprozeß widmet. Gerade wenn Weber die Entstehung des okzidentalen Kapitalismus erklären wollte, hätte es an sich nahegelegen, die rein ökonomischen Rationalisierungsvorgänge zu untersuchen. Religion würde — wie bei Marx — zu einem nicht basalen, nicht treibenden, sondern zu einem resultierenden „Überbau"-Phänomen. Ökonomische Bedingungen wie das Niveau der Arbeitsteilung oder der technischen Kompetenz würden dann als Schrittmacher der sozio-kulturellen Entwicklung gesehen, auf die ein kulturelles Moment wie die Religion nur reagiert. Weber korrigiert ein solch vereinseitigendes Verständnis, und zwar mit einer für die Relation von Individuum und Gesellschaft aufschlußreichen Begründung.

> „Denn wie von rationaler Technik und rationalem Recht, so ist der ökonomische Rationalismus in seiner Entstehung auch von der Fähigkeit und Disposition der Menschen zu bestimmten Arten praktischrationaler Lebensführung überhaupt abhängig. Wo diese durch Hemmungen seelischer Art obstruiert war, da stieß auch die Entwicklung einer wirtschaftlich rationalen Lebensführung auf schwere innere Widerstände. Zu den wichtigsten formenden Elementen der Lebensführung nun gehörten in der Vergangenheit überall die magischen und religiösen Mächte und die am Glauben an sie verankerten ethischen Pflichtvorstellungen."[7]

---

4 Vgl. dazu für den Bereich der Wirtschaft: *Weber*, Wirtschaft und Gesellschaft, 1972, S. 35 f.

5 Zu diesen beiden Momenten der Rationalisierung: *Weber*, Gesammelte Aufsätze zur Religionssoziologie, Band 1, S. 265 f. Eine ganze Auflistung von Einzelbeispielen zu diesem Thema findet sich bei *Habermas*, Theorie des kommunikativen Handelns, Band 1, S. 225 f.

6 Vgl. *Habermas*, a. a. O., S. 228.

7 *Weber*, Gesammelte Aufsätze zur Religionssoziologie, Bd. 1, S. 12.

Betrachtet man Webers vergleichende Untersuchungen zwischen der typischen okzidental-kapitalistischen Entwicklung und den Rationalisierungsbewegungen anderer Kultursphären, so wird deutlich, daß er die individuelle Disposition zu rationaler Lebensführung nicht nur für einen — möglicherweise sogar weniger gewichtigen — Faktor der Modernisierung der Gesellschaft ansieht, sondern in ihr das entscheidende Moment der typisch okzidentalen Gesellschaftsrationalisierung erblickt.

Gerade in evolutionstheoretischer Sicht kann die soziale Entwicklung nicht nur auf einer verselbständigten Makroebene erklärt oder rekonstruiert werden, es bedarf — solange man das Schema von Individuum und Gesellschaft nicht völlig aufgeben will — eines individuellen Erklärungsansatzes, der Entwicklungen des Individuums nicht notwendig als bloße Reaktion auf soziale Herausforderungen wahrnehmen kann. Die Entstehung des Kapitalismus ist nicht (allein) aus sich heraus (aus der Eigendynamik technischer oder ökonomischer Prozesse) erklärbar, sondern sie kann nur als wechselseitig reagierendes, von wechselnden Faktoren angetriebenes soziales Geschehen verstanden werden, in dem individuelles Handeln, persönliche Handlungsdisposition, kulturelle Muster, Wertvorstellungen, Machtstrukturen und der technologische Standard einer Gesellschaft jeweils unterschiedlich wichtige Rollen spielen.

Weil in traditionalen Gesellschaften die individuelle Handlungsdisposition — und damit sowohl die Palette möglichen Handelns als auch die darauf aufbauende Komplexität sozialer Ordnungen — entscheidend von religiösen Welt- und Wert-Orientierungen abhängt, wendet sich Weber dem Entwicklungsprozeß religiöser Systeme zu.

Obwohl Weber weiß, daß die Entwicklung religiöser Weltbilder ihrerseits beeinflußt wird von einer ganzen Anzahl außerreligiöser Faktoren (ökonomischer, politischer, sozialer und kultureller Art), stellt er heraus, daß religiöse Weltbilder, einmal auf Grundlage heteronomer sozialer Umstände entstanden, eine selbstbezügliche Eigendynamik und rückbezügliche Wirkungen entfalten können.

> „Wie tiefgreifend auch immer die ökonomisch und politisch bedingten sozialen Einflüsse auf eine religiöse Ethik im Einzelfalle waren, — primär empfing diese ihr Gepräge doch aus religiösen Quellen.“[8]

> „Wir werden uns überzeugen, daß zwar für jede Religion der Wandel der sozial ausschlaggebenden Schichten tiefgreifende Bedeutung zu haben pflegte, daß aber andererseits der einmal geprägte Typus einer Religion seinen Einfluß ziemlich weitgehend auch auf die Lebensführung sehr heterogener Schichten auszuüben pflegte.“[9]

---

[8] *Weber*, Gesammelte Aufsätze zur Religionssoziologie, Bd. 1, S. 240.

[9] *Weber*, a.a.O., S. 241; vgl. auch *Schluchter*, Max Webers Analyse des antiken Christentums, in: *ders.* (Hrsg.), Max Webers Sicht des antiken Christentums, 1985, S. 11 (14).

Die Religion ist — in einem kybernetischen Sinne — an der Spitze traditionaler Welterklärung und Handlungssteuerung plaziert. Sie erklärt Welt insgesamt, hält die Einheit von Mensch einerseits und sozialer Welt und Natur andererseits zusammen. Dem differenzierenden Denken, das durch seine Differenzierungen Kontingenzen und damit Sinn- und Entscheidungsprobleme produziert, verschafft die Religion eine sinnhafte Orientierung und affektuelle Stütze. Religion reglementiert Denken und Handeln und ermöglicht gerade durch ihre Limitierung den Aufbau komplexerer sozialer Ordnung. [10]

Ihre Dynamik, die Weber als Rationalisierungsprozeß beschreibt, erfährt Religion durch ihren Weltbezug. Denn die Religion mitsamt ihren mythischen Ursprüngen *erklärt* Welt. Vorangehende magische und animistische Weltbilder [11] sind monistisch strukturiert. Für sie sind die individuelle, soziale und natürliche Welt eins, alle drei gleichermaßen von Geistern bewegt und zu ihrer Spielbühne gemacht. [12]

In diesem frühen vorreligiösen Stadium liegt der Gedanke der Weltbeherrschung fern. Das einheitliche, fremdbestimmte Weltbild läßt die Vorstellung eines isolierten, planvoll handelnden Subjekts nicht zu, weil sich Geister zwar beeinflussen lassen, aber nicht durch den Menschen ersetzt werden können. In den Mythen ist allerdings eine geistige Eigendynamik eingelagert. Schöpfungsgeschichten, Welterklärung oder die Begründung ethischer Imperative lassen sich nicht ein für allemal festschreiben. Sie sind eigenlogischen Konsistenzzwängen und der Gefahr einer anderslaufenden Wirklichkeit ausgesetzt. [13]

Das sich bildende transzendentale Deutungssystem reagiert auf solche inneren und äußeren Anpassungszwänge mit Systematisierungen, Hierarchisierungen und abstrakten Formulierungen. Gerade letzterer Mechanismus der Abstrahierung macht das Weltbild zunehmend unempfindlicher gegenüber Impulsen aus der unmittelbaren empirischen Wirklichkeit. Am Weg der Götter vom Konkreten zum Allgemeinen läßt sich dieser Prozeß anschaulich nachvollziehen. Die animistisch agierenden Götter waren ursprünglich noch allgegenwärtig in der Natur. Sie waren identisch mit den Kräften, die für eine reiche Ernte, Fruchtbarkeit oder Unwetter verantwortlich waren. Demgegenüber war die Verlagerung der Götter ins Pantheon der griechischen Antike bereits eine Abstrahierung von der mittelbar erfahrenen Natur. Die Götter waren nicht mehr die Natur, sondern sie agierten in ihr, wenngleich mit Kräften, die das menschliche Maß überschritten. Gleichwohl wurde mit der Verbannung der Götter ins Pantheon der Weg frei

10 Religion wirkt „stereotypierend" und damit Ordnung sichernd. *Weber*, Wirtschaft und Gesellschaft, 1972, S. 249.

11 Vgl. dazu *Weber*, Wirtschaft und Gesellschaft, a.a.O., S. 247.

12 *Gabriel*, a.a.O., S. 22.

13 Es ist gerade die Übertragung des magischen Ritus in den Alltag, die eine Anbindung von Wirklichkeitserfahrung und religiösen Deutungs- und Beschwörungssystemen hervorruft. Vgl. *Weber*, a.a.O., S. 321 f.

für eine nichtanimistische Natur- und Weltbetrachtung. Die Welt ist dadurch ein Stück weit *entzaubert.*[14]

Die Rationalisierung des Geisterglaubens zum Götterglauben führt — und dies ist wichtig für die Handlungssteuerung der Individuen — zur Ablösung der magischen Ethik, die richtiges Handeln von der Einhaltung der *Form* magischer Rituale und Verbote abhängig machte. An Stelle der magischen Ethik tritt die religiöse Ethik, die sich von der Überzeugung leiten läßt, „daß denjenigen, welcher die gottgewollten Normen verletzt, das ethische Mißfallen des Gottes trifft, welcher jene Ordnungen unter seinen spezialen Schutz gestellt hat."[15] Mit dieser Strukturveränderung wird zugunsten des transzendentalen Deutungssystems selbst ein „Versagen" des Gottes (der Götter) nicht als dessen (deren) Unzulänglichkeit, sondern in letzter Konsequenz als Strafe für Regelverstöße (Sünden) verstanden und erklärt.[16] Naturkatastrophen, fehlendes Kriegsglück oder individuelle Schicksalsschläge werden nicht mehr den Göttern unmittelbar angelastet, sondern gelten als mahnende Zeichen oder Strafen des Himmels.[17]

Außerhalb des eigentlichen religiösen Systems baut diese Gottesvorstellung aber vor allem auf einen individuellen Steuerungsmechanismus im Handelnden und fördert diesen. Der Einzelne wird gegenüber Gott verantwortlich für sein Tun. In dem Maße, wie anstelle der vielen und mit menschlichen Schwächen (Haß, Neid, Rache etc.) behafteten Götter der eine, von menschlichen Leidenschaften freie Gott tritt, findet er seinen Platz im individuellen Bewußtsein; das durch ihn verkörperte Regelsystem wird mit dem intraindividuellen Dialog zwischen Gott und Ich-Bewußtsein effektiv internalisiert und kontrolliert.

Die großen monotheistischen Religionen seit dem Judentum prägen diese exklusive Beziehung des Gläubigen zu seinem einzigen Gott aus und bahnen damit auch einem egozentrierten Ich-Verständnis den Weg. Immerhin wird das individuelle Schicksal — wenngleich noch über Gott vermittelt — bereits als Resultat eigenen Tuns begriffen.[18]

---

14 Vgl. *Weber,* Gesammelte Aufsätze zur Religionssoziologie, Band 1, S. 513.

15 *Weber,* Wirtschaft und Gesellschaft, a.a.O., S. 267.

16 *Weber,* a.a.O.

17 Eindrucksvoll wird dies von Barbara Tuchman noch für das krisengeschüttelte 14. Jahrhundert belegt. *Barbara Tuchman,* Der ferne Spiegel. Das dramatische 14. Jahrhundert, 1982, S. 107 f.

18 Der Weg über den Monotheismus ist indes weder der einzig mögliche Weg zur Ich-Identität, noch ist er ihre einzige Ursache. Gerade die entwickelte Ich-Identität der Oberschicht der griechischen Polis, die entweder polytheistisch oder atheistisch orientiert war, weist darauf hin. Aber die Ich-Identität der Polis blieb intellektualistisch und affektuell wenig abgesichert und vor allem nicht sonderlich verbreitungsfähig. Der Monotheismus stellt dagegen eine affektuell und psychologisch ungleich stärkere Sicherung des sozialen Umbaus auf Ich-Identitäten dar, so daß auf eine intellektuelle Ethik weit mehr verzichtet werden kann. Vgl. dazu *Schluchter,* Max Webers Analyse des antiken Christentums, a.a.O., S. 16 f.

Die den monotheistischen Weltbildern immanente Entwicklungslogik überschreitet in der jüdisch-christlichen und in der indischen Religion einen Kulminationspunkt hin zu einem verfestigten dualen Weltverständnis — entzauberte, rationalisierte Welt im Diesseits und göttliche Welt im Jenseits.[19] Die Dualisierung erlaubt nicht nur veralltäglichte empirische Erfahrung und entzauberte Wissenssystematisierung, die weit über magisch determiniertes Denken hinausgeht,[20] sondern sie wirkt durch die Erlösungsvorstellung, die mit einer auf das Jenseits fixierten Handlungsorientierung zusammenhängt, unmittelbar und massiv auf die Handlungsdispositionen des Einzelnen ein.[21]

Der Erlösungsglaube entsteht als funktional notwendige Reaktion auf die unter ethischen Prämissen unvollkommene, weil ungerechte Welt.[22] Diese Unvollkommenheit stellt ein theologisches Problem ersten Ranges dar, denn die Vorstellung eines vollkommenen und allmächtigen Gottes provoziert einen paradoxen Widerspruch zu einer von ihm geschaffenen unvollkommenen Welt.[23] Der Erlösungsglaube richtet sich auf die Beseitigung von Ungerechtigkeiten im Diesseits durch Kompensation im Jenseits. Der gerechte Ausgleich im Jenseits stellt das im Diesseits fehlende vollkommene Gleichgewicht wieder her.[24] Dazu gehört, daß der diesseits erfolgreiche (reiche oder mächtige) Sünder im Jenseits gestraft, der arme, aber den religiösen Geboten Treue (orientiert am Vorbild des Heiligen) im Jenseits reiche Belohnung findet.

Eigentümlich an der für die Entwicklung des Okzidents maßgeblichen jüdisch-christlichen Religion ist zum einen, daß die Erlösungsvorstellung individualisiert wird und sich damit tendentiell gegen die handlungsbestimmende Priorität der Sippengemeinschaft richtet.[25] Zum anderen wird das äußere und innere Leiden an der Welt und durch die Welt zum Grundprinzip der Heilandsvorstellung und der christlichen Gemeinschaftsbeziehung.[26] Mit beiden Faktoren zusammen hängt

---

19 Vgl. *Gabriel,* a.a.O., S. 22 f.

20 Damit wird vor allem eine Ausdifferenzierung von Beobachtung und Erklärung aus holistischen Denk- und Handlungssphären ermöglicht. Entscheidend ist auch, daß das Verhältnis des Einzelnen zu seiner entzauberten Umwelt kognitiv erfaßt wird. Der Einzelne wird sich der „inneren Eigengesetzlichkeit" von Handlungssphären bewußt. Zwischen ursprünglich vorhandene relative Unmittelbarkeit im Verhältnis Individuum und Außenwelt tritt eine *Interdependenzunterbrechung* durch kognitiv kontrollierte Bewußtseinsprozesse. *Weber,* Ges. Aufsätze zur Religionssoziologie, Band 1, S. 541 f. Zu entsprechenden systemtheoretischen Modellen der Interdependenzunterbrechung: *Willke,* Entzauberung des Staates, 1983, S. 62 f.

21 Vgl. dazu *Weber,* Wirtschaft und Gesellschaft, a.a.O., S. 321 ff.

22 *Weber,* Ges. Aufsätze zur Religionssoziologie, Band 1, S. 567; *Tuchman,* Der ferne Spiegel, S. 67.

23 Weber spricht von „absoluter Paradoxie". *Weber,* Wirtschaft und Gesellschaft, a.a.O., S. 335.

24 *Weber,* Ges. Aufsätze zur Religionssoziologie, Band 1, S. 567 und 541.

25 *Weber,* a.a.O., S. 542.

26 *Weber,* a.a.O., S. 543.

die Tendenz zu einer den Familien- oder Sippenverband übergreifenden, individuell fundierten Nächstenliebe, aber auch die Ablehnung von Reichtum und ökonomischem Gewinnstreben sowie ein Hang zur weltabgewandten Askese als Gegensatz zur Verschwendungssucht. Die Verbindung von rationaler Weltsicht mit den Elementen der Nächstenliebe und Askese macht Weber dafür verantwortlich, daß diese Haltung, wenn sie fast zwangsläufig — vor allem auch wegen des rationalen Weltzugangs — Reichtum nach sich zieht,[27] in einer Linie zur protestantischen Berufsethik führt. Diese Ethik lehnt den Genuß ab und erneuert damit den sozialen Grundtenor des Christentums gegenüber einer konträren kirchlichen Praxis. Aber zugleich wird der durch den rationalen, planvollen Umgang mit der entzauberten Welt sich anhäufende Reichtum nicht als unerwünschtes, im Grunde nur zur Verteilung an Bedürftige taugliches Nebenprodukt eines gottesfürchtigen Lebens angesehen, sondern als günstiges *Zeichen* Gottes gewertet (Prädestinationslehre).[28]

Die im Christentum angelegte Askese wird von der protestantisch-calvinistischen Ethik zur Berufsethik rationalisiert. Askese und zivilisatorische Selbstdisziplinierung[29] schaffen durch ihre individuelle Verankerung und prägende Kraft Voraussetzungen für soziale Integration außerhalb der traditionellen Sippen- und Schichtungsstrukturen. Die protestantische Berufsethik fördert als Komplementärfunktion des Rationalisierungsprozesses einen individualisierten Menschentypus, der hochmotiviert seinen Lebenssinn in der Berufsarbeit und nicht in einem konsumorientierten Ars vivendi sieht.

> „Einer der konstitutiven Bestandteile des modernen kapitalistischen Geistes, und nicht nur dieses, sondern der modernen Kultur: die rationale Lebensführung auf Grundlage der Berufsidee, ist — das sollten diese Darlegungen erweisen — geboren aus dem Geist der christlichen Askese."[30]

Mit seinen religionssoziologischen Untersuchungen ist es Max Weber gelungen, nicht nur die Bedeutung der Religion im Rationalisierungsprozeß nachzuweisen und herauszustellen, er hat darüber hinaus auch den Gesichtspunkt eigenlogischer Entwicklung kultureller oder sozialer Systeme und ihren Zusammenhang mit der Individualisierung des Gesellschaftsaufbaus — d.h. der organisatorischen Umstellung auf Aggregierung mit kleinsten Einheiten — in den Vordergrund gerückt. Allerdings operiert ein solcher Zugang auf evolutionstheoretischer Makroebene und trägt noch keine deutlichen Kennzeichen einer Handlungstheorie. Die Frage, die sich deshalb hier anschließt, zielt auf die Beziehung zwischen eigengesetzlich sich bewegenden Rationalitätssphären und dem individuellen Handeln, d.h. auf einen wichtigen Teil der Relation von Individuum und Gesellschaft.

---

27 Weber verweist auf das Beispiel mittelalterlicher Mönchsorden, a.a.O., S. 545.

28 *Weber*, a.a.O., S. 545 f. und S. 197 f.

29 Dazu grundlegend *Elias*, Der Prozeß der Zivilisation.

30 *Weber*, a.a.O., S. 202.

III. Das Verhältnis von eigenlogischen Rationalitätssphären zu individuellem Handeln

1. System- oder Handlungsperspektive

Die Rationalisierung religiöser Weltbilder ist nur eine der Bedingungen für die Rationalisierung auch anderer Denk- und Handlungssphären. Damit ist nicht behauptet, daß die Dynamik des Gesamtprozesses der Rationalisierung ausschließlich oder auch nur schwergewichtig bei der Entfaltung religiöser Weltbilder lag. Ihr Entwicklungsgang war selbst sicherlich zu einem Großteil sowohl unmittelbare Folge von Rationalisierungsprozessen in ökonomischen, politischen oder kulturellen Bereichen, wie auch Bewegungen und Systematisierungen im religiösen Deutungssystem vermittelte Reaktionen auf ganz unterschiedliche Rationalisierungen in anderen Bereichen waren.[31] Aber die Freigabe von Teilen der Weltwahrnehmung aus der Umklammerung durch religiöse, ganzheitliche Weltbilder ist auch eine Voraussetzung für die Rationalisierung anderer Interpretations- und Handlungssphären. Zugleich ist die Entwicklung religiöser Weltbilder Schrittmacher und Stütze einer Individuierung des Menschen, der zunehmend selbstreflexiv Sinn- und Existenzfragen stellt und sich immer mehr aus selbstverständlichen, rituellen oder gewohnheitsgeprägten Lebenszusammenhängen herauslöst.

Ist demnach der Einzelne nur das Produkt von gesellschaftlichen Rationalisierungsprozessen? Wie faßt Weber das Verhältnis von individuellem Handeln und rationalisierten Handlungssphären?

Betrachtet man Webers religionssoziologische oder rechtssoziologische Schriften und läßt auch die ökonomischen Schriften und herrschaftssoziologischen Untersuchungen nicht außer acht, so scheint vieles darauf hinzudeuten, daß Weber nicht aus einer individuellen Perspektive, sondern aus der Systemperspektive Soziologie betreibt.[32] In evolutionärer Sicht werden Makrophänomene erfaßt und als eigengesetzliche — d.h. immer auch vom individuellen Wünschen und Wollen unabhängige — Bewegungen rekonstruiert. Wenn es richtig ist, daß dem individuellen Handeln vorgeordnete kulturelle Muster und Handlungssysteme sich beispielsweise als rationales Wirtschaftshandeln oder sachliches Handeln in bürokratischen Zusammenhängen verselbständigen, dann scheinen die Individuen

---

31 Gerade Weber untersucht diese Interdependenzen in seinen religionssoziologischen Schriften als *Grundlage* religiöser Rationalisierung. Vgl. nur die Untersuchung der soziologischen Grundlagen des Konfuzianismus und Taoismus. *Weber*, a.a.O., S. 314 ff. Überhaupt sollte man nicht außer acht lassen, daß Weber keine *kausale* und in Gesetzmäßigkeiten mündende Gesellschaftswissenschaft betreibt. Hierzu: *Habermas*, Theorie des kommunikativen Handelns, Bd. 1, S. 307; *Tenbruck*, KZfSS 38 (1986), 13 (18).

32 Habermas spricht davon, daß Weber eine Perspektive „von oben" einnehme. *Habermas*, a.a.O., S. 300.

nicht länger Herren dieser Handlungssysteme zu sein. Was bedeutet dann eigentlich noch „Handlungstheorie"?[33]

2. *Webers Handlungstheorie*

Um das Verhältnis von autonom sich rationalisierenden Handlungssphären und individuellem Handeln bei Weber angemessen fassen zu können und damit die Voraussetzung für die Antwort auf die Frage zu schaffen, ob und wie Weber das Durkheimsche Steigerungsproblem verarbeitet, ist es nötig, sich die Folgen der Rationalisierung für den Bereich des individuellen Handelns noch einmal zu vergegenwärtigen.

a) Berufsrolle und Zweckrationalität

Religiöse Weltbilder oder ökonomische Zusammenhänge sind keine Entitäten, die wirklich isoliert von individuellen Strukturen (vor allem Persönlichkeitsstrukturen), individuellen Motiven (Bedürfnissen) oder Affekten betrachtet werden können.[34] Der Rationalisierungsprozeß findet immer auch in den Orientierungsmustern, Weltwahrnehmungen, Selbstbeschreibungen und Einstellungen *des Individuums* statt. Verändert sich der basale Typus eines Weltbildes (etwa im Übergang von magischer zu religiöser Weltdeutung oder von der religiösen zur zweckrationalen Welterklärung), so zieht dies auch eine Veränderung der individuellen Persönlichkeitsstruktur nach sich. Das Individuum erfährt beispielsweise die schrittweise Freigabe von bestimmten Handlungs- und Deutungssphären aus der ganzheitlichen religiösen Weltinterpretation als Sinn- und Orientierungsverlust. Dieser negative Befund scheint sich zu bestätigen, wenn man die Rationalisierung näher analysiert und ein Übergewicht zweckrationalen Handelns im Dienst einzelner gesellschaftlicher Funktionenkreise feststellt. So kann die Abkopplung immer größerer Handlungsbereiche aus der holistischen Ordnung eines sinnstiftenden religiösen Weltbildes als Funktionserfordernis eines modernen kapitalistischen Wirtschaftsbetriebes angesehen und die neue verselbständigte Handlungsform als zweckrational, den Betriebsbedürfnissen entsprechend, bezeichnet werden.

Habermas hat in der Zweckrationalität des Unternehmerhandelns den funktionalen Bezugspunkt für die moderne Persönlichkeitsentwicklung im Rahmen des Weberschen Rationalisierungskonzepts gesehen.

---

33 Webers Unterschied zu Durkheim läge dann nur noch im historisch ausgefeilteren Begründungsaufwand Webers und in seiner vergleichenden Methode. Gleich dagegen wäre bei beiden Autoren die Ansicht, daß das Soziale mit einem prädeterminierenden Vorrang gegenüber individueller Handlungsfreiheit ausgestattet sei.

34 Geschieht dies dennoch, handelt es sich um methodisch notwendige Idealisierungen, ebenso wie dies in Webers Konzept der Idealtypen praktiziert wird. Vgl. dazu: *Weber*, Gesammelte Aufsätze zur Wissenschaftslehre, 4. Auflage, S. 148 ff.

„Der Bezugspunkt, unter dem Weber *gesellschaftliche* Rationalisierung untersucht, ist also die im kapitalistischen Betrieb institutionalisierte *Zweckrationalität des Unternehmerhandelns;* daraus leitete er weitere funktionale Erfordernisse ab: a) zweckrationale Handlungsorientierungen auf seiten der Arbeitskräfte, die in einem planmäßig organisierten Produktionsprozeß eingegliedert sind, b) eine für das kapitalistische Unternehmen berechenbare ökonomische Umwelt, d.h. Güter-, Kapital-, Arbeitsmärkte; c) ein Rechtssystem und eine staatliche Administration, die diese Berechenbarkeit garantieren können, und darum d) ein Staatsapparat, der das Recht sanktioniert und seinerseits zweckrationale Handlungsorientierungen in der öffentlichen Verwaltung institutionalisiert.“ [35]

Die entscheidende Voraussetzung für den von Habermas beschriebenen Umbau von Staat und Wirtschaft ist nun allerdings die Verankerung der erwähnten zweckrationalen Strukturen nicht nur im Rechtssystem, sondern vor allem im Persönlichkeitssystem.[36] Funktional ausdifferenzierte Handlungsbereiche — unter denen vor allem die Berufsrolle von Bedeutung ist — erfordern eine kompatible Persönlichkeitsstruktur, die sich auf lange Sicht und mit zunehmender Komplexität ökonomischer Systeme *freiwillig* an die Funktionserfordernisse ausdifferenzierter Subsysteme der Gesellschaft anpaßt.[37] Weber untersucht deshalb den Rationalisierungsprozeß und darin speziell die Ausbildung der protestantischen Ethik als Institutionalisierung des zweckrationalen Handelns im Persönlichkeitssystem. Der protestantische Berufsmensch ist sozusagen der Phänotypus der sich durchsetzenden zweckrationalen Weltauffassung. Wenn man Weber mit Habermas liest, so bleibt der protestantische Berufsmensch ein Resultat sozialer Systeme, er scheint ein Teil, das von der gestaltenden Kraft des Ganzen (ökonomischer Rationalität) determiniert wird.

Im Innern des Individuums hat der Rationalisierungsprozeß der Weltbilder und einzelner Handlungssphären für die motivationale Struktur einen Effekt der Versachlichung und Differenzierung. Die mit der Aufklärung propagierte Vernunftsteuerung institutionalisiert sich im Persönlichkeitssystem als Trennung von Emotion und Verstand. Die Entzauberung der Welt führt zu einer kausalen Weltinterpretation.[38] In der protestantischen Berufsethik verbindet sich die kausale, entemotionalisierte Weltsicht mit dem Gebot methodischer Lebensführung und der Separierung zweckrationaler Handlungsbereiche. Indem die sachliche Berufswelt als eigenständige behandelt wird, d.h. von den sonstigen — vor allem christlichen — Wert- und Moralvorstellungen (z. B. Nächstenliebe) freigestellt

---

35 *Habermas,* a.a.O., S. 302.

36 Vgl. *Habermas,* a.a.O., S. 303.

37 Hier wird deutlich, daß das Verhältnis von rationalisierten Handlungssystemen und individueller Orientierung nur eine soziologische Reformulierung des staatsphilosophischen und ethischen Problems sozialer Ordnung und individueller Handlungsfreiheit ist. Auch Kant hatte gesehen, daß soziale Ordnung auf einen freien Beitrag der Individuen angewiesen bleibt. Vgl. oben A. III. 3.

38 *Weber,* Gesammelte Aufsätze zur Religionssoziologie, Band 1, S. 564.

wird, eröffnet diese Autonomisierung ökonomischer und administrativer Handlungssphären die Möglichkeit, in ihnen ausschließlich zweckrational zu handeln. Für die Frage, welche Intensität und Qualität individueller Autonomie in dieser Rekonstruktion überhaupt noch zukommt, spielt das Verhältnis dieser Handlungsorientierung zu anderen Handlungsorientierungen eine Rolle.

b) Individuelle Handlungsorientierung zwischen Zweck- und Wertrationalität

In zweckrational organisierten Lebensbereichen werden Handlungsziele nicht durch wie auch immer internalisierte und in der Handlungssituation aktualisierte Werte und unbedingte moralische Gebote vorgegeben. Das Entscheidungsfeld wird vielmehr durch Zwecke gesteuert, die im Zentrum des autonomisierten Handlungssystems stehen (z. B. Leistung, Gelderwerb, Machterwerb).[39] Zweckrationales Handeln ist deshalb, wenn es sich einmal durchgesetzt hat, flexibel in verschiedenen Handlungssystemen erfolgreich, weil die Zwecke wechseln, aber die Grundeinstellung des Akteurs gleichbleiben kann.[40] Dies unterscheidet zweckrationales Handeln von anderen Handlungstypen. Die drei anderen Handlungstypen des traditionalen, affektuellen und wertrationalen Handelns[41] sind weit weniger flexibel. Sie sind bei wechselnden Handlungssituationen schwerfälliger oder unberechenbarer, weil sie an ein konkreteres oder unvorhersehbareres oder holistisch strukturiertes System angeschlossen sind. Handeln nach „eingelebten Gewohnheiten" (traditional)[42] etwa versagt, sobald sich die Lebensumstände, auf die diese Gewohnheiten zugeschnitten sind, verändern. Emotionales Handeln (affektuell) ist unberechenbar, weil die individuellen Gefühlszustände wechseln und wenig erwartbar sind. Wertrationales Handeln schließlich, das sich vom unbedingten Eigenwert ethischer, religiöser oder ästhetischer Imperative leiten läßt,[43] ist an das zugrundegelegte Wertesystem gebunden. Bei wechselnden Handlungssituationen kann das Wertesystem nicht jeweils umgebaut werden, ohne daß seine Gesamtarchitektur Schaden nähme.[44] Ein Wertesystem ist sowohl logischen wie holistischen Zwängen ausgesetzt, es muß widerspruchsfrei sein und den Notwendigkeiten einer sinnhaften Welterklärung genügen. Wie die soziale Welt sich auch verändert, ein Wertesystem muß für alle sich ergebenden

---

[39] Vgl. dazu *Luhmann*, Zweckbegriff und Systemrationalität, 2. Auflage 1977, S. 203.

[40] Ein klug kalkulierender, effektiv arbeitender Mensch kann in seiner Berufsrolle, in seinem Verein, in einer Partei, womöglich sogar in seiner Familie erfolgreich sein.

[41] Zu den verschiedenen Handlungsorientierungen vgl. *Weber*, Wirtschaft und Gesellschaft, a.a.O., S. 12 f.

[42] *Weber*, a.a.O., S. 12.

[43] *Weber*, a.a.O.

[44] Eine Generalisierung der Werte erhöht zwar die Flexibilität, vermindert aber die Orientierungskraft und damit die Erwartbarkeit des Handelns für den anderen.

Handlungssituationen eine gültige und orientierende Präferenz zur Verfügung stellen.

Demgegenüber erlaubt die zweckrationale Handlungsorientierung den Aufbau hoher sozialer Komplexität. Die relative Überlegenheit dieses Handlungstyps in stark differenzierten, evolutionär dynamischen und komplexen Gesellschaften liegt auch in dem Umstand begründet, daß veränderte oder verallgemeinerte Präferenzen, Intentionen und Handlungsziele nicht in gleichem Maße, mit gleicher Konkretheit im Individuum verankert werden müssen. Die Berufsrolle eines mittelalterlichen Handwerkers beispielsweise mußte mit großem institutionalisiertem Aufwand im Individuum wertrational und traditional verankert werden. Das Ansinnen an einen mittelalterlichen Kürschner, er solle wegen Absatzschwierigkeiten im Pelzhandel auf den Beruf des Goldschmieds oder des Bauern „umschulen", wäre wohl mit Verständnislosigkeit oder gar mit dem Zusammenbruch der individuellen Identität quittiert worden. Seitdem jedoch die stratifikatorisch differenzierte und traditional organisierte Gesellschaft des Mittelalters in die funktional differenzierte Gesellschaft der Neuzeit umgebaut wurde, hat sich auch die individuelle Institutionalisierung von Handlungsmustern oder -orientierungen hin zum zweckrationalen Typ verschoben.

Diese Verschiebung der Handlungsorientierung führt auch zu einer weiteren Rationalisierung des Individuums. Die Leitgesichtspunkte des Handelns (Werte, affektuelle Präferenzen, Traditionen, Zwecke) werden zunehmend *kognitiv* verankert[45] und vom Individuum deshalb als kontingent — und das heißt immer auch *negierbar* — erfahren. Der Anpassungsdruck, der von der sozialen Evolution auf das Individuum ausgeübt wird, ist zwangsläufig mit der Zunahme kognitiver Kompetenz des Individuums verbunden. Die Multiplizierung von Entscheidungssituationen nötigt entweder zur Intensivierung und Vervielfältigung der verhaltenssteuernden Normen, die vom Individuum gekannt werden müssen, oder aber das Individuum muß Entscheidungen auch ohne verhaltenslenkende Normen treffen, was besondere Situationskompetenz voraussetzt. Rationalisierung heißt demnach für die Ebene des Persönlichkeitssystems ein Mehr an regelgeleiteter oder regelersetzender *Kommunizierbarkeit.* Alles, was kommuniziert werden kann, kann aber auch negiert werden.

> „Die Erwerbung des „nein" ist, um mit René Spitz zu formulieren, Indikator einer neu erreichten Stufe der Autonomie des Persönlichkeitssystems."[46]

Die Fähigkeit des „Nein-Sagens" verlangt nach Möglichkeiten, das „Ja-Sagen" sicherzustellen. Mechanismen, die auf diese Möglichkeit zielen, sind vielfältig; neben der Ausbildung symbolisch generalisierter Kommunikationsmedien[47]

---

45 Dazu unten V.

46 *Luhmann,* Über die Funktion der Negation in sinnkonstituierenden Systemen, in: Soziologische Aufklärung, Band 3, 1981, S. 35 (42).

47 Vgl. dazu unten Kapitel D.

kommt insbesondere begründende und deshalb zwingende Argumentation in Betracht. Rationale Diskurse[48] werden in funktional differenzierten Gesellschaften deshalb immer wichtiger, weil die Kontingenzen zahlreicher werden und damit das Negationspotential steigt. Die Sicherstellung funktionaler und sozial integrativ wirkender Handlungen wird immer mehr ins Individuum verlagert. Vom Individuum werden zunehmend nur noch die Handlungsziele akzeptiert, die es versteht und billigt. Aus dieser Erfahrung heraus argumentiert Kant und mit ihm die gesamte Aufklärung.[49]

Bereits an dieser Stelle wird sichtbar, daß die Rationalisierung nicht einfach als Determinierung des Individuums durch die Funktionalität sozialer Systeme einseitig dargestellt, sondern auch als Individualisierung der Gesellschaft verstanden werden kann, weil immer mehr soziales Handeln individuell reflektiert und kontrolliert wird.

Ein Rationalisierungsprozeß, der Kommunikationen und Negationspotentiale vergrößert und auf die kognitive Kompetenz der Individuen vertrauen muß, wirkt strukturierend und hierarchisierend auf die vier von Weber herausgestellten Handlungstypen. Die Verschiebung der Handlungsstruktur zum Typus zweckrationalen Handelns stellt dann nämlich eine im Rationalisierungsprozeß selber angelegte Tendenz zu größerer Rationalität dar. Handlungsformen, die eine geringe individuelle Kontroll- und Verarbeitungsmöglichkeit zulassen, weil sie nicht auf Begründung und Reflexion aller Umstände ausgerichtet sind, wie dies für affektuelles oder traditionales Handeln gilt, geraten evolutionär in die Defensive.[50] Motor dieser Entwicklung, die traditionales Handeln auf den Bereich der Familie begrenzt und affektuelles Handeln erotischen Beziehungen zuweist,[51] ist zunächst das wertrationale Handeln, das in Glaubensgemeinschaften entfaltet und praktiziert wird. In der wertrational bestimmten Übergangsphase von traditionalem zu zweckrationalem Handeln entsteht vor allem jene Innensteuerung des Individuums, die — bevor sie zweckrational erfolgt — an ein religiöses Wertesystem gebunden wird, das aber bereits deutlichen Handlungsbezug zur Welt aufweist.[52] Die relative Befreiung von tradierten und notwendig, d.h. als unersetzbar gedach-

---

48 Dazu näher unten Kapitel C.

49 Vgl. oben A. III. 3.

50 *Luhmann* spricht der Erfindung des Buchdrucks und damit der Zweitcodierung von Sprache eine wichtige Rolle im Rationalisierungsprozeß zu, weil der Hinweis auf Traditionen und Glaubensgewißheiten als geschriebener Text nicht aus sich heraus überzeugend wirkt. Das geschriebene Wort ist auf nachvollziehbare Begründungen angewiesen, die sich aus dem Text selbst erschließen. *Luhmann*, Ökologische Kommunikation, 1986, S. 72 f. Dieser Strukturzwang, der in der Zweitcodierung von Sprache liegt, begünstigt zweckrationale Einstellungen und Handlungsorientierungen außerordentlich — insbesondere, seitdem die Wissenschaft mit dem Mittel des geschriebenen und publizierten Wortes im Wahrheitsanspruch das religiöse System ablöst.

51 Vgl. *Weber*, Wirtschaft und Gesellschaft, a.a.O., S. 24.

52 Aus diesem Grunde ist für Weber die protestantische Ethik als Transmissionsriemen zur Etablierung des zweckrationalen Handlungstyps von so großer Bedeutung.

ten Handlungsschemata und Handlungsriten[53] führt aber — und hier scheint die in der Durkheimschen Steigerungsfrage aufgeworfene Paradoxie durch — zu einer größeren Abhängigkeit des Individuums vom bestehenden (zunächst religiösen) Wertesystem. Während Traditionen erlernt, nachgeahmt und relativ unreflektiert übernommen werden, setzt wertrationales Handeln die Internalisierung des gültigen Wertesystems voraus und geht von der Kompetenz des individuellen Bewußtseins aus, mit diesem Wertesystem operieren zu können. Die Befreiung von traditionalen Handlungsmustern verlangt den Preis einer stärkeren Internalisierung sozialer Funktionserfordernisse, verstärkt damit prima facie die individuelle Abhängigkeit von Gesellschaft.

Die individuelle Instanz, die soziales Wertesystem und Persönlichkeit umklammert und damit als Zentrum wertrationaler Handlungsorientierung im Einzelnen wirkt, ist das Gewissen. Das Gewissen ist nicht nur im Sinne der Freudschen Über-Ich-Konstruktion eine Instanz, die externen (sozialen) Funktionserfordernissen im Individuum Geltung verschafft, sondern es ist zugleich eine Steuerungseinheit des Individuums, die der Identitätserhaltung dient und somit eng an Bewußtsein und Biographie des Menschen angeschlossen ist.[54] Dieser notwendige Bezug des in das Gewissen aufgenommenen Wertesystems zu den Strukturen und der Biographie der Persönlichkeit unterwirft die internalisierten Werte jeweils individuellen Modifikationen, die von logisch gesteuerten Bewußtseinsprozessen des Persönlichkeitssystems abhängen. Auf diese individuelle Beeinflussung und Kontrolle des sozialen Wertesystems[55] durch allgemein geteilte logische Regeln setzt das Vernunftargument der Aufklärung.

Käme soziale Integration in erster Linie über akkordiertes wertrationales Handeln zustande, bedeutete dies auch eine Verlagerung der Integrationsaufgabe in das Individuum. Soziale Ordnung würde durch das gemeinsam geteilte Wertesystem ermöglicht, und die Vernunft übernähme den Part der Kontrolle des Wertesystems. Man könnte versucht sein, wertrationales Handeln, soweit es zum dominie-

---

53 Man denke nur als Beispiel für solche Handlungsinkontingenzen an den Schweinezyklus. Vgl. *Luhmann,* Ökologische Kommunikation, a. a. O., S. 69 f.

54 Zu dieser Funktion des Gewissens schreibt *Luhmann:* „Die Identität des Menschen ist durch seine Existenz als lebender Organismus nicht hinreichend gesichert. Sein Erlebens- und Verhaltenspotential ist weit größer als der Bereich von Informationen, die er zur Einheit eines sinnvollen persönlichen Daseins zusammenordnen kann. Deshalb bildet der Mensch sich zu einer Persönlichkeit aus. Er macht sich selbst zum System, indem er unterscheidende Grenzen gegen eine Umwelt von Informationen zieht, die er nicht sich selbst zurechnet. Die Potentialitäten seines Ichs bleiben aber eine ständige Bedrohung seines Persönlichkeitssystems. Er braucht deshalb Kontrollinstanzen, die darüber wachen, daß das Ich die Grenzen seiner Persönlichkeit nicht sprengt — und eine solche Kontrollinstanz, die höchste in einer komplizierten Struktur der Selbsterhaltung, ist das Gewissen." *Luhmann,* Die Gewissensfreiheit und das Gewissen, AöR 90 (1965), S. 257 (264).

55 Weber spricht im Zusammenhang mit wertrationalem Handeln vom *bewußten* (d. h. vom Bewußtsein durchdrungenen) Glauben an den Eigenwert eines bestimmten Sichverhaltens. *Weber,* a. a. O., S. 12.

renden Handlungstyp wird, als höchste Stufe individueller Handlungsorientierung zu begrüßen. Aber wertrationales Handeln ist blind gegenüber den Nebenwirkungen und Folgen des Handelns, weil es nur dem Orientierungswert genügt. Es unterwirft sich dem Imperativ des Eigenwerts der Handlung ohne Rücksicht auf den Handlungserfolg und ohne Rücksicht auf Folgen oder Nebenwirkungen. Vor allem religiös überdeterminiertes Verhalten (Glaubensfanatismus) stellt fast in reiner Form wertrationales Verhalten dar.[56]

Demgegenüber steigert für Weber der Typus zweckrationalen Handelns noch einmal die individuelle Bewußtseinskontrolle und den Rationalitätsgrad. Mehr als im Rahmen der wertrationalen Handlungsorientierung, die ihren Erfolg, scil. ihre Wirkung, außerhalb bewußter Kontrolle läßt, wägt der zweckrationale Handlungstyp Mittel, Zwecke und Nebenfolgen gegeneinander ab. Damit stellt er alle kognitiv zugängigen Zusammenhänge als relevant in die Entscheidungs- und Handlungssituation ein.[57]

Weber weist dabei auf zweierlei hin. Die jeweils reinen Handlungstypen sind empirisch nie oder äußerst selten anzutreffende Idealisierungen (Idealtypen). Zweckrationales Handeln beispielsweise steht immer in Bezug zu wertrationalen Handlungsorientierungen. Auf der anderen Seite stehen die verschiedenen Handlungstypen nicht gleichberechtigt nebeneinander, sondern werden von Weber in eine hierarchische Ordnung gebracht. Innerhalb dieser Ordnung soll der zweckrationale Typus eine Spitzenstellung einnehmen. Dies nicht zuletzt deshalb, weil hier die umfassendste Bewußtseinssteuerung gegeben ist. Zweckrationales Handeln ist aber nach Weber auch deshalb dem wertrationalen überlegen, weil aus der Sicht des zweckrationalen Handelns das wertrationale irrational ist, dies aber in umgekehrter Sicht nicht so scheint.

> „Die wertrationale Orientierung des Handelns kann also zur zweckrationalen in verschiedenartigen Beziehungen stehen. Vom Standpunkt der Zweckrationalität aus aber ist Wertrationalität immer, und zwar je mehr sie den Wert, an dem das Handeln orientiert wird, zum absoluten Wert steigert, desto mehr: *irrational,* weil sie ja umso weniger auf die Folgen des Handelns reflektiert, je unbedingter allein dessen *Eigenwert* (reine Gesinnung, absolute Größe, absolute Pflichtmäßigkeit) für sie in Betracht kommt."[58]

Da Weltbilder einem Rationalisierungsprozeß unterworfen sind, müßte es ihrer Entwicklungslogik entsprechen, in einer Dominanz des zweckrationalen Handelns zu enden. Gegenüber heutigen kritischen Anmerkungen zu diesem Hand-

---

[56] Die handlungsgebietenden Werte können dabei ganz unterschiedlicher Natur sein. Neben religiösen Weisungen können z. B. auch nationale Pflicht, Stolz, Würde oder Schönheit als Gebot fungieren. Vgl. *Weber,* a.a.O.

[57] Die kognitive Kompetenz hat schon *Aristoteles* für unabdingbar gehalten, damit von freiem Handeln überhaupt gesprochen werden kann (vgl. oben A.II.); zweckrationales Handeln verlangt aber über die Kenntnis hinaus (die durchaus auch beim wertrationalen Handeln gegeben sein kann) die Berücksichtigung der Folgen und Wirkungen.

[58] *Weber,* a.a.O., S. 13.

lungstyp gilt es festzuhalten, daß Zweckrationalität nicht per se ein Minus an individueller Kontrolle und Verantwortung im Vergleich zum wertrationalen Handeln bedeutet. Eine solche Verschiebung träte nur dann ein, wenn die Zwecke für das Individuum verbindlich von außen vorgegeben würden. Soweit und solange Zwecksetzungen unter der Kontrolle des Individuums bleiben — mit der Möglichkeit, Zwecke zu verwerfen oder neue an ihre Stelle zu setzen —, bleibt der Rationalitätsgrad zweckrationalen Handelns der höchste. In diesem Licht gesehen, erstaunt denn auch nicht die diagnostizierte Vorliebe Webers für den „bewußtesten" Handlungstyp, das zweckrationale Handeln.[59] Nur dieser Handlungstyp repräsentiert das — zumindest virtuelle — Maximum an individueller Eigenverantwortlichkeit.

> „Das zweckrationale Handeln kommt dem Postulat verantwortungsethischen Handelns gegenüber dem traditionalen, affektuellen, aber auch gesinnungsethisch-wertrationalen Handeln am nächsten. Rationalisierung auf der Ebene der persönlichkeitsethischen Sinninterpretation bedeutet also im Sinne Webers die gesteigerte Möglichkeit und Fähigkeit, eigenverantwortliche Sinnentwürfe zu entwickeln, sie dem wissenschaftlichen Diskurs auszusetzen und in wacher Verantwortung zu handeln. Im Medium eines solchen Handelns bildet sich für Weber erst das, was er als „Persönlichkeit" betrachtet."[60]

Erst an diesem Punkt der Entwicklung, wenn der gesellschaftliche Rationalisierungsprozeß die Individuen befähigt, zweckrational und innerhalb dieses Typus verantwortlich zu handeln, entsteht das Individuum, das nicht nur Produkt sozialer Umstände und Strukturen ist, sondern sich innerhalb sozialer Systeme klug und engagiert zu bewegen weiß und damit erstmals wirklich zum Korrektiv oder — darüber hinaus — zum Gestalter sozialer Systeme werden kann. Im Gegensatz zu Durkheim sieht Weber die Entwicklung der Moderne also nicht (nur) als Differenzierung sozialer Systeme und Freisetzung des Menschen aus traditionalen Integrationsformen mit der Gefahr der Anomie, sondern der Prozeß gesellschaftlicher Rationalisierung ist für ihn die Voraussetzung zur Ausbildung des freien, d.h. auch immer bewußt und planvoll handelnden Individuums.

Die Kritik an Weber, er bevorzuge in ungerechtfertigter Weise den zweckrationalen Handlungstyp[61] wird Opfer ihrer eigenen Prämisse. Weil Habermas den zweckrationalen Handlungstyp von vornherein als „fremdbestimmt" einführt und mit der Etablierung des kapitalistischen Fabriksystems geradezu identifiziert,[62] wird nicht mehr zwischen dem Idealtyp und möglichen Gefährdungen dieses Typs in der gesellschaftlichen Empirie unterschieden. Die Handlungstheorie Webers bildet allein deshalb ein Gegengewicht zur kollektiven Sichtweise Durkheims und verdient aus diesem Grunde die Bezeichnung Handlungstheorie, weil sie —

---

59 *Gabriel,* Analysen der Organisationsgesellschaft, a.a.O., S. 39.

60 *Gabriel,* a.a.O., S. 39 f.

61 *Habermas,* a.a.O., S. 379 ff.

62 Vgl. oben 1.; *Habermas,* a.a.O., S. 302.

eingebettet in eine Gesellschaftstheorie (bei Weber nahezu identisch mit der Rationalisierungstheorie) — die soziale Entwicklung unter die Kategorien der individuellen Handlungsperspektive bringt und gegen Ende der Rationalisierungsnachzeichnung die *Möglichkeit* individueller Kontrolle über soziale Systeme theoretisch zuläßt und den Gedanken verantwortungsethischen Handelns — wenn auch unbestimmt — nahelegt. Zum ersten Mal — von Simmel einmal abgesehen — wird damit versucht, die Relation von Individuum und Gesellschaft *theoretisch* ausgewogen darzustellen.

Der Rationalisierungsprozeß und sein Einfluß auf die Strukturbildung des Individuums belegen noch einmal anschaulich, in welchem Maße das Individuum Produkt gesellschaftlicher Prozesse ist. Aber zugleich erreicht die individuelle kognitive und situative Kompetenz ein Maß, das es dem Einzelnen erlaubt, in einer Art und Weise selbstverantwortlich und bewußt zu agieren und so auch gestaltend und strukturierend auf die soziale Ordnung einzuwirken, wie nie zuvor. Erst wenn der zweckrationale Handlungstyp sich durchgesetzt hat, kann man ernsthaft von einer Interdependenz zwischen Individuum und Gesellschaft reden. Die von Durkheim formulierte Steigerungsidee wird von Weber im Grunde aufgenommen und theoretisch überzeugend als evolutionstheoretisch gelagerte Handlungstheorie ausgearbeitet. Allerdings fehlen noch theoretische Übergänge zwischen dem großen evolutionsgeschichtlichen Wurf der Rationalisierung, der Idee der institutionellen Verfestigung des zweckrationalen Handlungstyps in Organisationen und den Grundbegriffen der Handlungstheorie.

Praktisch sieht Weber allerdings durchaus Gefährdungen des theoretisch ausgewogenen Verhältnisses von Individuum und Gesellschaft.

IV. Gefährdungen individueller Handlungsfreiheit

Individuelle Theorieorientierungen bauen von unten nach oben auf. Ausgangspunkt ist das beobachtbare oder intentional erschließbare Handeln und Verhalten von Einzelpersonen. Das wechselseitige Aufeinanderbeziehen zweier oder mehrerer Handelnder führt dann zwangsläufig zur Bildung einer Ordnung.[63]

Auf diese Ordnungen, die an einer einzelnen Handlungssituation bereits vielfältig beteiligt sind — Sprache, Zeichensysteme, Höflichkeitsregeln, Steuerung durch ein Thema —, kann von vornherein nicht verzichtet werden, aber sie lassen mehr oder minder große Freiräume für Dispositionen der Akteure und stehen Strukturveränderungen oder Verzichtsmöglichkeiten offen.[64] Rationale Hand-

---

63 Dies gilt auch für das Handeln eines Einzelnen, der immer sinnhaft in die soziale Welt hineinoperiert, d. h. sich an Erwartungen anderer orientiert. Vgl. Webers Unterscheidung von „sozialem Handeln" und „sozialer Beziehung", *Weber,* a. a. O., S. 11 und 13 f.

64 Ein Gespräch zwischen Bekannten kann die Formen der Höflichkeit variieren, ein Thema durch ein anderes ersetzen, aber nicht auf Sprache verzichten.

lungsorientierungen der Aktoren, wie sie vor allem der zweckrationale Handlungstyp darstellt, sind dabei eine Voraussetzung dafür, daß Individuen sich souverän, beherrscht und umsichtig in Handlungssystemen bewegen können und nicht von dem Ordnungssystem, gewachsenen Handlungsmustern, emotionalen Impulsen oder durch ein fremdbestimmtes, individuell nicht hinterfragbares Wertesystem wie Marionetten geleitet werden.

Eine vom individuellen Handeln ausgehende Theorie sieht sich aber schnell verselbständigten Ordnungen gegenüber, die als Institutionen, Regelsysteme und Erwartungsanforderungen eigenlogische Entitäten verkörpern. Je mehr sich diese Ordnungen verselbständigen, je immuner sie gegen Veränderung durch individuelle Dispositionen werden, je unverzichtbarer sie für Aktionen des Individuums sind und je restriktiver ihre Handlungssteuerung ist, desto mehr kann der individuelle Handlungsspielraum eingegrenzt werden, bis zu dem Punkt, wo Handeln nur noch ordnungsbestimmt ist. Es ist nun gerade der zweckrationale Handlungstyp, der den Aufbau verselbständigter Ordnungen besonders weitgehend erlaubt. Wenn dies für Handlungsbereiche geschieht, die für das Individuum unverzichtbar sind — wie etwa die Ökonomie, die zur Regeneration des Individuums unentbehrlich ist —, entsteht dann eine Gefahr für individuelle Autonomie, wenn Systemautonomie und Steuerungsrestriktivität zusammenfallen.

Die Freisetzung von Denk- und Handlungsmustern aus der unitarisierenden Klammer religiöser Welterklärung und religiöser Ethik hat nicht nur im Ergebnis einen neuen Persönlichkeitstyp hervorgebracht, sondern zugleich — und damit zusammenhängend — neue zweckrationale Handlungssphären ermöglicht. Diese zweckrationalen Handlungszusammenhänge emanzipieren sich nach ihrer Institutionalisierung von wertbestimmtem und ethisch determiniertem Handeln. Sie bauen sich in ihrer institutionalisierten inneren Verweisungsstruktur wie Monokulturen der Zweckrationalität zu immer umfassenderen Handlungsketten auf, ohne auf wertrationale, affektuelle oder traditionale Handlungsorientierungen noch wesentlich angewiesen zu sein.[65]

Eine die individuelle Autonomie gefährdende Entwicklungsdynamik sieht Weber nicht etwa in der der rationalen Evolutionslogik inhärenten Ausbreitung des

---

[65] Dieser Befund Webers ist in jüngster Zeit als sein „Kardinalfehler" von *Münch* kritisiert worden. *Münch* bestreitet gerade diesen Autonomisierungsprozeß und sieht im Gegenteil einen wachsenden Interdependenzzusammenhang ausdifferenzierter Subsysteme (zum Begriff und zur Idee sozialer Differenzierung vgl. *Luhmann* (Hrsg.), Soziale Differenzierung, 1985). *Münch,* Die Struktur der Moderne, 1984, S. 27. Münch übersieht allerdings, daß die durch wachsende funktionale Differenzierung entstehende Abhängigkeit der Subsysteme voneinander ihre Voraussetzung in einer rekursiven Geschlossenheit der Subsysteme findet. Hochkomplexe Systeme sind dann zwar in der Lage, andere Systeme reflexiv zu beobachten, aber sie können nie deren Zwecke für sich selbst übernehmen, sondern müssen Impulse aus der Umwelt zunächst in eigene Codierungen übersetzen. Vgl. dazu eindrucksvoll: *Luhmann,* Ökologische Kommunikation, 1986, S. 75 ff.; sowie unten Kapitel D.

zweckrationalen Handlungstyps auf individueller Ebene — durch den Einbau instrumenteller Logik in die Persönlichkeitsstruktur —, sondern auf der Ebene sozialer Ordnung, d.h. in dem verfestigten Verweisungszusammenhang von Handlungen.[66] Kapitalistische Organisation und staatliche Bürokratie sind für Weber in erster Linie *Objektivationen* des zweckrationalen Handlungstyps. Die kapitalistische Wirtschaft und der moderne Staat „bilden den Kern relativ autonomer, eigenen Normen folgender gesellschaftlicher Sphären."[67]

Ökonomisches Handeln ist die mächtige Triebfeder für zweckrationale Kalkulation und Rechnungsführung. Der Typus des ökonomisch rational handelnden Unternehmers ist zum Leitbild nicht nur der gesamten Ökonomie, sondern auch für die Wissenschaft (methodische Erkenntnisgewinnung) und Politik (planmäßiger Machterwerb und Machtsicherung) geworden. So wie die Wirtschaftswissenschaften jede Handlungsalternative als ökonomisch rational bezeichnen, die zur Erreichung des möglichen Maximalerfolgs, zum Nutzenmaximum führt, oder die Verwirklichung eines invariant gesetzten Zwecks mit einem Mittelminimum bei mehreren Handlungsalternativen für rational halten,[68] kalkulieren auch andere zentrale Handlungssphären nach dem Mittel- und Nutzen-Prinzip. Die dabei steuernde Zwecksetzung ist weder beliebig noch normativ determiniert.[69] Der Zweck wird in der Institution verfestigt und unangreifbar verselbständigt, er ist der unabdingbare Kern des jeweiligen Handlungszusammenhangs. Für das ökonomische System kristallisiert sich dieser Zweck im Streben nach Gewinn, „nach immer erneutem Gewinn: nach Rentabilität. Denn er muß es sein."[70]

Das politische System wird durch den Zweck des strukturellen Machterwerbs und seiner Sicherung in Form von Herrschaft gekennzeichnet. Kein politischer Handlungszusammenhang ist ohne diesen Fokus zu verstehen. Alle Formen des Machterwerbs (Wahlen, Revolution, Putsch) und alle Modelle der Machtausübung (parlamentarische Demokratie, Oligarchie, Militärdiktatur) sind austauschbar, ohne daß man dem politischen System seine Qualität als solchem absprechen könnte. Nur eine Politik, die den Machterwerb selbst aufgibt und die Ausübung und Beeinflussung von Macht ablehnt, überschreitet die Grenzen dieses Handlungssystems.

Die Machtausübung sieht Weber in ständiger Abhängigkeit von einem Verwaltungsstab. Je rationaler das Machtkalkül des Politikers und je rationalisierter

---

66 Während für Durkheim ebenfalls im Sozialen wurzelnde Bedingungen auf die moralische Verfassung der Individuen durchschlagen und damit soziale Ordnung durch Anomien gefährdet wird, verhält es sich bei Weber umgekehrt. Die Eigendynamik sozialer Ordnung beginnt die individuelle Autonomie zu gefährden.

67 *Gabriel*, a.a.O., S. 40.

68 Vgl. *Robbins*, An Essay on the Nature and Significance of Economic Science, 2. Auflage, 1949, S. 16.

69 Wäre dem so, könnten Zwecke diskutiert und ausgetauscht werden.

70 *Weber*, Gesammelte Aufsätze zur Religionssoziologie, a.a.O., S. 4.

andere Gesellschaftsbereiche werden, desto mehr ist der Politiker — wie der Unternehmer von Rechnungsführung, Buchhaltung, Marktanalyse — von einer rational organisierten Verwaltung abhängig.[71] Die durch und durch zweckrationale Form des Privatkapitalismus auf der einen und der rationalen staatlichen Bürokratie auf der anderen Seite prägen entscheidend die Lebensformen moderner Gesellschaften.

Versuche, die Eigendynamik und den Einfluß einer der beiden Bereiche zu beschränken, führten stets zur Verstärkung des jeweils anderen. Liberale Gesellschaftsauffassungen, die staatliche Bürokratie begrenzen wollen, liefern sich umso mehr der Dynamik des wirtschaftlichen Systems aus. Sozialistische Steuerungsversuche der Wirtschaft endeten immer noch in einem Anwachsen staatlicher Bürokratie mit entsprechenden Reglementierungstendenzen. Die Prognose Webers, daß die Sozialisierung und Verstaatlichung, d.h. die weitgehende Ausschaltung der auf Gewinnerzielung ausgerichteten Handlungssysteme unweigerlich zu einer noch fataleren Unentrinnbarkeit das Einzelnen gegenüber der dann allein herrschenden staatlichen Bürokratie[72] führt, hat sich in den Staaten, die diesen Weg konsequent gegangen sind, voll bestätigt.

Die Verselbständigung und institutionelle Verfestigung zweckrationaler Handlungssysteme in Wirtschaft und staatlicher Bürokratie veranlaßten Weber zu seiner bekannten pessimistischen Kulturprognose. Während auf der einfachen Handlungsebene, auf der Referenzebene des Individuums, dessen zweckrationales Handeln nur als idealtypischer Grenzfall vorstellbar ist, weil immer auch andere — wertrationale, affektuelle oder traditionale — Orientierungen des Aktors die konkrete Handlungssituation mitbestimmen, autonomisiert sich im zweckrational verfestigten ökonomischen und politischen Handlungssystem *ein* Rationalitätstypus zu einer andere Orientierungen ausschließenden, Unterwerfung erheischenden Macht. Die aufgebauten technischen Potentiale und die zweckrationale Organisation fusionieren zu einem den individuellen Handlungsfreiraum erdrückenden Zwang.

> „Eine leblose Maschine ist *geronnener Geist. Nur* daß sie dies ist, gibt ihr die Macht, die Menschen in ihren Dienst zu zwingen und den Alltag ihres Arbeitslebens so beherrschend zu bestimmen, wie es tatsächlich in der Fabrik der Fall ist. *Geronnener Geist ist auch jene lebende Maschine,* welche die bürokratische Organisation mit ihrer Spezialisierung der geschulten Facharbeit, ihrer Abgrenzung der Kompetenzen, ihren Reglements und hierarchisch abgestuften Gehorsamsverhältnissen darstellt."[73]

---

[71] Einen plastischen Eindruck von der Rationalität (aber auch von unbeabsichtigten Folgen der Rationalisierung) moderner Verwaltung gewinnt der Leser durch: *Luhmann,* Funktion und Folgen formaler Organisation, 2. Aufl., 1972. Dabei verdienen besonders die Mechanismen der Entpersönlichung (Versachlichung) Aufmerksamkeit. Vgl. dazu *Luhmann,* a.a.O., S. 89 ff.

[72] *Weber,* Gesammelte Politische Schriften, 3. Auflage, 1971, S. 332.

[73] *Weber,* a.a.O., S. 332.

Beide zusammen — Technik als vergegenständlichtes Produkt zweckrationalen Handelns und zweckrationale Organisation — tendieren dazu, Entscheidungen nach eigenen Sachzwängen (technischer oder organisatorischer Art) *für* die Individuen zu treffen, Sachverhalte zu planen, zu regeln und Verhalten zu bestimmen.

Je mehr Bereiche dem Zugriff des verwaltenden Staates und der warenproduzierenden Industrie eröffnet werden, desto mehr dringen aber auch die sachlichen Argumente, die zweckrationalen Orientierungsmuster dieser Handlungsbereiche in die Denk- und Vorstellungswelt der Individuen ein. Der im einzelnen mit den drei anderen Handlungstypen (traditionales, affektuelles und wertrationales Handeln) stets gemeinsam auftretende zweckrationale Handlungstyp gewinnt nicht nur eine gewisse Führung,[74] sondern er wird mehr und mehr zum dominierenden, die anderen Handlungsorientierungen verdrängenden Typus. Diese Vereinseitigung verschärft sich noch dadurch, daß durch mediengesteuerte und organisationsgetragene zweckrationale Verselbständigungen die Zwecksetzungen und grundlegenden Inhalte von außen an das Individuum herangetragen werden, also nicht mehr einer individualverantwortlichen und bewußten Kontrolle unterliegen. Der Glanz der Effizienz, die wirklichkeitsbeugende Kraft rationaler Strategie werden als *Wert* geglaubt. Je mehr zweckrationalisierte Bereiche wachsen und andere Handlungsorientierungen zurückdrängen, desto mehr erscheint den Individuen dieser Handlungstyp als der einzig mögliche. Dies hat zur Folge, daß auch andere Sozialbereiche — außerhalb von Ökonomie und Politik — versachlicht, entemotionalisiert werden, daß familiale oder intime Beziehungen strategischem Kalkül und ökonomischen Prinzipien unterworfen werden. Effizienz und Leistung werden zu inhaltlich entwerteten Werten, die universell gültig scheinen.

Das zweckrationale Denken läuft unter solchen Umständen Gefahr, jeden Horizont zu verlieren und unkontrolliert, individuell ungesteuert zu verlaufen. Die Zwänge zweckrationaler Subsysteme der Gesellschaft würden dann doch in die Persönlichkeitsstruktur der Individuen verlagert und erlaubten keine Rebellion und kein Ausbrechen mehr. Jene das Individuum ergreifende isolierte Selbstreferenz zweckrationaler Organisation hat Weber sprachstark als das „stahlharte Gehäuse der Hörigkeit" bezeichnet.

> „Im Verein mit der toten Maschine ist sie an der Arbeit, das Gehäuse jener Hörigkeit der Zukunft herzustellen, in welche vielleicht dereinst die Menschen sich, wie die Fellachen im altägyptischen Staat, ohnmächtig zu fügen gezwungen sein werden, *wenn ihnen eine rein technisch gute und das heißt: eine rationale Beamtenverwaltung und -versorgung der letzte und einzige Wert ist, der über die Art der Leitung ihrer Angelegenheiten entscheiden soll.*"[75]

Die Freiheit individuellen Handelns ist nach diesem Befund von verselbständigten Handlungssystemen tendenziell bedroht. Zweckrationale Ordnungen be-

---

74 Dies wäre für Weber angesichts der angenommenen Entfaltung zu immer höheren Rationalitätsstufen auch keineswegs systemfremd.

75 *Weber*, a.a.O., S. 332.

dürfen nicht der bangen Frage, welche Voraussetzungen außer ihnen (vor allem in den Individuen) gegeben sein müssen, damit sie bestehen können. Diese Ordnungen schaffen sich ihre Voraussetzungen augenscheinlich selbst.[76] Weber behandelt denn auch das Problem sozialer Ordnung nicht abstrakt im Sinne der Frage: „Wie ist soziale Ordnung möglich?", sondern er richtet diese Frage an konkrete soziologische Felder, vor allem in seiner Herrschaftsanalyse.[77]

V. Konsequenzen für die Relation von Individuum und sozialer Ordnung

Anders als Durkheim sieht Weber das Individuum nicht von vornherein durch soziale Systeme determiniert. Die Entfaltung der Individuen und der sozialen Ordnung geschieht im Kontinuum einer beide Bereiche übergreifenden Rationalisierung. Weltbilder, Handlungsorientierungen und Verhaltenscodes erfüllen eine Doppelfunktion. Sie wirken strukturierend auf prinzipiell frei handelnde Individuen ein, und sie bilden den Kern autonomisierter Handlungssysteme. Das Verhältnis von Individuum und Gesellschaft erscheint bei Weber einheitlicher denn je. Gesellschaft ist das Resultat interdependenter individueller Erwartungen, Orientierungen und sinnhaft hergestellter Handlungsbezüge. Die begriffliche Gegenüberstellung beider Bereiche rechtfertigt sich in dem Maße, wie sowohl das Individuum sich aus der Engführung durch soziale Verhaltensregulierung sukzessive befreit als auch soziale Handlungssysteme immer weniger auf die Voraussetzung funktional angepaßter Persönlichkeitssysteme angewiesen sind. Denn die verselbständigten zweckrationalen Handlungssysteme emanzipieren sich nicht nur von anderen, vor allem holistischen Handlungsbezügen (insbesondere von den Imperativen religiöser oder staatlicher Einheit), sondern auch von der Bindung an relativ starre individuelle Persönlichkeitsstrukturen. Soziale Systeme lockern ihren Zugriff auf die Sozialisation des Individuums.[78]

---

[76] Diesen Gedanken versucht *Luhmann* mit dem Autopoiesis-Begriff einzufangen. Vgl. dazu unten Kapitel D. III.2. Hochkomplexe Organisationen reflektieren dabei sich als System und spezifische Umwelten als anders operierende Systeme. Dazu *Willke*, Entzauberung des Staates, 1983, S. 33 ff.

[77] Vgl. *Weber*, Wirtschaft und Gesellschaft, a.a.O., S. 122 ff.; kritisch: *Ferdinand Maier*, Zur Herrschaftslogik des sozialen Handelns, 1982, S. 62 ff.

[78] Dem steht nicht entgegen, daß der Prozeß der Zivilisation als immer rigidere Unterwerfung unter normierte Verhaltensstandards erscheint. Dazu *Elias*, Der Prozeß der Zivilisation, Erster Band. Wandlungen des Verhaltens in den weltlichen Oberschichten des Abendlandes. Auch wenn die These der zunehmenden Verhaltensregulierung während des Mittelalters nicht unwidersprochen geblieben ist (vgl. *Hans Peter Duerr*, Nacktheit und Scham, 1988, S. 10), so belegt doch der auf lange Sicht betrachtete Zivilisationsprozeß jedenfalls eine nach außen sichtbare rigidere Sozialisation (Erziehung) und damit den Umstand, daß die Steuerung der Individuen *von außen nach innen verlegt wurde*. (Diesen Schluß zieht Elias ausdrücklich im Zweiten Band seiner Untersuchung über den Prozeß der Zivilisation, vgl. S. 443 f.) Die Innensteuerung ist aber die

Die damit verbundene Kehrseite der Medaille wird bei Weber zum erstenmal prägnant hervorgehoben. Es lockert sich nämlich in gleichem Maße der individuelle Zugriff auf soziale Systeme. Die Verselbständigung zweckrationaler Handlungssysteme birgt die Gefahr in sich, die eben erst erreichte Differenzierung von individueller Autonomie und der Unabhängigkeit sozialer Systeme zugunsten letzterer wieder aufzulösen. Weber ist nicht nur Handlungstheoretiker, er ist auch zu Recht als „Ahnherr der Systemtheorie" bezeichnet worden.[79] Seine — allerdings eher beiläufig vorgetragene — These von der möglichen freiheitsbedrohenden Verselbständigung zweckrationaler Handlungsorientierungen in Wirtschaft und Staat ist insoweit Systemtheorie, als letztere diese Bereiche selbständig auf ihrer Referenzebene betrachtet und nicht mehr als unmittelbar aus Handlung und Handlungsintention ableitbar.

In den Texten Webers scheint die Ansicht durch, daß die Lockerung von Individuum und sozialer Ordnung die Gefahr von Ungleichgewichten mit sich bringt und es nötig ist, den individuellen Bereich zu stärken, um ein steuerndes Gegengewicht zur sachlichen Macht zweckrationaler Handlungssphären zu schaffen. In diesem Sinne ist Webers Forderung nach verantwortungsethischem Handeln und starken Persönlichkeiten in Politik, Ökonomie und Wissenschaft zu verstehen.[80] Mit Webers Bestreben, das individuelle Steuerungspotential gegen institutionalisierte Zweckrationalität zu stärken, steht auch sein Plädoyer für die charismatische Führerschaft in Zusammenhang.[81]

Für die Relation von Individuum und Gesellschaft hat Webers Theoriekonzept weitreichende Bedeutung. Wenn Durkheim mit seiner Steigerungsformel die Antinomie und die Nullsummenvorstellung der klassischen Relation überwunden hat, so vervollständigt Weber diese Richtung mit einer handlungstheoretischen Konstruktion, die Individuum und Gesellschaft nicht als zwei Wesen sich gegenüberstehen und das Individuum auch nicht mehr notwendig als Teil des Ganzen erscheinen läßt. Bei Durkheim schimmert die Ganzes-Teile-Konstruktion deutlich durch. Die Individuen sind mit ihrem jeweiligen Einzelbewußtsein reglementierte Teile des Kollektivbewußtseins. Bei Weber dagegen wird eine Interdependenz

---

zentrale Voraussetzung für die Befreiung der Individuen von verhaltensdeterminierenden Normen und festen sozialen Zuweisungen. Die Abhängigkeit von sozialen Strukturen und der unmittelbare Einfluß dieser Strukturen auf die Lebensführung war für einen mittelalterlichen Handwerker oder Bauern unvergleichlich größer als für entsprechende Berufsstände moderner Gesellschaften. Im übrigen wird auch die Rigidität der Sozialisation in dem Maße entbehrlich, wie die Eigenständigkeit sozialer System wächst. Vgl. dazu *Elias*, a.a.O., S. 453 f.

79 *Maier*, Zur Herrschaftslogik des sozialen Handelns, 1982, S. 74.

80 Vgl. *Weber*, Gesammelte politische Schriften, 3. Auflage, 1971, S. 526.

81 *Weber*, Wirtschaft und Gesellschaft, a.a.O., S. 667 ff. Vgl. auch seinen konkreten Umsetzungsvorschlag für die Weimarer Reichsverfassung. *Weber*, Gesammelte politische Schriften, a.a.O., S. 498 ff. Zur Kritik am Rezept charismatischer Erneuerung der Gesellschaft: *Gabriel*, a.a.O., S. 45 m. w. Nw.

erkennbar, die Impulse und Strukturierungen durch soziale Systeme ebenso kennt wie die Steuerung sozialer Entwicklung durch individuelle Charaktere.[82]

Die Darstellung der Interdependenz zielt auf den Umstand, daß die Rationalisierung von Institutionen einen funktionellen Sog entstehen läßt, der Individuen vereinzelt, ihnen Distanzierungsmöglichkeiten verleiht und auf die Übernahme zweckrationaler Entscheidungskalkulation einwirkt. Diese Entwicklung ist janusköpfig. Zum einen ist sie Voraussetzung für die Bildung autonomer Persönlichkeiten, die bewußt und verantwortlich handeln können. Zum anderen besteht die Gefahr, daß sich Institutionen der individuellen Verantwortung entziehen oder die Persönlichkeitsstrukturen deformieren. Als Soziologe hat Weber sich mit letzterer Gefahr nur ephemer beschäftigt. Der von ihm untersuchte Persönlichkeitstyp der protestantischen Ethik hatte sich schon zu Webers Lebzeiten überholt — ohne daß dessen Handlungsmuster damit verschwunden wären.

Es bleibt deshalb bei Weber die Frage offen, ob es nicht parallel zur Entwicklungslogik von Weltbildern und Orientierungen auch eine eigensinnige Entwicklung individueller Strukturen gibt, die sich nicht nur als Resultat sozialer Bedingungen erklären lassen. Daneben und damit zusammenhängend ergibt sich die weitere Frage, ob es neben der zweckrationalen Reproduktion der Gesellschaft in verfestigten Handlungssystemen nicht noch andere Formen der gelungenen Sozialbildung gibt. Beide Fragen sind konstitutiv nicht nur für die moderne Fassung des Verhältnisses von Individuum und Gesellschaft, sie bestimmen auch in hohem Maße die Erfahrungskapazität und die Rezeptivität einer Theorie der Gesellschaft.

Die Frankfurter Schule hat die bei Weber durchscheinende Möglichkeit einer erneuten Vereinseitigung in der Beziehung zwischen Individuum und Gesellschaft konsequent zu Ende gedacht und damit auch Webers Kulturpessimismus radikalisiert. In dieser Denkrichtung wird das zweckrationale Handeln als im Kampf mit der Natur entstandenes, auf ihre Beherrschung zielendes technisches Wissen gedeutet und die Ausbreitung dieser Denk- und Handlungsorientierung in sozialen Systemen und im Individuum als herrschaftszementierender Fluch angesehen. Denken und Handeln werden danach durch technisch-zweckrationale Imperative gefangengenommen und auf Eindimensionalität zugerichtet.[83] Die frühe Frankfurter Schule sieht den Weberschen Rationalisierungsprozeß als schrittweise vervollkommnete Naturbeherrschung.[84]

Wenn beide Prämissen zutreffen, scil. daß zweckrationales Handeln notwendig Herrschaft transportiert und für Individuen eine unentrinnbare, nicht transzendier-

---

82 Die Wechselbeziehung zwischen Individuation und Organisation ist von Weber-Rezipienten ein wenig hilflos als „dialektisch" bezeichnet worden. *Maier,* a.a.O., S. 79.

83 *Herbert Marcuse,* Der eindimensionale Mensch, 1967, S. 159 ff.; *Horkheimer / Adorno,* Dialektik der Aufklärung, 1969.

84 *Helga Gripp,* Jürgen Habermas, 1984, S. 79 f.

bare Handlungsorientierung darstellt, dann würde in der Tat die angestrebte Herrschaft über die Natur zu einer Selbstbeherrschung des Menschen über den Menschen.

> „Diesem in den Sparten der Wissenschaft vor den Träumen eines Geistersehers gesicherten Denken aber wird die Rechnung präsentiert: die Weltbeherrschung über die Natur wendet sich gegen das denkende Subjekt selbst, nichts wird von ihm übriggelassen, als eben jenes ewig gleiche Ich denke, das alle meine Vorstellungen muß begleiten können.“ [85]

Damit ist die Gefahr, eine der Grunderfahrungen des 20. Jahrhunderts, auf den Punkt gebracht. Die Gefahr nämlich, daß das Individuum als eigenständiger Widerpart sozialer Systeme verschwindet, indem es sich der Logik zweckrationaler Systeme völlig ausliefert. Die Frankfurter Schule sieht dadurch eine im Individuum repräsentierte Einheit von Mensch, Gesellschaft und Natur (in mythischen Weltbildern noch aufgehoben) zerstört und die Möglichkeit, im Individuum eine Kontrollinstanz für das Gesamtverständnis und Gesamtinteresse der Gattung zu sehen, blockiert. [86]

Damit wäre das Projekt der Aufklärung gescheitert und die Relation von Individuum und Gesellschaft aufgelöst. In der Tat sprechen Horkheimer / Adorno in ihrer bewußtseinsphilosophischen Terminologie von der Auflösung der Subjekt-Objekt-Beziehung. [87] Nicht mehr das Problem sozialer Ordnung, sondern das Problem individueller Freiheit in einem sehr existentiellen Sinne stünde dann auf der Tagesordnung. Immerhin hat diese pessimistische Auffassung, die vom Ende der Co-Evolution von Individuum und Gesellschaft ausgeht, ein Zeitgefühl zum Ausdruck gebracht. Gerade in der zweiten Hälfte des 20. Jahrhunderts hat in den entwickelten Industriestaaten ein Gefühl ohnmächtigen Ausgeliefertseins an eigenlogisch funktionierende Sozialsysteme Platz gegriffen. Diese Systeme — vor allem in Ökonomie, Politik, Wissenschaft — regenerieren und entfalten sich nach ihrem immergleichen Code ohne Rücksicht auf Folgen außerhalb ihrer selbst. Individuelle Einflußnahme oder gar Steuerung dieser entfesselten Kräfte scheinen angesichts der von ihnen erzeugten Komplexität schlechterdings aussichtslos und werden von den zweckrational angepaßten Individuen auch gar nicht mehr für denkbar und möglich gehalten.

Man kann diese pessimistische Endzeittheorie nur an ihren Prämissen angreifen. Innerhalb des Sozialsystems kann bezweifelt werden, daß hochentwickelte Systeme tatsächlich sich nur aufgrund ihres eigenen Codes reproduzieren und keine Resonanz auf ihre Umwelt zeigen. Man kann dann die Differenzierungsthe-

---

85 *Horkheimer / Adorno,* Dialektik der Aufklärung, 1969, S. 27.

86 Es bleibt dann nur das Vertrauen in das blinde Funktionieren sozialer Systeme, *Horkheimer,* Zur Kritik der instrumentellen Vernunft, 1967, S. 149, S. 98 et passim. Vgl. auch unten Kapitel F.

87 *Horkheimer / Adorno,* a.a.O., S. 27.

se bezweifeln und auf Tendenzen hinweisen, daß Systeme immer lernfähiger werden und immer mehr ein sich selbst kontrollierender Interpenetrationszusammenhang entsteht.[88]

Es kann aber auch explizit die Relation von Individuum und Gesellschaft mit ihrem in der Zeit der Aufklärung entstandenen Anspruch auf vernunftgemäße Steuerung der Gesellschaft wiederbelebt und noch einmal versucht werden, eine Handlungstheorie zu entwerfen, die nicht nur begriffliche Verselbständigungen von zweckrationalen Systemen zuläßt, sondern auch Aktionsformen des Individuums begrifflich für möglich und notwendig hält, die jenseits bloß zweckrationalen Kalküls sich befinden. Dazu müßte in die Theorie an entscheidender Stelle ein Typ sozialen Handelns eingeführt werden, der einerseits nicht von verselbständigten Sozialsystemen okkupiert ist und andererseits ein höheres Rationalitätspotential aufweist als der zweckrationale Handlungstyp. Allerdings verspricht das Beharren auf dem Wirkprinzip Vernunft als humanem Steuerungsinstrument gegenüber verselbständigten, ausdifferenzierten Sozialsystemen nur noch dann Aussicht auf Erfolg, wenn man die Last dieser steuernden Vernunft nicht ausschließlich im Individuum als Subjekt beläßt, sondern sie auch in überindividuellen Strukturen aufgehoben sieht, die aber eben nicht mit jenen zweckrationalen Sozialsystemen identisch sein dürfen. Einen solchen großangelegten Versuch, die Relation von Individuum und Gesellschaft über das Niveau hinaus, das bereits bei Durkheim und Weber erreicht worden ist, noch für eine Theorie der Gesellschaft fruchtbar zu machen und Vernunft als überindividuelles Wirkprinzip theoretisch zu verankern, hat Jürgen Habermas mit seiner Theorie des kommunikativen Handelns vorgelegt.

---

88 So *Münch*, Theorie des Handelns, a. a. O., 5. Kapitel; *ders.*, Die Struktur der Moderne, 1984, S. 27 und 621.

C. Individuelle Autonomie zwischen System und Lebenswelt

I. Die Ausschöpfung des handlungstheoretischen Paradigmas durch Habermas

Das Verhältnis von individueller Freiheit und sozialer Ordnung wurde durch Durkheim und Weber von traditionellen staatsphilosophischen Vorstellungen auf das Niveau soziologischer Problemreflexion angehoben.

Durkheim hat die Idee plausibilisiert, daß die Relation von individueller Autonomie und sozialer Ordnung nicht als Nullsummenspiel, sondern auch als wechselseitiges Steigerungsverhältnis möglich ist. Die Beschreibung dieses Steigerungsverhältnisses als Co-Evolution von Individuum und institutionalisierten Sozialsystemen bleibt allerdings in zwei Punkten der klassischen Relationierung verhaftet. Zum einen wird weiterhin im Schema des Ganzen und seiner Teile gedacht, so daß fast eo ipso sich das Integrationsproblem in der Chiffre der notwendigen Disziplinierung der Teile unter das Bestandsinteresse des Ganzen ergibt. Zum anderen steht Durkheim noch keine Begrifflichkeit zur Verfügung, die Eigendynamik sozialer Systeme theoretisch zu erfassen. Seine kollektiven Entitäten bleiben körperlich-substantiell oder werden wie Über-Personen vorgestellt. Deshalb bleibt das Verhältnis von Individuum und Gesellschaft dinglich geprägt, und Durkheim sucht nach Verkörperungen des sozialen Bandes in der Form fester moralischer Regeln oder hofft auf die Berufsgruppen im Sinne einer körperlichen Trägerschicht für moralische Orientierungen.

Weber dagegen ist methodisch insoweit eigenständiger, als er über naturwissenschaftlich inspirierte Gesellschaftsvorstellungen hinausgeht und nicht substantiell verkürzt denkt. Bei ihm wird soziales Handeln nicht monokausal durch soziale Systeme gesteuert.[1]

Soziale Systeme werden bei Weber nicht per se und auf allen Ebenen als verdinglicht verstanden, sind vielmehr als Denkkonstrukte und sinnhafte Handlungsverweisungen dem Zugriff der Aktoren prinzipiell zugängig.[2] Auch wenn

---

1 Damit ist noch nichts über den tatsächlichen Einfluß von Handlungssystemen auf eine Situation gesagt. Weber tritt aber einer theoretischen Vorgabe entgegen, wonach es eine „Dominanz sozialstruktureller Tatsachen gegenüber individuellen Phänomenen" gebe, von der Durkheim ausgeht. Vgl. *Wolfgang Zapf u. a.*, Individualisierung und Sicherheit, 1987, S. 14.

2 In einfachen Handlungssituationen kann zwar nicht das Orientierungs- und Handlungssystem allgemein entfallen, die Individuen können aber in Interaktionszusammen-

bestimmte kulturelle Konstrukte wie etwa Weltbilder sich eigenlogisch entfalten oder wenn Handlungsorientierungen sich mit Technik und ökonomisch-rechtlichen Verfügungsstrukturen zusammenschließen und dabei jenes mächtige „stahlharte Gehäuse" entstehen lassen — diese Anleihen bei organischen oder dinglichen Begriffen bei Weber dürfen nicht darüber hinwegtäuschen, daß er soziale Zusammenhänge und Verweisungen als ideelle Produkte sieht, die zum denkenden und handelnden Ich in einem anderen Verhältnis stehen als Dinge der unbeseelten Natur. Aber wie dann — wenn sie doch prinzipiell den Individuen zugängig sind — gewinnen zweckrationale Muster eine so zwingende Kraft über das Individuum, daß um dessen Eigenständigkeit gefürchtet wird? Über welchen Weg bindet dieser Handlungstyp das Individuum an die Gesellschaft? Und ist individuelles Handeln als gestaltendes auch außer- oder oberhalb von zweckrationalem Handeln möglich?

Diese Fragen verlangen nach einer Erweiterung der Handlungstheorie Webers, die auch das bereits bei Weber vorhandene systemtheoretische Potential einschließt.[3]

Dabei sind die vier Rationalitätstypen des Handelns mit dem zweckrationalen Handlungstyp an der Spitze keineswegs unumstößlich. Ein Neuarrangement sieht sich allerdings auf die grundsätzlichere Frage zurückgeworfen, was Rationalität eigentlich ist und welchen heuristischen Wert man diesem Begriff beimißt. Auch die Frage, wie die Integration von Gesellschaft zustandekommt, wie soziale Ordnung möglich ist, bedarf erneut der theoretischen Bearbeitung, wenn die Kardinalrelation von Individuum und Gesellschaft handlungstheoretisch auf (neuen) sicheren Grund (gegen die Einwände der frühen Frankfurter Schule) gestellt werden soll.

Folgt man der These, daß die Engführung des Rationalitätsbegriffs bei Weber im Sinne einer Fixierung auf den zweckrationalen Handlungstyp für die kulturpessimistischen Äußerungen Webers verantwortlich ist[4], so kann die Theorieentwicklung bei Habermas nicht überraschen. Als jemand, der nicht bereit ist, den Preis eines esoterischen Rückzugs aus der allemal zweckrational und instrumentell zugerichteten Wissenschaft zu zahlen, kommen für ihn nur eine *Erweiterung des Rationalitätsbegriffs*, der handlungstheoretischen Grundbegriffe

---

hängen relativ leicht Strukturveränderungen vornehmen, z. B. Machtstrukturen durch Minderheitsrechte konterkarieren.

3 Neben Webers handlungstheoretische Grundlegungen (etwa seine prägende Definition sozialen Handelns) tritt auch ein systemtheoretischer Zug, wenn er die Eigenlogik sozialer Institutionen betont. Nicht zu Unrecht ist deshalb Weber auch als „Ahnherr der Systemtheorie" bezeichnet worden. *Maier*, a.a.O., S. 74.

4 Dabei gilt es zu berücksichtigen, daß die nur vereinzelt bei *Weber* auftretenden kulturpessimistischen Äußerungen erst von Horkheimer und Adorno aus dem Blickwinkel enttäuschter Revolutionshoffnungen systematisch in den Vordergrund gerückt wurden. Es ist deshalb fraglich, ob man sagen kann, daß Horkheimer und Adorno von Weber mehr als von Marx beeinflußt sind. Vgl. dazu *Maier*, a.a.O., S. 80.

und die Bearbeitung des Integrationsproblems über Weber hinaus in Betracht. Verfolgt man diesen Weg, der in der „Theorie des kommunikativen Handelns" offengelegt wird, so verdeutlicht sich, daß Habermas das handlungstheoretische Paradigma voll ausschöpfen muß, um das in der Tradition der Aufklärung stehende Verhältnis von Individuum und Gesellschaft noch einmal in einer Theorie der Gesellschaft zu verankern.[5]

II. Die Perspektivenerweiterung des Handlungsbegriffs: Strategisches und koordiniertes Handeln

Die traditionelle Relationierung von Individuum und Gesellschaft ist an zwei Perspektivenmöglichkeiten gebunden. Entweder sie betrachtet vom Ganzen her soziales Verhalten oder untersucht aus der Sicht des Einzelakteurs seine Handlungen und deren Konsequenzen. Letztere handlungstheoretische Position stellt den Handelnden oder das Individuum, okzidentaler Denküberlieferung entsprechend, als vereinzelt dar. Dem Einzelnen steht das komplexe soziale Gefüge gegenüber. Es gibt nur Individuum (oder abstrahiert dessen Handlung) oder Sozialsystem. Dieser Sichtrahmen ist die soziologische Verlängerung des erkenntnistheoretischen Subjekt-Objekt-Schemas.[6]

Damit fließen die mit dem naturwissenschaftlich geformten Subjekt-Objekt-Mechanismus verbundenen erkenntnistheoretischen Vorannahmen, die in Zusammenhang mit der Entwicklung empirischer Praxis und technischer Verwendung des Wissens stehen, in die Relation von Individuum und Gesellschaft ein. Insbesondere die instrumentelle Tendenz zur Naturbeherrschung, wie sie den modernen Naturwissenschaften eigentümlich ist, schlägt sich in der Auffassung nieder, daß individuelles Handeln seine höchste Rationalität auf der Basis zweckrationaler Orientierungen finde. Habermas setzt an dieser Stelle an und versucht, den Handlungsbegriff sowohl aus der traditionellen Vereinzelung als auch von dem alternativlosen instrumentellen Rationalitätsbegriff zu lösen.[7]

Als Gegenentwurf zu allen „atomistischen" Handlungsmodellen hebt er den unbedingt gegebenen Zwang zur Handlungskoordinierung hervor, der nicht nur für die Entstehung von Handlungsmustern, sondern in jeder einzelnen Handlungssituation von Bedeutung ist.

> „Sie (die analytische Handlungstheorie, U. D. F.) beschränkt sich freilich auf das atomistische Handlungsmodell des einsamen Aktors und vernachlässigt Mechanismen der Handlungskoordinierung, durch die interpersonale Beziehungen zustande

[5] Habermas selbst sieht sich als „Vollender" der Weberschen Rationalisierungsthese. Vgl. *Habermas,* Theorie des kommunikativen Handelns, Bd. 2, S. 449.

[6] Vgl. dazu oben Kapitel A. III. 1.

[7] *Habermas,* Theorie des kommunikativen Handelns (TkH), Band 1, S. 369.

kommen. Sie konzipiert Handlungen unter den ontologischen Voraussetzungen genau einer Welt existierender Sachverhalte und vernachlässigt diejenigen Aktor-Welt-Bezüge, die für soziale Interaktionen wesentlich sind.“[8]

In der solipsistischen Perspektive sieht Habermas den Grund für ein zu einseitiges Handlungs- und Rationalitätsverständnis bei Weber. Dessen Klassifizierung von vier Handlungstypen ist nicht nur eine Ordnungsleistung, sondern behauptet in ihrer Abfolge eine Rationalisierungstendenz. Traditionales Handeln ist dabei auf der niedrigsten Rationalitätsstufe angesiedelt, weil es ohne Rücksicht auf Werte, Zwecke oder Folgen erfolgt, einfach nur, weil es so eingewöhnt ist. Affektuelles Handeln ist dagegen zwar immerhin zweckgerichtet, aber es ist weder wertorientiert, noch bedenkt es die Folgen. Wertrationales Handeln erreicht bereits einen höheren Rationalitätsgrad, weil es neben Zwecken auch und vor allem Werte berücksichtigt. Aber es erfolgt unabhängig, ohne Rücksicht auf die Folgen des Tuns. Das reflektierte Bewußtsein erfaßt erst im zweckrationalen Handeln alle Bedingungen seines Tuns.[9]

Der Rationalitätsgrad wird am Umfang der individuellen Kontrolle über das Handlungsfeld bemessen. Es entspricht in dieser Hinsicht dem kontrollierten Handeln des Naturwissenschaftlers, des Technikers, des Unternehmers. Die Entfaltung der Rationalität wird auf das Muster *instrumentellen,* d.h. zweckgerichtet in die Welt eingreifenden Handelns zugeschnitten. Gegenüber dieser für Habermas eindimensionalen Typenhierarchie unterscheidet er — und das ist wichtig für das Verständnis seines Ansatzes — zwei unterschiedlich gelagerte Handlungsorientierungen. Soziale Handlungen unterscheidet Habermas nach zwei Handlungsorientierungen, der erfolgs- und der verständigungszentrierten.[10] Handlungen können unter dem Gesichtspunkt des individuell gewollten Erfolges betrachtet werden. Eine entsprechende Beschreibung des Handlungsvorgangs wird dann isoliert auf den Handelnden bezogen sein und dessen individuelle Absichten, Interessen, Wertungen und Orientierungen dabei in Rechnung stellen. Diese Sichtweise wird Handeln als planmäßiges, kalkuliertes Einwirken des Individuums verstehen. Aber soziales Handeln ist nicht nur über den Begriff des gemeinsam verstandenen Sinns an die Orientierung anderer gebunden, sondern es hat auch immer einen Bezug auf den anderen, der auf Verständigung zielt. Dieser Verständigungsbezug, der auf Erzielung normativen Einverständnisses sich richtet, ist empirischen Handlungen ebenso inhärent wie strategische Kalküle — obwohl es natürlich Handlungssituationen gibt, die strategisch dominiert sind, und andere, in denen der Verständigungsaspekt im Vordergrund steht.[11]

---

8 *Habermas,* a.a.O., S. 369 f.

9 Vgl. dazu oben Kapitel B. III. 2. b); *Habermas,* TkH 1, S. 380 f.

10 *Habermas,* TkH 1, S. 384.

11 Jemand, der seinen Gebrauchtwagen einem Interessenten verkaufen will, wird in erster Linie strategisch argumentieren (er versucht um des individuellen Erfolges willen zu überreden), während die Diskussion zweier gleichgesinnter Freunde über ein politi-

Auf der gesellschaftlichen Makroebene verdeutlicht Habermas diese Typenunterscheidung mit dem *faktischen* Bestehen der Wirtschaftsordnung, auf die es sich strategisch einzustellen gilt, und der *normativen* Rechtsordnung, die ihre soziale Geltung auf lange Sicht nur durch eine einverständliche Akzeptanz der Rechtsunterworfenen sicherstellen kann. Die Wirtschaftsordnung gewinnt ihren Bestand, weil individuelle Interessenlagen faktisch ineinandergreifen (invisible hand). Demgegenüber ist die Rechtsordnung auf die überindividuelle Anerkennung ihrer normativen Geltungsansprüche prinzipiell angewiesen.[12]

Schon an dieser Stelle wird sichtbar, daß eine Dualisierung des Handlungsbegriffs (in strategisches und verständigungsorientiertes Handeln) Konsequenzen für das Problem sozialer Ordnung hat.[13] Soziale Ordnung kann gedacht werden als faktisch ineinandergreifende Handlungsmechanik, die sich hinter dem Rücken der Handelnden gleichsam automatisch herstellt (Utilitarismus), oder es kann betont werden, daß soziale Ordnung auf individuelle Zustimmung angewiesen ist, wie dies von der Aufklärung hervorgehoben und gefordert worden ist. Soziale Ordnung ist ein doppelter Integrationszusammenhang; sie entsteht durch faktische Interessen oder durch Einigung. Individuelles Handeln kann demgemäß entweder erfolgsorientiert oder verständigungsorientiert sein.[14]

Verständigungsorientiertes Handeln basiert aber auf der Kommunikation mit einem anderen Aktor, der nicht einfach nur im Sinne strategischen Kalküls als Objekt wahrgenommen und verstanden werden kann. Dieser Handlungstyp kann deshalb nicht dem instrumentellen Handeln nach dem Muster des naturwissenschaftlich geformten Subjekt-Objekt-Verhältnisses zugeschlagen werden.[15] Die Rationalitätshierarchie hört für Habermas nicht beim Typ des zweckrationalen Handelns im strategischen Sinne auf. Die Handlungsrationalität ist nicht nur bei strategischem, d.h. sozialem Handeln auf der Basis einen Nutzenkalküls hoch,

---

sches Thema wechselseitig argumentativ ausgetragen wird und deshalb eher verständigungsorientiert sein kann.

12 *Habermas,* a.a.O., S. 381.

13 Die Fundierung des Handlungsbegriffs ist deshalb theorietechnisch entscheidend, weil damit innerhalb der Relation von Individuum und sozialer Ordnung Frage- und Antwortmöglichkeiten vorstrukturiert werden. Das Problem sozialer Ordnung stellt sich immer erst, wenn individuelles Handeln isoliert, also auf nicht unmittelbar sozialdeterminierter Ebene des Individuums betrachtet wird. Insoweit ist die Frage, wie soziales Handeln möglich sei, immer nur die Kehrseite der Frage nach der Möglichkeit sozialer Ordnung. *Habermas,* Vorstudien und Ergänzungen zur Theorie des kommunikativen Handelns, 1984, S. 571.

14 *Habermas,* TkH 1, S. 381 f.

15 Habermas nennt ein Handeln, das den anderen gleichwohl — also außerhalb verständigungsorientierter Abläufe zu einem Moment in seinem Erfolgskalkül macht (etwa der Politiker im Wahlkampf, der sich mit Wählern nicht verständigen, sondern sie zu einem bestimmten Tun bringen will), *strategisches* Handeln. Den Begriff des *instrumentellen* Handelns reserviert er für eine nicht-soziale Handlungssituation (etwa ein wissenschaftliches Experiment). Vgl. dazu *Habermas,* TkH 1, S. 385.

sondern auch bei einem „postkonventionellen Einverständnishandeln.“[16] Die handlungstheoretische Erweiterung, die Habermas gegenüber Weber vornimmt und die auf eine Erweiterung des Rationalitätsbegriffs hinausläuft, liegt demnach in der Einführung eines neuen Handlungstyps, der auf Verständigung zielt. Habermas nennt diesen besonderen Handlungstyp kommunikatives Handeln.

III. Kommunikatives Handeln und Sprachstruktur

Von kommunikativem Handeln spricht Habermas, „wenn die Handlungspläne der beteiligten Aktoren nicht über egozentrische Erfolgskalküle, sondern über Akte der Verständigung koordiniert werden.“[17] Die Hobbessche Prämisse des egozentrischen, egoistischen und nur sein eigenes Wohl im Auge habenden, einsamen Individuums läßt Habermas nur für gleichsam eine Hälfte der sozialen Ordnung gelten. Denn über egozentriertes Handeln hinaus gibt es ein Handeln, das nicht primär erfolgsorientiert ist, sondern erst in einer sozialen Situation Kontur und Richtung erhält. Diese Bewegung erfolgt als Prozeß über individuelle Abstimmung.

> „Im kommunikativen Handeln sind die Beteiligten nicht primär am eigenen Erfolg orientiert; sie verfolgen ihre individuellen Ziele unter der Bedingung, daß sie ihre Handlungspläne auf der Grundlage gemeinsamer Situationsdefinition abstimmen können. Insofern ist das Aushandeln von Situationsdefinitionen ein wesentlicher Bestandteil der für kommunikatives Handeln erforderlichen Interpretationsleistungen.“[18]

Eine Handlung kann entweder strategisch oder kommunikativ sein, sie kann auch beides zugleich sein. Entscheidend ist, welche Einstellung der Aktor einnimmt, ob er auf Erfolg oder Verständigung hin orientiert ist.[19] Verständigung meint dabei den „Prozeß der Einigung unter sprach- und handlungsfähigen Subjekten.“[20]

Auch Habermas entfernt sich bei der Rationalitätsbestimmung nicht von der grundlegenden Vorstellung, daß nur dann ein Geschehen als rational bezeichnet werden kann, wenn es unter reflexiver Kontrolle eines individuellen Bewußtseins steht.[21] Einverständnis als Endpunkt des Verständigungsvorgangs muß deshalb

---

16 *Habermas,* a.a.O., S. 383.

17 *Habermas,* a.a.O., S. 385.

18 *Habermas,* a.a.O., S. 385.

19 *Habermas,* a.a.O., S. 386. Man kann bereits in diesem Unterscheidungskriterium einen Beurteilungsmaßstab sehen, der an Redebeiträge in so verschiedenen Situationen wie einem wissenschaftlichen Seminar oder einer politischen Diskussionsrunde angelegt werden kann.

20 *Habermas,* a.a.O., S. 386.

21 Seine Distanz zur Subjektphilosophie stellt Habermas dadurch her, daß er kommunikatives Handeln als genuin gemeinschaftliches — überindividuelles — einführt und von

dergestalt ausdrückbar und kenntlich gemacht werden, daß es dem intellektuellen Zugriff der Beteiligten offensteht. Diese Bedingung ist für Habermas nur bei propositionaler Differenzierung, d.h. über den Weg der *Sprache*, erreichbar.[22] Soziale Handlungen in sprachlicher Form sind, wenn sie den gemeinsam geteilten Sinnstrukturen der Sprache genügen, für Beteiligte mit gleicher Kompetenz intellektuell zugänglich.

Zugänglichkeit meint die Möglichkeit, einen sprachlichen *Geltungsanspruch* zu kritisieren oder zu akzeptieren. Damit eine Akzeptanz zustande kommt, muß der sprachliche Geltungsanspruch, die Behauptung, mit *Gründen* fundiert werden können.

> „Sowohl Ego, der mit seiner Äußerung einen Geltungsanspruch erhebt, wie Alter, der diesen anerkennt oder zurückweist, stützen ihre Entscheidungen auf potentielle Gründe."[23]

Natürlich kann Sprache auch ganz anderen Zwecken als denen der Verständigung dienen. Sprache kann mit Macht oder Einfluß aufgeladen sein, kann zur Manipulation, Verführung oder Überwältigung eingesetzt werden. Aber der sprachlichen Struktur ist das Moment der Verständigung nach Habermas immer inhärent. „Verständigung wohnt als Telos der menschlichen Sprache inne."[24] Wer sich der Sprache bedient, kann der Logik der Verständigung nicht entkommen.

Habermas trifft die Entscheidung, ob Handeln verständigungsorientiert (kommunikativ) oder erfolgsorientiert (strategisch) ist, nun nicht durch Analyse der psychischen Motivation des Handelnden oder durch dessen Beobachtung, sondern er analysiert die Sprachstruktur.[25] Verständigung und ihre Bedingungen sollen nicht durch sensorische Beobachtung der Handlung, sondern durch formale Analyse und rationale Nachkonstruktion des Sprechaktes konturiert werden. Die Analyse verständigungsorientierten Handelns erfolgt über die Offenlegung der Sprachstruktur.[26] Damit wird eine ideelle Sprachsituation — als Idealtypus — in den Vordergrund geschoben, deren Symbolik und Grammatik man offenlegen

---

der „eigenen Dignität" symbolischer Beobachtungen ausgeht. *Habermas*, Nachmetaphysisches Denken, 1988, S. 15.

22 *Habermas*, TkH 1, S. 386 f.

23 *Habermas*, a.a.O., S. 387. Potentiell heißt in diesem Zusammenhang, daß die Gründe nicht explizit einem Geltungsanspruch angefügt werden müssen. Sie können — und müssen — aber im Falle eines Bestreitens aktualisiert werden.

24 *Habermas*, a.a.O., S. 387.

25 Dies hält Habermas gegenüber anderen Ansätzen (etwa der Phänomenologie) für eine *methodisch* neue Grundlage der Sprachphilosophie. Vgl. *Habermas*, Nachmetaphysisches Denken, S. 15. Ähnliche auf die Objektivation von Sinnstrukturen zielende methodische Versuche gibt es auch bei der „objektiven Hermeneutik" Oevermanns. Vgl. dazu *Stefan Aufenanger / Margrit Lenssen* (Hrsg.), Handlung und Sinnstruktur. Bedeutung und Anwendung der objektiven Hermeneutik, München 1986.

26 *Habermas*, Vorstudien, a.a.O., S. 363 f.; *ders.*, Nachmetaphysisches Denken, S. 15.

kann. Diese Offenlegung ist deshalb von Bedeutung, weil in empirischen Sprechsituationen die Sprachstruktur in ihrem objektiven Gehalt (funktional auf Verständigung zielend) zwar unterlaufen werden kann,[27] aber die Sprecher, da sie auf die Sprachform nicht verzichten können, dennoch in deren formalen Bann geraten. In die Sprachstruktur sind danach bestimmte Merkmale eingelassen, die auf Verständigung zielen und bereits die rein sprachliche Verständigung von der Einhaltung bestimmter sprachimmanenter logischer oder grammatikalischer Regeln abhängig machen. Diese strukturellen Merkmale sind für den Sprecher bei aller strategischen Absicht nicht kontingent.[28]

Im Anschluß an Austins Universalpragmatik[29] analysiert Habermas Sprache als Handlungsakt. Ein Sprechakt kann zerlegt werden in seine sachliche Information (lokutionärer Akt) sowie den Modus, in dem die sachliche Information dargebracht wird — etwa als Behauptung, Befehl, Versprechen — (illokutionärer Akt), und schließlich in den Effekt, der beim Hörer erzielt wird oder erzielt werden soll (perlokutionärer Akt).[30]

Die Aussage des A gegenüber seinem Freund B, er habe dessen Frau in fremder Herrenbegleitung gesehen, besteht ersichtlich aus der lokutionären Information, daß Frau B in Herrenbegleitung war. Der Modus dieser Aussage ist eine Behauptung (Ich behaupte, es war so). Die beiden Sprechakte sind klar erkennbar, ohne daß zum Verständnis Rückgriffe auf mentale Vorgänge und Überlegungen des Sprechers notwendig sind. Sie können analysiert werden, ohne daß Motive und Ziele des Sprechers bekannt wären.

Das perlokutionäre Ziel des A bleibt dem B wie auch dem Beobachter verborgen. Vielleicht will B den A nur eifersüchtig machen, vielleicht sich an dessen Wutausbruch weiden. Aus dem illokutionären Akt läßt sich — zumindest ohne Hinzutreten weiter kontextklärender Umstände — die perlokutionäre Absicht nicht erschließen.

Aber — und zur Konturierung dieses Gedankens verwendet Habermas einige Mühe — perlokutionäre Ziele lassen sich nur erreichen, wenn der illokutionäre Sprechakt erfolgreich ist. Nur wenn B dem A glaubt, kann es zu den von A gewünschten Reaktionen des B kommen. Dazu muß B die Behauptung des A

---

27 Etwa, indem durch Argumente Machtverhältnisse geschaffen oder gesichert werden sollen.

28 Vgl. *Habermas,* Vorstudien, a.a.O., S. 354.

29 Zum Begriff der Universalpragmatik vgl. *Habermas,* Vorstudien, a.a.O., S. 357 f.

30 *Habermas,* TkH 1, S. 389 in Anschluß an *Austin,* How to do Things with Words, 1962, dtsch. 1972, S. 115 ff. Vgl. auch *Habermas,* Vorstudien, a.a.O., S. 395 ff. Die Unterscheidungen haben verschiedene Qualitäten. Da ein rein lokutionärer Akt in der Realität nicht vorkommt, sondern notwendig an einen Modus gebunden ist, handelt es sich bei der Unterscheidung zwischen lokutionärem und illokutionärem Akt um eine analytische Differenzierung, während ein perlokutionäres Ziel (z. B. als geheime Manipulationsabsicht) auch real von der illokutionären Aussage abweichen kann. *Habermas,* TkH 1, S. 393.

für wahr halten. Der perlokutionäre Erfolg kann nicht eintreten, wenn B den ganzen fraglichen Zeitraum über mit seiner Frau zusammen war und deshalb die Behauptung des A anzweifelt. Wie strategisch perlokutionäre Aussagen auch immer sein mögen (A instrumentalisiert den B, um eine persönliche Befriedigung durch dessen Eifersuchtsreaktion zu erreichen), sie müssen doch den Strukturen und Spielregeln illokutionärer Akte genügen, sonst verzichten sie auf die Grundbedingung ihres Erfolges (scil. daß B dem A glaubt).

An diesen Gedankengang schließen zwei Überlegungen an. Zum einen geht Habermas davon aus, daß es eine Sprachlogik gibt, die sich nur auf den illokutionären Teil des Sprechens beschränkt. Diese konsensorientierte Sprachlogik schreibt Bedingungen und Voraussetzungen vor, die erfüllt sein müssen, damit eine illokutionäre Aussage vom Adressaten verstanden und akzeptiert wird. Zum anderen ist es gerechtfertigt, einen illokutionären Sprechakt als extramundane Sprechsituation ohne Rücksicht auf Motive, Sinngebungen und Zweckverfolgungen des Sprechers zu analysieren[31]. Dies deshalb, weil zwischen illokutionären und perlokutionären Akten eine empirische Scheidelinie verläuft. Der illokutionäre Sprechakt kann insofern eigenständig auf seine Funktionsbedingungen untersucht werden, als sich seiner zwar die individuellen Absichten bedienen können, sie sich dabei aber immer der Eigenlogik der illokutionären Aussagen unterwerfen müssen.[32]

Die von Habermas gegenüber Weber vorgenommene Erweiterung des soziologischen Handlungsbegriffs liegt nun genau in der Analyse der Bedingungen für das Gelingen eines illokutionären Sprechakts als Bestandteil des sozialen Handelns.[33] Der illokutionäre Sprechakt stellt ein selbständiges Moment innerhalb einer realen Handlung dar, gleichgültig, ob der Sprecher strategische oder kommunikative (auf Verständigung gerichtete) Ziele verfolgt. Habermas nennt diesen Handlungsteil, der zumindest ideal auch als selbständige Handlung auftreten kann[34], kommunikatives Handeln.[35]

---

[31] „Die erfolgsorientierte Einstellung des teleologisch Handelnden ist nicht konstitutiv für das Gelingen von Verständigungsprozessen, erst recht dann nicht, wenn diese in strategische Interaktionen einbezogen sind. Was wir mit Verständigung und verständigungsorientierte Einstellung meinen, muß *allein* anhand illokutionärer Akte geklärt werden". *Habermas,* TkH 1, S. 394.

[32] Vgl. zum ganzen: *Habermas,* a.a.O., S. 394 f.

[33] Zwischen Habermas und Luhmann zeichnet sich dabei eine interessante Konvergenz ab. Nachdem Luhmann seinen Gesellschaftsbegriff auf Kommunikation umgestellt hat (vgl. dazu *Luhmann,* Soziale Systeme, 1984, S. 60 f.), erörtert auch er — fast parallel zu Habermas die Bedingungen, unter denen Kommunikation erfolgreich ist. Luhmann selbst kommt dabei nicht von ungefähr auf die Austinsche Universalpragmatik zu sprechen. *Luhmann,* a.a.O., S. 197. Luhmann lehnt allerdings den Konsens als Bezugspunkt ab und favorisiert stattdessen die Rekursivität und prozessuale Selbstreferenz der Kommunikation als Leitgesichtspunkte. Dazu unten Kapitel D. III.

[34] Vgl. dazu *Habermas,* Vorstudien, a.a.O., S. 500.

[35] *Habermas,* TkH 1, S. 397 et passim; vgl. auch *ders.,* Vorstudien, a.a.O., S. 499.

Webers zweckrationales Handlungsmodell, das zumindest im Sinne einer kontrollierenden Korrektur immer auch an die mentale Rationalitätsentfaltung (Verantwortungsethik) gebunden ist, wird von Habermas unter Berufung auf und unter Verwendung von universalpragmatische(n) Sprachanalysen um einen nichtsubjektiven (objektiven) Teil dualisiert. Handeln ist dann als strategisches *und* kommunikatives Handeln der soziologischen Beobachtung zugänglich. Dabei sind Strukturen und Wirkkräfte des kommunikativen Handelns extra-mundan, objektiv wirksam. Sie enthalten ein objektives Rationalitätspotential, dem Habermas besondere Aufmerksamkeit widmet.

IV. Konsens als Grundbedingung kommunikativen Handelns

Kommunikatives Handeln gelingt nur dann, wenn ein Sprechangebot Egos von Alter verstanden und akzeptiert wird. Gelingen heißt dabei auch, daß der integrative Effekt der Handlungs*koordinierung* eintritt. Ein vom Adressaten abgelehntes Sprechangebot kann zwar auch die Kommunikation in Gang halten, weil über die Ablehnung weiter kommuniziert werden kann, der koordinierende Effekt tritt aber nur dann ein, wenn ein Konsens zwischen den Beteiligten entsteht.

> „Kommunikatives Handeln zeichnet sich gegenüber strategischen Interaktionen dadurch aus, daß alle Beteiligten illokutionäre Ziele vorbehaltlos verfolgen, um ein Einverständnis zu erzielen, das die Grundlage für eine einvernehmliche Koordinierung der jeweils individuell verfolgten Handlungspläne bietet."[36]

Dieser Prämisse folgend, konzentriert Habermas seine handlungstheoretische Darstellung auf die Analyse der Bedingungen, unter denen ein Einverständnis zwischen den Kommunikationsteilnehmern erzielt wird.[37]

Bereits seit den 70er Jahren hat Habermas Struktur und Erfolgsvoraussetzungen verschiedener performativer Geltungsansprüche untersucht und dabei an die Ergebnisse der Sprechakttheorie angeschlossen.[38] Danach werden kommunikative

---

[36] *Habermas*, TkH 1, S. 397 f. Auch hier wird erneut sichtbar, daß Habermas seinen Handlungsbegriff mit dem Problem sozialer Ordnung auflädt. Kommunikatives Handeln ist durch seine mitlaufende Integrationsfunktion (Koordination) bereits definitorisch konstituiert. Akzeptiert man diesen Handlungsbegriff, steht die individuelle Handlungsfreiheit bereits unter dem objektiven Kuratel der sozialen Integrationsfunktion. Dadurch wird die in der Relation von individueller Freiheit und sozialer Ordnung liegende Paradoxie, wie soziale Ordnung angesichts einer arbiträr verstandenen Handlungsfreiheit möglich ist, entschärft. Dies gelingt durch die Annahme von objektiven Strukturen, über die der Handelnde nicht frei disponieren kann, weil er auf sie als Medium des (Verständigungs-)Erfolges angewiesen ist. Vgl. dazu kritisch *Luhmann*, Soziale Systeme, S. 237, der Konsens für viel zu irrtumsanfällig und schwerfällig hält, um soziale Prozesse (Kommunikationen) in Gang zu halten. Vgl. dazu unten Kapitel F. II.

[37] *Habermas*, TkH 1, S. 403. Zugunsten der Akzeptabilitätsbedingungen wurden Fragen, die mit der ersten Voraussetzung für das Gelingen von kommunikativem Handeln, dem Verstehen, zusammenhängen, ausgeblendet. *Habermas*, a.a.O., S. 401.

Handlungen in verschiedene Typen von Sprechhandlungen unterteilt, mit denen der Sprecher Geltungsansprüche verbindet. Diese Geltungsansprüche (z. B. meine Behauptung ist wahr, mein Gefühl ist aufrichtig) können unter drei — und nur drei — Gesichtspunkten vom Adressaten zurückgewiesen werden, scil. unter den Aspekten der Richtigkeit, der Wahrhaftigkeit und der Wahrheit.

„In Zusammenhängen kommunikativen Handelns können Sprechhandlungen stets unter *jedem* der drei Aspekte zurückgewiesen werden, unter dem Aspekt der Richtigkeit, die der Sprecher für seine Handlung mit Bezugnahme auf einen normativen Kontext (bzw. mittelbar für diese Normen selber) beansprucht, unter dem Aspekt der Wahrhaftigkeit, die der Sprecher für die Äußerung der ihm privilegiert zugänglichen subjektiven Erlebnisse beansprucht; schließlich unter dem Aspekt der Wahrheit, die der Sprecher mit seinen Äußerungen für eine Aussage (bzw. für die Existenzpräsuppositionen des Inhalts einer normativen Aussage) beansprucht.“[39]

Diese Geltungsansprüche beziehen sich auf die drei Welten, die sich nach dem Zerfall holistischer Weltbilder ausdifferenziert haben, der objektiven, sozialen und subjektiven Welt.[40] Die drei Welten bilden gemeinsam ein jedem Redebeitrag zugrundeliegendes Koordinatensystem, „in dem die Situationskontexte so geordnet werden können, daß Einverständnis darüber erzielt wird, was die Beteiligten jeweils als Faktum oder als gültige Norm oder als subjektives Erlebnis behandeln dürfen.“[41] Jede dieser drei Welten ist kommunikativ strukturiert und prinzipiell sprachlich zugänglich. Sprache ist in diesem Zusammenhang nicht Medium subjektiver Zwecke, bezogen auf die jeweilige Welt, sondern situative Aktualisierung des im Welthorizont Möglichen. Der Sprache und der jeweiligen

---

38 Vgl. dazu *Habermas,* Aspekte der Handlungsrationalität (1977), in: Vorstudien, a.a.O., S. 441 ff. (466 f.); ferner aus dem Jahr 1980: *Habermas,* Rekonstruktive versus verstehende Sozialwissenschaften, in: *ders.,* Moralbewußtsein und kommunikatives Handeln, 1983, S. 29 ff. Diese Theorieschritte wurden bereits über Studien zur Hermeneutik und Sprachkompetenz vorbereitet in: *Habermas,* Der Universalitätsanspruch der Hermeneutik (1970), in: *ders.,* Zur Logik der Sozialwissenschaften, 1982, S. 331 ff. Bereits deutlicher ausformuliert in: *Habermas,* Zwei Bemerkungen zum praktischen Diskurs, in: *ders.,* Zur Rekonstruktion des Historischen Materialismus, 1976, S. 338 ff. Den werksystematisch nicht uninteressanten tieferen Ursprung dürfte die in den Rationalitätskontext eingelagerte Theorie diskursiver Geltungsansprüche in erkenntnistheoretischen Vorentscheidungen (Wahrheitstheorien) finden. Vgl. dazu *Habermas,* Erkenntnis und Interesse, 5. Auflage, 1979, S. 89, wo Habermas hervorhebt, daß die Auflösung der Subjekt-Objekt-Relation die Wahrheitsfrage auf die Frage der Bedingungen möglicher Erkenntnis und der Explikation des Sinns der Geltung von Urteilen und Sätzen reduziert.

39 *Habermas,* TkH 1, S. 412.

40 Vgl. dazu *Habermas,* a.a.O., S. 99. Ausdifferenzierung meint dabei nur, daß Bearbeitung und Entwicklungslogik des jeweiligen Teilweltbildes unabhängig von den beiden anderen erfolgt. In einer konkreten Handlungssituation dagegen bezieht der Aktor mit seinen Geltungsansprüchen sich immer zugleich auf alle drei Welten. *Habermas,* TkH 2, S. 184.

41 *Habermas,* TkH 1, S. 107. Soweit dieses Koordinatensystem von den Beteiligten als unproblematischer Hintergrund und Quelle für Situationsdefinitionen in Sprechsituationen genutzt wird, bezeichnet es Habermas als *Lebenswelt,* a.a.O.

Welt wohnt der auf Koordination gerichtete Verständigungseffekt als Struktur inne.[42]

Die der Sprache innewohnende koordinierende Kraft kann sich allerdings nur dann als Integrationsmoment entfalten, wenn sich der Kommunikationspartner bestimmten argumentativ vorgetragenen Einsichten nicht verschließen kann. Der Rückblick auf Kant zeigt, daß Habermas mit diesem Zugang zu einem erweiterten Handlungsbegriff das Vernunftkonzept sprachtheoretisch zu rehabilitieren versucht.[43] Der Unterschied zu Kant — und so versucht Habermas, sich eine schwer angreifbare Plattform zu schaffen — liegt in der Vernunftverankerung. Kant mußte das Subjekt als Träger der Vernunft sehen und auf dessen Liebe zur Pflicht und Fähigkeit zur Einsicht hoffen.[44] Nach Habermas übt dagegen Sprache eine überindividuelle — und damit auf den guten Willen der Subjekte nicht angewiesene — Kraft in Richtung Einverständnis aus. Aber nicht jedes Einverständnis ist vernünftig. Auch eine Gruppe von Kriminellen kann sich auf die Erzielung optimalen Schadens einigen. Das Vernunftpotential liegt eher im „wie" der Konsenserzielung, in dem Mechanismus, der Kommunikationsteilnehmer dazu bringt, die Behauptung eines anderen zu akzeptieren.

Der Koordinierungseffekt von Sprache entfaltet sich in intersubjektiven Verständigungsprozessen. Im jeweiligen Weltbezug der objektiven, sozialen oder subjektiven Welt werden gegenüber dem anderen Kommunikationsteilnehmer verbindliche Geltungsansprüche erhoben und *diskursiv begründet*. In diesem Prozeß diskursiver Begründung von Geltungsansprüchen entfaltet sich jenes Potential, das Habermas als kommunikative Rationalität bezeichnet.[45]

Wie nun können Geltungsansprüche durch argumentativ *zwingende* Gründe gestützt werden? Wie entsteht jener „eigentümlich zwanglose Zwang des besseren Arguments"?[46] Einer der klassischen Argumentationsmodi liegt im Insistieren auf der Wahrheit einer Aussage, die aufgrund logischer Deduktion oder / und empirischer Kontrolle gewonnen wird. Wer immer sich auf einen Wahrheitsdiskurs einläßt, kann sich bestimmten logischen Konsequenzen dieses Diskurses nicht entziehen. Weber hat die evolutionäre Genese dieser wahrheitszentrierten Argumentationsweise geradezu emphatisch ob ihrer zwingenden Kraft begrüßt.

> „Hier zum erstenmal schien ein Mittel zur Hand, womit man jemanden in den logischen Schraubstock setzen konnte, so daß er nicht herauskam, ohne zuzugeben: entweder daß er nichts wisse; oder daß dies und nichts anderes die Wahrheit, die *ewige* Wahrheit sei, die nie vergehen würde, wie das Tun und Treiben der blinden Menschen."[47]

---

[42] Vgl. *Habermas,* a.a.O., S. 142 f.

[43] Vgl. dazu *Habermas,* Kleine politische Schriften I — IV, 1981, S. 486.

[44] Vgl. oben Kapitel A. III. 3. c).

[45] *Habermas,* TkH 1, S. 114 ff. Einen Überblick über die Funktionen des Diskurses gibt *Umberto Eco,* Zeichen. Einführung in einen Begriff und seine Geschichte, 1977, S. 73 f.

[46] *Habermas,* a.a.O., S. 52 f.

In Brechts „Galilei" müssen die scholastischen Philosophen sich dem isolierten wahrheitszentrierten, mit empirischer Beobachtung verbundenen Diskurs in toto entziehen, um nicht argumentativ überwältigt zu werden. Schauten Sie, wie von Galilei gewünscht, durch das Fernrohr und sähen dann die Jupitermonde, die zeitweise hinter dem Jupiter verschwinden, würde auch ihre Logik gebieten, von einer Kreisbahn der Monde auszugehen und das ptolemäische Schalenmodell zu verwerfen, weil die wahrgenommene Bewegung der Jupitermonde die Kristallschale, an der sie hängen sollen, durchbrechen würde. Die Philosophen in diesem Stück entfliehen diesem wahrheitszentrierten Diskurs, indem sie die Grenzen des objektiven Diskurses überschreiten. Der Philosoph etwa führt als Gegenargument die „Schönheit" des aristotelischen und ptolemäischen Weltbildes an.[48]

Diskursiv einlösbare Geltungsansprüche hält Habermas nur in Bezug auf *Wahrheit* und *Richtigkeit* für möglich. Der dritte Kreis von Geltungsansprüchen, der als Wahrhaftigkeit die Authentizität subjektiven Erlebens problematisiert, läßt sich nicht diskursiv, sondern nur im Handlungskontext einlösen. Wie etwa sollte man das geäußerte Gefühl des Beileids unter diskursive Kontrolle stellen? Die Wahrhaftigkeit würde wohl eher durch entsprechende Handlungen (Hilfeleistungen an die Hinterbliebenden, Verzicht auf Vergnügungen) „unter Beweis" gestellt werden können als durch sorgfältige Argumente, warum jemand „wirklich" ein Gefühl von Trauer und Mitleid hat, der ein Beileid ausspricht.[49]

Von den beiden verbleibenden Geltungsansprüchen, die sich auf die objektive und soziale Welt richten, nennt Habermas den einen, mit Wahrheit prozessierenden, den *theoretischen* Diskurs, den anderen, der auf die Gültigkeit von Normen im sozialen Bereich gerichtet ist, den *praktischen* Diskurs.[50] Für den theoretischen Diskurs der objektiven Welt geht es um die Frage, ob es einen bestimmten Gegenstand oder Zusammenhang *gibt,* der praktische Diskurs der sozialen Welt fragt danach, ob ein bestimmtes Handeln oder Unterlassen *geboten* ist.[51]

Der praktische unterscheidet sich allerdings vom theoretischen Diskurs durch ein Minus an *Evidenz,* die für die zwingende Kraft des Arguments von zentraler Bedeutung ist. Beobachtbare Entitäten lassen sich nicht gut leugnen.[52] Der Satz

---

47 *Weber,* Gesammelte Aufsätze zur Wissenschaftslehre, a.a.O., S. 597.

48 Vgl. die Szene im Haus des Galilei in Florenz. *Berthold Brecht,* Das Leben des Galilei, Suhrkamp, 1972, S. 45 f.

49 Vgl. *Habermas,* Vorstudien, a.a.O., S. 139. Wer die Aufrichtigkeit eines Gefühls — etwa der Liebe — rational und diskursiv begründen will, setzt sich erst recht Verdächtigungen aus. Liebe kann nur durch entsprechende Handlungen unter Beweis gestellt werden, etwa durch völlig irrationales Handeln. Dazu: *Luhmann,* Liebe als Passion, 1982, S.

50 *Habermas,* Vorstudien, a.a.O., S. 145. Diese Unterscheidung ist seit Kants Kritiken der reinen (theoretischen) und praktischen Vernunft nichts Neues und knüpft wiederum an die Tradition der Aufklärung an.

51 *Habermas,* Vorstudien, a.a.O., S. 146, ausführlicher, *ders.,* Moralbewußtsein und kommunikatives Handeln, 1983, S. 69 ff.

„es gibt" zwingt eher zur Anerkenntnis als der Satz „es soll sein".[53] Während der theoretische Diskurs durch induktive Schlüsse von einzelnen Tatsachen zu verallgemeinerungsfähigen Aussagen gelangt, sucht der praktische Diskurs nach einer funktionalen Entsprechung.

> „Im theoretischen Diskurs wird nun die Kluft zwischen singulären Beobachtungen und allgemeinen Hypothesen durch verschiedenartige Kanons der Induktion überbrückt. Im praktischen Diskurs bedarf es eines entsprechenden Brückenprinzips. Deshalb führen alle Untersuchungen zur Logik der moralischen Argumentation alsbald zu der Notwendigkeit, ein Moralprinzip einzuführen, das als Argumentationsregel eine äquivalente Rolle spielt wie das Induktionsprinzip im erfahrungswissenschaftlichen Diskurs.[54]

Der kantische kategorische Imperativ stellt ein solches, dem Induktionsprinzip funktional äquivalentes Brückenprinzip dar.[55] Dabei darf gerade im Rahmen des praktischen Diskurses nicht außer acht gelassen werden, daß dieser Diskurs auf die Herstellung eines Teils der sozialen Ordnung gerichtet ist, scil. desjenigen Teils, der auf die Herstellung von Konsens angewiesen ist. Dies geschieht durch Bindung der Einzelhandlung an „allgemeine Gesetze", die wiederum sozial integrativ angelegt sind.

> „Das konsensermöglichende Brückenprinzip soll also sicherstellen, daß nur die Normen als gültig akzeptiert werden, die einen *allgemeinen Willen* ausdrücken: sie müssen sich, wie Kant immer wieder formuliert, zum „allgemeinen Gesetz" eignen".[56]

Bei der Betrachtung des kategorischen Imperativs war aufgefallen, daß er — obwohl monologisch angelegt — die Beschränkungen solipsistischer Weltwahrnehmung durch seinen Ansatz überschreitet.[57] Er zwingt die Teilnehmer am Diskurs zu einem ständigen Perspektivenwechsel, der in der Verallgemeinerungsfrage bezüglich eines konkreten Handelns angelegt ist. Der Handelnde ist durch den kategorischen Imperativ gehalten, sein intendiertes Handeln in eine Interessenabwägung einzustellen, die die Interessen der Allgemeinheit einbezieht. Dieser Universalisierungsdruck (eignet sich mein Handeln als allgemeines Gesetz?) soll einen universellen Rollentausch erzwingen.[58] Und doch hielt Kant daran fest, daß der praktische Diskurs rein mental stattfinden muß, während Habermas auch hier im Verhältnis zu Kant, wie zuvor bereits im Verhältnis zu Weber, den Handlungsbegriff und die Handlungsperspektive gleichsam sozialisiert.

---

52 Dies gilt auch, wenn von beobachtbaren Tatsachen aus mit „evidenten" Induktionen verallgemeinerungsfähige Aussagen zusammengefaßt und generalisiert werden. Vgl. *Habermas*, Moralbewußtsein, a.a.O., S. 73.

53 Vgl. *Habermas*, a.a.O., S. 71.

54 *Habermas*, Moralbewußtsein, a.a.O., S. 73.

55 Vgl. oben Kapitel A. III. 3. b).

56 *Habermas*, a.a.O., S. 73.

57 Oben Kapitel A. III. 3. c).

58 *Habermas*, a.a.O., S. 75 im Anschluß an *Mead*, Geist, Identität und Gesellschaft, 1973, S. 375 f.

Der Einzelne kann nach Habermas nicht unmittelbar aus sich heraus auf der Grundlage des von ihm selbst verbindlich interpretierten kategorischen Imperativs anderen ein gebotenes Verhalten vorschreiben. Vielmehr muß er, um einen solchen normativen Geltungsanspruch realisieren zu können, seine im forum internum gebildete Maxime „zum Zweck der diskursiven Prüfung ihres Universalitätsanspruchs allen anderen vorlegen.“[59] Erst in der realen argumentativen Auseinandersetzung soll sich das in Sprache angelegte Rationalitätspotential entfalten. Durch das empirische Geflecht strategischer Ziele und systemischer Verzerrungen der idealen diskursiven Kommunikation — Verzerrungen, die sich empirisch als Kompetenzgefälle oder Machtstruktur niederschlagen — arbeitet auch immer der durch die formalpragmatische Analyse[60] einer idealen Sprechsituation offengelegte, auf Verständigung (Koordinierung) angelegte Mechanismus, der in der Sprachstruktur und der Sprachlogik enthalten ist.[61]

Zur Wirksamkeit entfaltet sich das in Sprache angelegte Rationalitätspotential, wenn der Aktor keine strategische, sondern eine kommunikative Absicht verfolgt. Im Gegensatz zu rein utilitaristischen oder teleologischen Gesellschaftsmodellen, die immer mit dem Problem zu tun haben, daß instrumentelle Ordnungen nicht stabil sind,[62] geht Habermas davon aus, daß ein Handelnder zwei prinzipiell unterschiedliche Perspektiv-Optionen wählen kann, scil. zwischen strategischer und kommunikativer Orientierung. In seiner Reichweite und Bedeutung für das mit der Relation von Individuum und Gesellschaft verbundene Problem sozialer Ordnung wird die Dualisierung des Handlungsbegriffs erst erkennbar, wenn man die Ebene der Einzelhandlung verläßt und die theoretischen Entsprechungen auf sozialer Ebene betrachtet. Sowohl strategische wie kommunikative Handlungsorientierungen des Individuums sind an sie ermöglichende Strukturen gebunden. Erst die Interdependenz zwischen gesellschaftlichen Strukturen und individuellen Handlungseinstellungen vervollständigt das Verständnis der dual angelegten Gesellschaftstheorie. Allerdings wird hier deutlich, daß nach Habermas eine Gesellschaft nur dann „vernünftig“ organisiert ist, wenn sie an entscheidender Stelle Diskurse zuläßt und Bedingungen gewährleistet, unter denen sich die Kraft des besseren Arguments entfalten kann.

---

59 *Habermas,* a.a.O., S. 77.

60 resp. die transzendentalpragmatische Analyse. Vgl. *Habermas,* a.a.O., S. 94.

61 Zu den Diskursvoraussetzungen: *Habermas,* a.a.O., S. 99.

62 *Habermas,* Vorstudien, a.a.O., S. 577.

V. System und Lebenswelt

1. Der Begriff der Lebenswelt

Mit der Dualisierung des Handlungsbegriffs und der damit zusammenhängenden Rationalitätserweiterung schafft Habermas das Fundament, um eine Gesellschaftstheorie zu konzipieren, die über die von ihm bei Weber diagnostizierten zweckrationalen Vereinseitigungen hinausführt.[63] Weil nach Habermas Webers Rationalitätskonzept auf den Typus zweckrationalen (strategischen) Handelns verengt ist, kann die Institutionalisierung und Autonomisierung zweckrationaler Handlungssysteme in Ökonomie, Politik und Wissenschaft von Weber nur zwiespältig aufgenommen werden.[64]

Einerseits stellen diese Systeme scheinbar den teleologischen Endpunkt einer eigenlogischen Bewegung im Rationalisierungsprozeß dar, andererseits bedrohen sie die Möglichkeit der Individuen, rational zu entscheiden. Aus diesem Grunde wurden von Weber Verfestigungs- und Verselbständigungstendenzen von zweckrationalen, institutionalisierten Handlungssystemen als Bedrohung individueller Freiheit angesehen. Aus dem in dieser Hinsicht pessimistischen Theorieentwurf möchte Habermas ausbrechen, ohne jedoch, dem ursprünglichen Pathos der Aufklärung gemäß, ein optimistisches Rationalitätsverständnis an die Stelle des Weberschen zu setzen. Seine Rekonstruktion des Rationalisierungsprozesses, den er wie Weber von der Anlage her als wechselseitigen Steigerungsprozeß von individuellen Strukturen und Strukturen sozialer Ordnung interpretiert,[65] ist insofern offen, als zwei Integrationsformen sozialer Ordnung zur Verfügung stehen, nämlich strategische und kommunikative Handlungsorientierungen. Verschiebungen innerhalb des evolutionären Prozesses hin zu stärkerer sozialer Determinierung des Individuums oder hin zur stärkeren Ausrichtung der sozialen Ordnung auf individuelle Autonomie können dann als Interdependenzverschiebungen beider institutionalisierter Handlungensorientierungen angesehen werden, ohne daß das theoretische Konzept a priori den logischen (analytischen) Vorrang des einen vor dem anderen Integrationsmechanismus vorgeben würde.

Für Habermas muß es deshalb auf die Rekonstruktion des Verhältnisses von strategischem und kommunikativem Handeln auf der Ebene der Institutionen

---

[63] „Die Aspekte der Handlungsrationalität, die sich am kommunikativen Handeln ablesen lassen, sollen nun erlauben, die Prozesse der gesellschaftlichen Rationalisierung auf ganzer Breite und nicht mehr nur unter dem selektiven Gesichtspunkt der Institutionalisierung zweck-rationalen Handelns zu erfassen." *Habermas,* TkH 1, S. 449.

[64] Dies gilt auch und erst recht für die Frankfurter Schule vor Habermas.

[65] Habermas macht diese Interdependenz durch Anleihen bei *Piaget* und *Kohlberg* deutlich, mit denen er hervorhebt, daß zwischen ontogenetischer und phylogenetischer Entwicklung ein korrespondierender Zusammenhang besteht. Dazu: *Jean Piaget,* The Child's Conception of Physical Causality, 1930; *Habermas,* Vorstudien, a.a.O., S. 215 ff.; *Kohlberg,* Zur kognitiven Entwicklung des Kindes, 1974. *Habermas,* Vorstudien, a.a.O., S. 377 f.; vgl. auch *Parsons,* Social Structure and Personality, 1964, S. 87 ff.

ankommen. Sein Ansatzpunkt ist für beide Handlungsformen wiederum sprachtheoretisch.

Die sprachtheoretische Tiefenanalyse des kommunikativen Handelns[66] kommt nicht umhin, sprachliche Äußerungen in einem gesellschaftlichen Kontext zu betrachten, wenn die integrative Kraft der in Diskursen auftretenden Evidenzerfahrung erklärt werden soll. Bei jedem explizit geführten Diskurs — z. B. einem theoretischen Diskurs im Wissenschaftssystem oder einem praktischen Diskurs im politischen System — spielt gerade für die Erzielung von Konsens, der für Integrationseffekte ja verantwortlich ist, das *implizite*, also nicht thematisierte Wissen eine gewichtige Rolle.

> „Wenn die sozio-, ethno- und psycholinguistischen Untersuchungen des letzten Jahrzehnts in einem konvergieren, dann ist es die vielfältig demonstrierte Erkenntnis, daß das kollektive Hintergrund- und Kontextwissen von Sprechern und Hörern die Deutung ihrer expliziten Äußerungen in außerordentlich hohem Maße determiniert."[67]

Hinterfragt man die impliziten Hintergrundannahmen, die normalerweise als triviale Selbstverständlichkeiten dem Sprechakt als Kontext zugrunde liegen, so löst sich die Vorstellung von invarianten Gültigkeitsbedingungen schnell auf. Weder der Sinn noch die Gültigkeit eines Satzes lassen sich absolut ohne Kenntnis eines wie immer gearteten kontextabhängigen Hintergrundverständnisses verstehen und nachvollziehen.[68]

Wer sprachliche Verständigung als kommunikatives Handeln analysieren will, kommt nicht an dem Umstand vorbei, daß Sprachsinn eines *Verweisungshorizonts* bedarf. Jeder Sprecher einer Alltagssituation schließt — meist unbewußt — an ein sinnhaft strukturiertes Weltbild an (wobei verschiedene Muster nach ihrer Abstraktionshöhe nebeneinander und ineinandergreifend bestehen können), baut seinen Sprechakt in diese sinngeordnete Welt hinein. Dieses Einpassen in ein Sinnsystem ist nicht nur wegen der Komplexität eines vielfältig verschachtelten Weltverständnisses notwendig, sondern weil jede aktuelle sprachliche Äußerung als Variable zugleich immer — bei Strafe der Unverständlichkeit der Aussage — auf einen (relativ) invariablen Kontext angewiesen ist. Dieser Kontext ist zwar nicht sakrosankt, kann also selbst thematisiert, d.h. aktualisiert werden,

---

66 Bei der sprachtheoretischen Analyse läßt sich Habermas seit den 70er Jahren von den Ergebnissen der Sprachphilosophie *Karl Otto Apels* leiten. In ihm sieht er den Wegbereiter eines Paradigmenwechsels von der Bewußtseinsphilosophie zur Sprachpragmatik. *Habermas*, Vorstudien, a.a.O., S. 7; *Apel* (Hrsg.), Sprachpragmatik und Philosophie, 1976.

67 *Habermas*, TkH 1, S. 449.

68 Habermas nennt ein Beispiel *Searles*, wonach der Imperativ: „Geben Sie mir einen Hamburger" nicht kontextfrei expliziert werden kann. *Habermas*, a.a.O., S. 450. *Willke* präsentiert als Beispiel den Satz eines Wissenschaftlers zum anderen: „Ihre Idee ist phantastisch", mit den Möglichkeiten zwischen vernichtendem Urteil, milder Ironie und höchstem Lob. *Willke*, Entzauberung des Staates, S. 31.

aber nie vollständig und gleichzeitig. Jede Thematisierung von basalen Selbstverständlichkeiten[69] ist ihrerseits wieder auf einen Kontext der Verständigung angewiesen. Dieser Kontext kann sich durch Insistieren nur verschieben, einiges kann nur schwer oder gar nicht aktualisiert werden.[70]

> „Dieses fundamentale Hintergrundwissen, welches die Kenntnis der Akzeptabilitätsbedingungen sprachlich standardisierter Äußerungen stillschweigend ergänzen muß, damit ein Hörer deren wörtliche Bedeutung verstehen kann, hat merkwürdige Eigenschaften: es ist ein *implizites* Wissen, das nicht in endlich vielen Propositionen dargestellt werden kann; es ist ein *holistisch strukturiertes* Wissen, dessen Elemente aufeinander verweisen; und es ist ein Wissen, das insofern *nicht zur Disposition steht,* als wir es nicht nach Wunsch bewußt machen und in Zweifel ziehen können.“[71]

Die Vorstellung eines stets mitlaufenden impliziten Wissens löst, ähnlich wie diejenige einer impliziten holistischen physikalischen Ordnung[72], das in das traditionelle Subjekt-Objekt-Schema eingelassene Wahrheitsmodell ab. Wenn die einzelnen Elemente des Hintergrundwissens ihre eigentliche (sinnhafte) Bedeutung nur relativ zu anderen Elementen gewinnen können, dann vermag kein Beobachter aus der Analyse eines einzelnen Elements dessen „Wesen“, d.h. sein *wahres* Sein, zu erfassen. Ähnlich wie dies im Bereich der Quantenphysik zu Tage getreten ist, handelt es sich bei jeder expliziten Thematisierung auch um einen Eingriff in holistisch organisierte Hintergrundannahmen. Der Zusammenhang kann nicht aufgelöst werden, es gibt keine ontologischen Seinszugänge.[73] Implizites Wissen und explizite Thematisierung stehen in einem wechselseitigen Beeinflussungszusammenhang, der prinzipiell zu keiner Seite hin auflösbar ist. Keine Sprechhandlung ist ohne implizites Wissen der Beteiligten möglich, d.h. daß auch keine illokutionären Erfolge möglich sind. Ohne sprachliche Aktualisierung könnte aber auch kein kollektiv geteiltes implizites Hintergrundwissen entstehen.

Der rationale Diskurs findet also auf einer immer schon vorstrukturierten, aber beweglichen Folie statt. Er ist beim Prozessieren auf die Invarianz seiner Grundlage angewiesen und verändert sie zugleich.[74]

---

69 Darf man eigentlich „man“ sagen oder muß man „ich“ sagen oder „frau“?

70 Die Raum / Zeit-Untersuchungen von Kant bis Einstein liefern einen Beleg dafür, daß bestimmte basale Grundannahmen nur schwer oder gar nicht problematisiert werden können.

71 *Habermas,* TkH 1, S. 450 f.

72 Dazu instruktiv: *Bohm,* Die implizite Ordnung. Grundlagen eines dynamischen Holismus (Titel des Originals: Wholeness and the Implicate Order), 1985 (1980).

73 Vgl. dazu *Hans Jonas,* Macht oder Ohnmacht der Subjektivität? 1987, S. 94 ff.

74 Diese Konstruktion von aufeinander verweisender Aktualität und Potentialität ist in für post-ontologisches Denken geradezu typischer Weise zirkulär. Mit der Auflösung ontologischer Wahrheitskonzepte muß die selbstbezügliche Relativität des Denkens und aller Erkenntnis akzeptiert werden. Dies ist bei Habermas nicht anders als bei Luhmann, wenngleich letzterer diese Konsequenz ungleich deutlicher hervorhebt. Vgl. dazu unten Kapitel D. Zu zirkulärem Denken, logischen Paradoxien und den Mechanismen der

Die Suche nach den Gültigkeitsvoraussetzungen von illokutionären Sprechakten führt Habermas nicht zu einem ontologischen letzten Geltungsgrund. Evidenz ist nicht substantiell faßbar. Die eigentümliche Kraft des Arguments zu überzeugen, steht mit dem zugrundeliegenden Verweisungszusammenhang in enger Beziehung. Der Verweisungszusammenhang, auf den kommunikatives Handeln notwendig rekurriert, ist auf Aktualisierung in Diskursen angewiesen. In ihnen lebt er, aus ihnen bezieht der Diskurs seine Energie. In Anlehnung an *Husserl* führt Habermas diesen sinnhaften Verweisungshorizont unter dem Begriff der *Lebenswelt* in seine Theorie ein. Die Vorstellung der Lebenswelt als unhinterfragt immer schon vorhandene, dem Sprechakt zugrundeliegende Vor- und Hintergrundannahme bildet das Verbindungsstück zwischen dem von Habermas dualisierten Handlungsbegriff und einer Theorie der Gesellschaft. Denn: „das Gesellschaftskonzept muß an ein zum Begriff des kommunikativen Handelns komplementäres Lebensweltkonzept angeknüpft werden.“[75]

2. *Rationalisierung der Lebenswelt und duales Integrationskonzept*

Die Lebenswelt traditionaler Gesellschaften ist in hohem Maße durch Traditionswissen, individuelle Erfahrungen und Alltagspraxis geformt. Verständigungsbedarf und soziale Integration werden durch einen kritikfesten Bestand von traditionell beglaubigten Interpretationen gedeckt. Die Institutionalisierung der Wissenserzeugung bei gleichzeitiger Differenzierung verschiedener Diskursebenen (kognitiv, normativ, ästhetisch) hat diese tradierten Selbstverständlichkeiten immer mehr unter Druck gesetzt. Die traditionelle kommunikative Alltagspraxis und die ihr korrespondierende Lebenswelt werden immer mehr in die rationalen Diskurse eingebunden. Der Konsensbedarf muß „immer häufiger durch ein riskantes, weil rational motiviertes Einverständnis befriedigt werden — sei es unmittelbar durch die Interpretationsleistungen der Beteiligten, oder durch ein sekundär eingewöhntes Wissen von Experten.“[76]

Neben das lebensweltliche Wissen und in es hinein treten zunehmend ausdifferenzierte und unter expliziten Begründungszwang stehende rationale Diskurse. Die Institutionalisierung von Wissenssystemen schlägt dabei zunehmend auf die alltagssprachliche Kommunikation durch, weil lebensweltliches Wissen jeder Sprechhandlung zugrunde liegt.

> „Aus der begrifflichen Perspektive verständigungsorientierten Handelns erscheint also Rationalisierung zunächst als eine Umstrukturierung der Lebenswelt, als ein Prozeß, der über die Ausdifferenzierung von Wissenssystemen auf Alltagskommuni-

---

Entparadoxierung siehe *Douglas R. Hofstadter*, Gödel, Escher, Bach: An Eternal Golden Braid, 1979, dtsch. 1985.

[75] *Habermas*, a. a. O., S. 452.

[76] *Habermas*, a. a. O., S. 456.

kationen einwirkt und so die Formen sowohl der kulturellen Reproduktion wie der sozialen Integration und der Sozialisation erfaßt."[77]

Soziales Handeln ist angesichts der fortschreitenden Rationalisierung der Lebenswelt immer weniger in tradierten oder tief geglaubten invarianten Lebensweltannahmen verankert, es wird kontingent und gerät vor allem unter Begründungszwang.[78]

Die Rationalisierung der Lebenswelt kann aber nur dann ein Verbindungsstück zur Gesellschaftstheorie darstellen, wenn man, ausgehend vom dualen Handlungsbegriff, sowohl die Rationalisierung der Lebenswelt als auch soziale Integration in Zusammenhang bringt und insgesamt rekonstruiert. Die Rationalisierung der Lebenswelt, deren Beschreibung bei Habermas nur eine Reformulierung der Weberschen Rationalisierungsthese ist,[79] unterscheidet sich von Webers Rationalisierungsmodell durch genau diese Betonung des Zusammenhangs von Integration und Rationalisierung.

Ursprünglich waren im sozialen Handeln strategisches und kommunikatives Handeln verbunden und lebensweltlich garantiert. Die Geltungsansprüche konsensorientierter Reden waren noch nicht ausdifferenziert und wurden selten explizit ausgesprochen, sondern implizit durch die gemeinsame Lebenswelt unterstellt. Dabei waren erfolgsorientiertes und verständigungsorientiertes Handeln ineinander verwoben.[80] Zwei Entwicklungspfade führen von diesem Zustand fort. Beide laufen über neue Mechanismen der Integration, die in Konkurrenz zu der ursprünglich lebensweltlich beherrschten Integration tritt. Zum einen können Sozialsysteme über Macht integriert werden. Die Ausprägung politischer Macht ist die Voraussetzung für eine Aggregierung von sozialen Großverbänden zu Staaten.[81]

Der andere neue Integrationsmechanismus ist Geld. Durch die allgemeine Geldverwendung entsteht ein bewegliches, aber stabiles Netz von ökonomischen Tauschbeziehungen, das sozial integrierend wirkt. Beiden Mechanismen gemein ist, daß sie als Integrationsmedien relativ unabhängig von kommunikativen Handlungszusammenhängen werden. Neben die implizite Verständigungsorientierung

---

77 *Habermas,* TkH 1, S. 457.

78 Die Lebenswelt muß nach *Habermas* dann als rationalisiert angesehen werden, wenn ein zuvor bestehendes *normativ zugeschriebenes* Einverständnis nunmehr durch kommunikativ *erzielte* Verständigung erreicht werden muß. *Habermas,* a.a.O., S. 455.

79 Vgl. oben Kapitel B.

80 In magischen Denkwelten kann ein Regentanz sowohl als instrumentelles Handeln (gerichtet auf die Herbeiführung des Regens) als auch als rituelle Bestätigung und Konsentierung gemeinsamer Weltsichten und zur integrativen Konfliktbewältigung eingesetzt werden.

81 Dazu: *Klaus Eder,* Die Entstehung staatlich organisierter Gesellschaften, 1976, *Norbert Elias,* Der Prozeß der Zivilisation, 1976, Bd. 2, S. 142 ff.; *Elman R. Service,* Ursprünge des Staates und der Zivilisation. Der Prozeß der kulturellen Evolution, Ffm. 1977.

als Integrationsmodus, der immer auf Sprache aufbaut, treten *nichtsprachliche* Integrationsmedien. Der im Geld verkörperten Tauschakt kann zwar wieder versprachlicht, also auf Sprachaussagen zurückgeführt werden, aber die mit dem Einsatz von Geld verbundene Handlungsorientierung funktioniert ohne Spracheinsatz. Das in Sprache eingelagerte Negations- und Komplexitätspotential, das sprachliche Verständigung immer zu einem risikoreichen Unterfangen macht, wird durch den binären Code von haben oder nicht-haben auf zwei Möglichkeiten reduziert, und weil es sich bei Macht und Geld um generalisierte Werte handelt, wird nur die eine positive Möglichkeit dem Handelnden als wünschenswert offeriert. Der Steuerungsmechanismus Geld stellt also eine Erwartungssicherung dar. Wer jemandem Geld anbietet, kann sicher sein, daß der andere dieses Angebot unter strategischen und damit kalkulierend nachvollziehbaren Erwägungen in seine Handlungspläne einstellt. Mit der entstehenden Erwartungssicherheit — man weiß, daß Macht- oder Geldeinsatz zu gewünschten Handlungen führt —, lassen sich lange Ketten aufeinander bezogener sozialer Handlungen (Handlungssysteme) aufbauen, ohne daß dazu noch sprachlicher Konsens erzielt werden müßte.[82] Es findet eine Abkopplung von Subsystemen zweckrationalen Handelns über *Steuerungsmedien* statt.

Steuerungsmedien gewährleisten als verallgemeinerte instrumentelle Werte Handlungsleitung, Koordination und damit Integration an Stelle sprachlich erzielten Konsenses. Sie ersetzen Sprache als Handlungskoordinierung.[83] Aber diese Dualisierung sozialer Integration bleibt nicht ohne Folgen für die sprachlich gebundene Integration und ihre basale Lebenswelt. Beide Integrationsprinzipien treten zueinander in Konkurrenz.

> „Eine Konkurrenz besteht also nicht zwischen den *Typen verständigungs- und erfolgsorientierten Handelns,* sondern zwischen *Prinzipien der gesellschaftlichen Integration:* zwischen dem aus der Rationalisierung der Lebenswelt immer reiner hervorgehenden Mechanismus einer an Geltungsansprüchen orientierten sprachlichen Kommunikation und jenen entsprachlichten Steuerungsmedien, über die Systeme erfolgsorientierten Handelns ausdifferenziert werden. Die Paradoxie der Rationalisierung, von der Weber gesprochen hat, läßt sich dann abstrakt so fassen, daß die Rationalisierung der Lebenswelt eine Art der Systemintegration ermöglicht, die mit dem Integrationsprinzip der Verständigung in Konkurrenz tritt und unter bestimmten Bedingungen ihrerseits auf die Lebenswelt desintegrierend zurückwirkt."[84]

An diesem Punkt wird die Architektur der Theorie des kommunikativen Handelns zum ersten Mal vollends sichtbar. Rationalisierung wird als janusköpfig begriffen, sie entfaltet das in Sprache angelegte Vernunftpotential *und* die instru-

---

[82] Zur Funktionsweise von kommunikationsersetzenden oder -strukturierenden Medien vgl. *Jensen,* Aspekte der Medien-Theorie, ZfS 1984, S. 145 ff.; *Luhmann,* Zur Theorie symbolisch generalisierter Kommunikationsmedien, ZfS 1974, S. 236 ff.; sowie unten Kapitel D. V.

[83] *Habermas,* TkH 1, S. 458.

[84] *Habermas,* a.a.O., S. 459.

mentelle Eigendynamik zweckrationaler Handlungssysteme. Mit der Konkurrenzthese verschafft sich Habermas operativen Spielraum, um den resignativen Tendenzen, die im Denken Webers peripher und in der Frankfurter Schule an zentraler Stelle angelegt waren, zu entgehen, ohne sich der theoretischen Möglichkeit zu begeben, daß es tatsächlich so kommt, wie Horkheimer und Adorno diagnostiziert haben. Habermas möchte ein mögliches empirisches Ergebnis aber nicht in das theoretische Gerüst einlagern und damit blind für Gegentendenzen werden.

Die komplizierte, weil immer mit gegeneinander verschiebbaren Dualisierungen arbeitende Architektur bei Habermas darf nicht darüber hinwegtäuschen, daß auch hier am traditionellen Verhältnis von Individuum und Gesellschaft gearbeitet wird. Es bedarf keiner großen Anstrengung, die Lebenswelt und die kommunikative Alltagspraxis, also die verständigungsorientierte Integration, als die wahre Komplementäreinheit individueller Autonomie zu verstehen. Wo sonst soll sich das freie Individuum entfalten, wenn nicht im rationalen Diskurs? Und durch welche Tendenzen, wenn nicht durch jene in systemischer Integration angelegte, dem individuellen Zugriff entzogene Instrumentalität, sollte individuelle Autonomie denn gefährdet werden? Das Schicksal individueller Freiheit und Gestaltungsmöglichkeit steht und fällt in Habermas' Theorie mit dem Ausgang des Konkurrenzkampfes zwischen System und Lebenswelt. Wird die letztere zerstört, gibt es auch keine individuelle Freiheit mehr. Das Paradigma von System und Lebenswelt ist eine gesellschaftstheoretische Chiffre für die alte Relation von Individuum und Gesellschaft.

3. Die Interdependenz von System und Lebenswelt als Schicksal individueller Autonomie

a) Funktion und Reproduktion der Lebenswelt

Wenn Habermas von systemischer Integration spricht, zielt er auf Handlungssysteme, die autonomisiert und individuellen Steuerungen — etwa mit religiösen oder moralischen Argumenten — nicht mehr zugänglich sind, weil sie ausschließlich über wertgeneralisierte Steuerungsmedien kontrolliert werden.[85]

Der Integrationserfolg zweckrationaler Handlungssysteme wird durch ihre jeweiligen Steuerungsmedien nichtsprachlich gesichert. Dieser Modus der Integration wird zunehmend relativ unabhängig gegenüber sprachlich gebundenen Integrationsformen, die im lebensweltlichen Kontext eingebettet sind. Angesichts des in der Neuzeit erreichten Niveaus systemischer Integration kann es nicht verwundern, daß dieser Typ sozialer Integration — etwa ein durch Geld gesteuerter Markt — zum Paradigma gesellschaftlicher Integration schlechthin gemacht oder mit ihr identifiziert wird. Man kann dann innerhalb dieser monolithischen Integrationsvorstellung soziale Ordnung als rein funktionalen, systemisch gesteu-

---

[85] Vgl. *Habermas,* TkH 2, S. 176.

erten Zusammenhang begreifen. Soziale Ordnung entsteht auf der Basis egozentrischer Nutzenkalüle der Individuen innerhalb fester Handlungssysteme. Der riskante Weg über eine Implementierung von sozialen Werten im Individuum wäre dann erst gar nicht notwendig, der Hobbessche Wolf würde gebändigt, ohne die Fesseln zu spüren.[86]

Aber Soziologen, auch wenn sie funktional wie Durkheim dachten, haben dieser eleganten utilitaristischen Lösung des Problems sozialer Ordnung nie ganz getraut. Bereits Durkheim hielt die moralische, d.h. normbesetzte Verankerung sozialer Bestandserfordernisse im Individuum für unerläßlich, so daß er seine auf der Arbeitsteilung beruhende organische Solidarität nicht selbstregulativ, sondern gesichert durch Normen und Werte gedacht hat.[87] Habermas widerspricht allerdings mit Rücksicht auf die Empirie der Erwartung Durkheims, daß unter den Bedingungen organischer Solidarität neue normative, moralische Bindungen — etwa eine Moral der Berufsgruppen — entstehen würden.

> „Die Ausdiffenzierung des hochkomplexen marktwirtschaftlichen Systems zerstört die traditionellen Formen der Solidarität, ohne gleichzeitig normative Orientierungen hervorzubringen, die eine organische Form der Solidarität sichern könnten.“[88]

Wenn dem so ist und zugleich eine rein systemische, funktionale Integration nach dem Modell der Utilitaristen für unmöglich oder unzureichend gehalten wird, muß Habermas ein mittleres Integrationskonzept entwerfen, das von der nachlassenden Steuerungskraft solidarischer Integration ausgeht, das aber mehr integrative Wirkung zuläßt als die bloße Funktionalität des Marktes. Dieses Mehr liegt im kommunikativen Handeln.

Kommunikatives Handeln ist nur auf der Basis einer gemeinsam geteilten Lebenswelt als sinnhaftem Horizont des Verständigungsprozesses denkbar, weil anderenfalls jede Verständigung von ihren unverzichtbaren Sinnquellen abgeschnitten wäre. Deshalb bezeichnet Habermas den Begriff der Lebenswelt als Komplementärbegriff des komunikativen Handelns.[89] Aber beide Begriffe verweisen nicht nur aufeinander, beide sind füreinander konstitutiv. Um die konkurrierende Interdependenz zwischen System und Lebenswelt zu verstehen, ist es zunächst in einem vorgeschalteten Schritt notwendig, das Verhältnis von kommunikativem Handeln und Lebenswelt zu verstehen.

Sprachliches Handeln, das über einen informellen Kontext impliziten Wissens seine Sinnhaftigkeit bezieht, ist nicht einem invarianten Kontext ausgeliefert, sondern kann ihn „umdefinieren“.[90] Um diesen Einfluß sprachlicher Situationsdefinitionen zu illustrieren, operiert Habermas mit dem Bauarbeiterbeispiel. In

---

86 Vgl. *Habermas,* a.a.O., S. 176.

87 Vgl. dazu oben Kapitel A. IV.

88 *Habermas,* a.a.O., S. 178.

89 *Habermas,* a.a.O., S. 182.

90 Vgl. oben 1.

diesem Beispiel schickt ein älterer Bauarbeiter einen jüngeren und neu hinzugekommenen Kollegen, das morgendliche Bier zu holen.[91] Diese einfache Situation ist eingebettet in die drei Weltbezüge[92] und nimmt unter anderem Bezug auf einen normativen Geltungsanspruch. Dieser normative Geltungsanspruch wird in einem bestimmten, die Normativität vermittelnden Rahmen erhoben. Dieser Rahmen ist die informelle Gruppenhierarchie, „in der einer den anderen zu etwas auffordern darf".[93] Die Norm, nach der der Ältere dem Jüngsten und / oder dem neuesten Kollegen derartige Anweisungen geben darf, verfestigt sich situativ zu einer Erwartung. Die die Erwartung stützende Norm ist als implizites Wissen der Bauarbeiter latent immer vorhanden, wird aber bei Gelegenheit der konkreten Aufforderung, Bier zu holen, aus dem Lebensweltzusammenhang „hervorgeholt" und als konsentiertes, aber auch problematisierbares Wissen aktuell mobilisiert.[94]

Zur Lebenswelt gehört dieses Wissen im Grunde allerdings nur, wenn es überhaupt noch nicht selbst in den Fokus der Kommunikation gelangt ist. Solange zwar die Erwartung in der Aufforderung zum Ausdruck kommt, aber noch nicht normativ begründet wird, bleibt der normative Kontext im Bereich lebensweltlicher Selbstverständlichkeiten. Dies ändert sich, wenn das normative Wissen für die Situation relevant wird.[95] Wenn der junge Bauarbeiter, der zum Bierholen aufgefordert worden ist, etwa entgegnet, warum ausgerechnet er gehen solle, wird das normative Wissen für die Situation mobilisiert und tritt aus der lebensweltlichen Selbstverständlichkeit heraus; es wird — wenn keine geeigneten strategischen Mittel wie Macht oder Geld zur Verfügung stehen — in den Zusammenhang diskursiver Rede gestellt. Damit wird die zuvor im Horizont der Beteiligten selbstverständliche Regel kontingent, muß daher mit Gültigkeitsansprüchen versehen werden.

> „Sobald ein solcher *Verweisungszusammenhang* in eine Situation einbezogen, zum Bestandteil einer Situation wird, verliert er seine Trivialität und fraglose Solidität".[96]

Die Diskussion über die Gültigkeit des erhobenen Anspruchs kann dann wiederum allerdings nur in einem lebensweltlichen Kontext mit fraglosen Selbstverständlichkeiten geführt werden. Wohin sich die kommunikative Aufmerksamkeit auch wendet, „die Kommunikationsteilnehmer finden den Zusammenhang zwischen objektiver, sozialer und subjektiver Welt, dem sie jeweils gegenüberstehen, bereits inhaltlich interpretiert vor"[97]. Der Lebenswelt als solcher kann also kein Teilnehmer entfliehen, sie steht nicht zur Disposition, weil jede Kommunikation auf die latenten Verständigungsstrukturen der Lebenswelt angewiesen ist. In

---

91 Vgl. *Habermas*, a.a.O., S. 185 ff.

92 Vgl. oben III.

93 *Habermas*, a.a.O., S. 185.

94 *Habermas*, a.a.O., S. 189.

95 Vgl. *Habermas*, a.a.O.

96 *Habermas*, a.a.O., S. 188.

97 *Habermas*, a.a.O., S. 191.

diesem Sinne ist der Satz zu verstehen, daß die Strukturen der Lebenswelt die Formen der Intersubjektivität möglicher Verständigung festlegen.[98]

Die Reproduktion der Lebenswelt ist nur als gemeinsamer Weltinterpretationsprozeß aller Kommunikationsteilnehmer denkbar. Lebenswelt ist ein Begriff, der individuellen Lebenserfahrungen und interpretativen Bewußtseinsprozessen sich verdankt, also nicht rein sprachlich determiniert ist.[99] Die Lebenswelt ist in ihrer Plastizität von Kommunikationen formbar und von individuellen Einstellungen und Erfahrungen über intersubjektive Verständigung beeinflußbar; Habermas übersetzt sie an einer Stelle als „in kulturelle Lebensformen eingefaßte, in individuelle Lebensgeschichten verzweigte kommunikative Alltagspraxis".[100] Aber die Lebenswelt wird nicht nur durch kommunikatives Handeln berührt, sondern auch durch strategisches. Es sind die Strukturen der zweckrationalen Handlungssysteme, die ihre Autonomie ja einer Ablösung aus lebensweltlich-holistischen Verankerungen verdanken, die — einmal verselbständigt — auf die Lebenswelt zurückwirken. Im Gegensatz zur Lebenswelt sind die systemischen Strukturen mediengesteuerter zweckrationaler Handlungszusammenhänge z. B. in Ökonomie, Politik, Recht oder Wissenschaft dem Zugriff individueller Aktion und kommunikativen Handelns nicht unmittelbar ausgesetzt. Aus der Sicht des lebensweltlich verbundenen Individuums wirkt das nur nach den jeweiligen Generierungscodes (Geld / Macht / Wahrheit) funktionierende zweckrationale Handlungssystem „entfremdet".[101]

b) Gefährdungen der Lebenswelt

Lebenswelt kann aus der Perspektive des Individuums in drei strukturell verschiedene funktionale Bereiche zerlegt werden. Die basale Lebenswelt, die implizites Weltwissen dem Handelnden zur Verfügung stellt und das Grundmuster

---

98 *Habermas*, a. a. O., S. 192. Damit klingt auch einmal mehr bei Habermas die zentrale Stellung der Sprache an, die eine entscheidende gemeinsame Struktur für Individuum und Gesellschaft darstellt. Sprache ist das Medium, das den Aufbau sozialer Systeme ermöglicht und zugleich auf die Lebenswelt einwirkt, die wiederum die Strukturen für Kommunikation bereitstellt und damit Möglichkeiten und Grenzen individueller Handlungsfreiheit markiert. In das Verhältnis von Individuum und Gesellschaft wird Sprache geschoben und ihre Bedeutung für den Aufbau sozialer Systeme ebenso betont wie für die Persönlichkeitsbildung. Habermas steht in der Tradition des von *Mead* und der phänomenologischen Schule entwickelten Gedankens einer vermittelnden Funktion der Sprache. Dazu *Preglau,* ÖZS 1987, 60 (64).

99 Lebenswelt meint nicht nur sprachliche Weltinterpretation, sondern auch jeweils selbstverständliche, intersubjektiv geteilte Lebenseinstellungen, Lebensformen, Kulturen und Weltsichten.

100 *Habermas,* Vorstudien, S. 522.

101 Die marxistisch beeinflußte Entfremdungs- und Verdinglichungsdiskussion firmiert bei Habermas in der Tradition Horkheimers und Adornos als Kritik an einer vereinseitigten *instrumentellen* Vernunft. Dazu: *Habermas,* TkH 1, S. 489 ff.

für die Realitätsinterpretation liefert, ist die *Kultur*. Soweit lebensweltliche Strukturen funktional auf soziale Integration (Koordinierung) ausgerichtet sind, könnte man von *Gesellschaft* im engeren Sinne reden. Soweit über die Strukturen der Lebenswelt die Entwicklung und die Grenzen des Individuums beeinflußt werden, kann von *Sozialisation* gesprochen werden.[102]

Die Reproduktion aller drei Lebensweltbereiche (kulturell, integrativ, sozialisatorisch) ist für Störungen anfällig, die mit der jeweiligen spezifischen Funktion zusammenhängen. In kultureller Hinsicht müssen offene semantische Situationen an tradierte Weltbilder und Deutungsmuster angeschlossen werden. Bei jedem prozessualen Schritt muß Kontinuität gewahrt bleiben. Kontinuität ist wichtig für die *gemeinsame* Orientierung und Verständigung — ein zu rascher Wechsel würde temporäre Diskontinuitäten nach sich ziehen, wobei der eine noch nicht verstünde, woran der andere bereits anschließt. Kontinuität ist aber auch deshalb von Bedeutung, weil kulturelles Wissen der Alltagspraxis entsprechen muß. Gelingt die Anpassung der kulturellen Strukturen der Lebenswelt an die Alltagspraxis und Alltagserfahrung nicht, nicht schnell genug oder nur unvollständig, kommt es zu Legitimations- und Orientierungskrisen (Sinnverlust).[103]

Der zweite von Habermas thematisierte Bereich der sozialen Integration bedarf einer fortlaufenden Anpassung lebensweltlicher Strukturen, die funktional auf die „Stabilisierung von Gruppenidentitäten" ausgerichtet ist. Der Koordinierungseffekt in Gruppen erfolgt als Handlungssteuerung über legitim geregelte interpersonale Beziehungen, die die Identität von Gruppen verstetigt. Wenn aus dem Fundus gemeinsam geteilter Überzeugungen, daß bestimmte Formen der Gruppensolidarität legitim und notwendig sind, keine überzeugenden Definitionen mehr für veränderte Situationen bereitgestellt werden, verknappt sich nach Habermas die „gesellschaftliche Solidarität."[104]

Im Hinblick auf die Sozialisation muß die Lebenswelt im wesentlichen die Abstimmung individueller Lebensinterpretationnen und kollektiver Lebensformen leisten. Ich-Stärke als Ziel gelungener Sozialisation begründet sich auf den Erwerb einer generalisierten Handlungsfähigkeit und der Kreation eines eigenen Lebensstils, der sich in wechselnden Rollen durchhält.[105] Gelingt diese Adaption

---

102 *Habermas*, TkH 2, S. 209. Für den Gesichtspunkt der Integration allein den Begriff der Gesellschaft zu reservieren, halte ich für problematisch. Kultur und Sozialisation geraten dadurch in eine außergesellschaftliche Schieflage. Auch die von Habermas vorgenommene Definition des Begriffs „Persönlichkeit", die nur auf die Fähigkeit zur Teilnahme am Verständigungsprozeß rekurriert, (Habermas, a. a. O.) setzt sich Einwänden aus. Persönlichkeit und individuelles Bewußtsein lassen sich nicht ausreichend über den Verständigungsprozeß beschreiben. Vielmehr entfalten Persönlichkeiten eine Autonomie, die selbstreflexiv und assoziativ prozessiert, ohne durch soziale Systeme oder die Lebenswelt determiniert zu sein.

103 *Habermas*, a.a.O., S. 212 f.

104 *Habermas*, a.a.O., S. 213. Dieser Aspekt schließt an Durkheim an.

105 Zur soziostrukturellen Basis von Lebenstilen als Komplementärfunktion gelungener Sozialisation vgl. *Zapf*, u. a., Individualisierung und Sicherheit, 1987, S. 30 ff.

nicht oder nur unvollkommen, so fehlt es an einer realitätsgerechten Teilnahme an Interaktionen, die Ressource „Ich-Stärke“ verknappt.[106]

Die Lebenswelt als strukturierende Orientierung der Handelnden und damit der interagierenden Individuen ist nun ihrerseits dem Rationalisierungsprozeß unterworfen.[107] Während sich einzelne wichtige Handlungsbereiche von einer sakral abgesicherten holistischen, das soziale Leben insgesamt umfassenden Lebenswelt abkoppeln und statt sprachgesteuert mediengesteuert werden, differenziert sich die Lebenswelt in ihre drei Bereiche und wird mehr und mehr versprachlicht. Sakrale, konsensstiftende gemeinsame Grundüberzeugungen werden zunehmend durch rational motivierte und damit unter Begründungszwang stehende Diskurse ersetzt.

> „Je weiter die strukturellen Komponenten der Lebenswelt und der Prozesse, die zu ihrer Erhaltung beitragen, ausdifferenziert werden, um so mehr treten die Interaktionszusammenhänge unter Bedingungen einer rational motivierten Verständigung, also einer Konsensbildung, die sich *letztlich* auf die Autorität des besseren Arguments stützt.“[108]

Für das Verhältnis von Individuum und Gesellschaft ist an diesem Theorieansatz zweierlei von Bedeutung. Zum einen sieht Habermas in der Entkopplung zweckrationaler Institutionen von individuell getragenen Weltbildern sowohl ein Auseinandertreten von Individuum und Gesellschaft als auch die Schaffung einer neuen Beziehung zwischen beiden Bereichen. Die kulturelle Reproduktion der Lebenswelt *wird immer mehr von der Kritikbereitschaft und Innovationsfähigkeit der Individuen abhängig.*[109] Die Rationalisierung der Gesellschaft bedeutet also nicht nur ein zunehmendes Ausgeliefertsein des Individuums an die Gesellschaft (die von Durkheim als „Abhängigkeit“ apostrophiert wird), sondern auch umgekehrt wird die gesellschaftliche Reproduktion immer mehr von selbstbewußten Individuen abhängig.[110]

Zum anderen birgt aber die Entkopplung von System und Lebenswelt ganz spezifische Risiken, die Habermas als Pathologien moderner Gesellschaften wahr-

---

106 *Habermas,* a.a.O., S. 213.

107 Wobei unklar bleibt, woher er seine Dynamik erfährt. Ist die Ausdifferenzierung zweckrationaler Handlungssphären für die Rationalisierung der Lebenswelt verantwortlich, oder ist sie vielmehr Voraussetzung für die Autonomisierung zweckrationaler Handlungssysteme?

108 *Habermas,* a.a.O., S. 218. Mit diesem theoretischen Verständnis verbindet sich die empirische These, daß gesellschaftliche Konflikte zunehmend nicht mehr durch dumpfe Überzeugungen und gemeinsam geteilte Vorurteile repräsentiert, sondern unter eigenem Namen auftreten und diskursiv überprüft würden. Gesellschaftliche Konflikte würden also immer mehr durch einen kollektiven Diskurs bewältigt. *Habermas,* a.a.O., S. 219. Damit schließt Habermas seinen eigenen werkgeschichtlichen Kreis, der mit seiner Habilitation „Strukturwandel der Öffentlichkeit“, 1961, eröffnet wurde.

109 *Habermas,* TkH 2, S. 219.

110 Hier dürfte ein entscheidender Grund für die strukturelle Überlegenheit einiger hochindustrialisierter und plural verfaßter Gesellschaften liegen, ohne daß dies in diesen Gesellschaft bereits hinreichend erfaßt worden ist.

nimmt.[111] Das Wachstum der autonomisierten zweckrationalen Subsysteme und die hier verankerte *systemische* Integration und Reproduktion der Gesellschaft drohen die *soziale* Integration, die kommunikativ und lebensweltlich verankert ist, zu stören, womöglich sogar zu zerstören. Habermas begreift Gesellschaft als *dual* verfaßt. Sie integriert sich einerseits über explizite Kommunikation, über sprachlich vermittelte Handlungsorientierung, wobei der Diskurs über den Mechanismus der Verständigung die Handlungsorientierung der Beteiligten aufeinander abstimmt (Sozialintegration). Systemische Mechanismen stabilisieren andererseits Handlungszusammenhänge ohne direkten Zugriff auf die Handlungsorientierungen der Beteiligten über eine funktionale Vernetzung der Handlungs*folgen*. Diese Systemintegration bedarf keines Konsenses und keines normativen Einverständnisses.[112] Jene zweite Form der gesellschaftlichen Integration, die Systemintegration, ist in spezifischer Weise vom Wollen und Wünschen der Handelnden abgekoppelt, die zweckrationalen Handlungssysteme verselbständigen sich gegenüber ihren moralisch-praktischen Grundlagen.[113]

Dem Individuum erscheint nach der Ausdifferenzierung mediengesteuerter Subsysteme (zunächst der Staat, dann die Ökonomie) dieser Teil der Gesellschaft mit seinen versachlichten, normfreien Strukturen wie ein Stück zweiter Natur, er fühlt sich ihr ausgeliefert und im Grunde ohnmächtig.[114] Es ist diese Erfahrung, die nach der Bildung staatlicher Verfassungen die spezifische begriffliche Gegenüberstellung von Individuum und Gesellschaft überhaupt erst hervorbringt.

Aber beide Integrationsformen, die Sozial- wie die Systemintegration, stehen in einem Konkurrenzverhältnis. Wo mediengesteuert (mit Geld oder Macht) soziale Ordnung entsteht oder übernommen wird, schrumpft der Raum für kommunikativ verankerte Sozialintegration.[115] Wenn sich die systemisch gesteuerten Handlungsbereiche immer weiter ausdehnen, gelangt die gesellschaftliche Entwicklung an einen Punkt, wo die Reproduktion der Lebenswelt unmöglich ist, weil sie keinen Raum mehr findet.

> „Am Ende verdrängen systemische Mechanismen Formen der sozialen Integration auch in jenen Bereichen, wo die konsensabhängige Handlungskoordinierung nicht substituiert werden kann: also dort, wo die symbolische Reproduktion der Lebenswelt auf dem Spiel steht. Dann nimmt die *Mediatisierung* der Lebenswelt die Gestalt einer *Kolonialisierung* an.“[116]

---

111 Man übertreibt wohl kaum, wenn der ganze Theorieentwurf von Habermas als Unternehmen gekennzeichnet wird, welches die bei Weber angelegten Begrifflichkeiten für die Diagnose sozialer Fehlentwicklungen fortschreibt und entfaltet. Vgl. dazu *Habermas*, a.a.O., S. 221 und S. 422.

112 *Habermas*, a.a.O., S. 226.

113 *Habermas*, a.a.O., S. 230.

114 *Habermas*, a.a.O., S. 231.

115 Wo bestimmte Lebensbereiche monetarisiert oder verrechtlicht wurden, bleibt kaum Raum für die Integrationskraft des besseren Arguments.

116 *Habermas*, a.a.O., S. 293.

Da die drei Bereiche der Lebenswelt auf ihren holistischen Kontext angewiesen sind, führt ihre Differenzierung unter dem evolutionären Druck der Systemintegration zu systemisch induzierter zweckrationaler Verdinglichung und kultureller Verarmung.[117]

In gewisser Weise wird die entsprachlichte, strategische Handlungsform zweckrationaler Einheiten zunehmend und schleichend zum Modell der Alltagspraxis.[118] Menschliche Beziehungen werden organisiert und Sprache vom Diskurs zur unverbindlichen Unterhaltung transformiert. Moderne Gruppenbeziehungen leben mehr von organisatorischen Strukturen (Regelmäßigkeit des Treffens, institutionalisierter Ablauf der Tätigkeit — im Kegelclub wird zuerst gegessen, dann gekegelt) als von kommunikativem Einverständnis. Habermas spricht vom Eindringen der Imperative mediengesteuerter Subsysteme in die Lebenswelt.[119] Die Kolonisierungsthese, die die Gefährdung der Lebenswelt durch das Wachsen systemischer Integration thematisiert, versucht Habermas — ganz ähnlich wie Durkheim seine These von der Umstellung auf organische Solidarität — mit Entwicklungen des Rechtssystems zu belegen. Nach Habermas signalisiert eine voranschreitende Verrechtlichung immer weiterer und größerer gesellschaftlicher Bereiche die erlahmende Integrationskraft traditionaler, alltagsweltlicher Kommunikation.[120]

Mit dem Eindringen systemfunktionaler Imperative in die Reservate der Lebenswelt wird die von Habermas zuvor diagnostizierte Entfaltung des in Sprache angelegten Vernunftpotentials konterkariert. Die Gefahr für das Individuum, die von diesem Prozeß ausgeht, ist für Habermas evident. Am Ende würde der gesamte Vergesellschaftungsmechanismus von sprachlicher Verständigung auf systemische Mechanismen umgepolt und die Gesellschaft — auch die Sozialisa-

---

117 *Habermas*, a.a.O., S. 483.

118 Die Begriffe Lebenswelt und Alltagspraxis werden von Habermas in gewisser Hinsicht synonym gebraucht. Dabei steht der soziologische Begriff des Alltags auch für „gesunden Menschenverstand" und Pragmatismus gegen die den Alltag überschreitenden „wissenschaftlichen" Objektivationen. Vgl. dazu: *Heller*, Das Alltagsleben. Versuch einer Erklärung individueller Reproduktion, 1981, S. 86 ff. Der Protest neuer sozialer Bewegungen kann insofern sowohl als Rebellion der Lebenswelt wie der Alltagspraxis gesehen werden. Allerdings zeichnet sich gerade die Alltagspraxis dadurch aus, daß sie sich auf die Tradition stützt und dabei *ohne* Rekurs auf die Richtigkeit des Handelns auskommt. *Shils*, Tradition, 1981, S. 24.

119 *Habermas*, a.a.O., S. 483. Eine diesbezügliche Furcht ist seit Weber weder neu noch als Attribut „kritischer" Soziologie vereinnahmbar. Auch eher konservative Gesellschaftswissenschaftler sehen eine Bedrohung autonomer Räume durch die Ausbreitung funktioneller Rationalität. Vgl. etwa: *Bedrich Loewenstein*, Plädoyer für die Zivilisation, Hamburg 1973, S. 49 f.

120 *Habermas*, a.a.O., S. 523 ff. Eine solche Erklärung, die namentlich im Familienrecht (Sorgerecht, Scheidungsfolgerecht, Jugendrecht), aber auch im Nachbarschaftrecht nicht ohne Überzeugungskraft ist, stellt auch einen weiteren, interessanten Beitrag zur Diskussion über die „Gesetzesflut" dar. Vgl. zu dieser juristischen Diskussion nur: *Josef Isensee*, Mehr Recht durch weniger Gesetze?, ZRP 1985, S. 139 ff.

tion der Individuen — *dehumanisiert,* „nämlich zu einem System zusammengeschlossen, das sich von der Verankerung in einer kommunikativ strukturierten Lebenswelt losgerissen hat, während diese ihrerseits auf den Status eines Subsystems neben anderen herabgesetzt worden ist“.[121]

Mit diesem von Habermas perhorreszierten Endpunkt wäre nicht nur die Orwellsche Welt perfekt, sondern auch die in der Steigerungsformel Durkheims zum Ausdruck gebrachte typische Interdependenz von Individuum und Gesellschaft zerbrochen. Steigerungen des einen Bereichs ziehen nach dem Zusammenbruch der Lebenswelt keine Steigerungen des anderen Bereichs nach sich. Soziale Systeme gewinnen an Komplexität, Dynamik und Beweglichkeit, während das Individuum geistig und kulturell verarmt.

Adornos Kritik der Massenkultur liefert für diesen Endpunkt bereits die Vorwegnahme.[122] Soziale Beziehungen werden dann unwiderruflich abgetrennt von der Identität der handelnden Aktoren.[123] Individuum und Gesellschaft zerfallen. Dieser Apokalypse hält Habermas eher tröstend denn überzeugend nur noch den Hinweis entgegen, daß systemische Integration auf eine institutionelle Verankerung im Individuum angewiesen sei und diese Institutionalisierung nur über lebensweltliche Strukturen erfolgen könne.[124] Dann würde mit der Kolonisierung der Lebenswelt die triumphierende Systemintegration sich ihrer eigenen Grundlage berauben.

VI. Von Habermas zu Luhmann

Gegenüber konstruktivistischen Theorien, die reale Entwicklungstrends scheinbar überzeugend beschreiben, ist Vorsicht geboten. Es handelt sich um Selbstbeschreibungen. Gesellschaft beschreibt Gesellschaft. Theorien der Gesellschaft sind auf eigentümliche Weise rekursiv. Am Ende kommt das heraus, was vorher hineingegeben wurde.[125] Weil die Wahrnehmung gesellschaftlicher „Fakten“ ebenfalls interpretierende Selbstbeschreibung ist, hilft gegen diese Rekursivität auch kein Verlangen nach empirischer Fundierung. Theorien sind Spielkonzepte eines rationalen Diskurses, die ihre empirische Relevanz aber gerade durch ihre Identität mit dem Gegenstandsbereich erfahren. Jedes theoretische Konzept, das

---

121 *Habermas,* a.a.O., S. 462.

122 Vgl. vor allem: *Adorno,* Negative Dialektik, in: Gesammelte Schriften, Bd. 6, 1973.

123 *Habermas,* a.a.O., S. 461.

124 *Habermas,* a.a.O., S. 461 f.

125 Rationalität können allgemeine Theorien heute im Grunde nur dann beanspruchen, wenn sie ihre spezifische Form des Auflösens tradierter Sichtweisen und ihre Rekombinationsvorschläge möglichst umfassend reflexiv kontrollieren und zur intersubjektiven Kontrolle kenntlich machen. Dies tut Luhmann in vorbildlicher Weise, und er begründet dies auch wissenschaftstheoretisch konsistent. Dazu: *Luhmann,* Soziale Systeme, S. 162 ff.

Gesellschaft sinnhaft erklärt, kann auch zu einer kulturellen Handlungsorientierung des Individuums werden. Insoweit kann man den Theorieentwurf von Habermas auch als einen Beitrag zur „Transparentmachung" einer evolutionären Gefährdung und damit auch als einen Beitrag zur Verhinderung dieser Gefahr ansehen. Vorsicht ist auch deshalb angebracht, weil der Konsument soziologischer Theorien wegen der Selbstbezüglichkeit des Unternehmens „Selbstbeschreibung" nie genau auseinanderhalten kann, was durch die Interpretationsvorgabe des Theoriedesigns überzeugend, weil logisch und harmonisch wirkt und was den eigenen Erfahrungen oder empirischen Befunden entspricht. Läßt man sich auf die Theoriekonstruktion von Habermas ein, so kann man fast nicht anders, als seinem Befund der Kolonisierung der Lebenswelt zuzustimmen und allerorten die letzten Abwehrgefechte lebensweltlicher Strukturen gegen die Springflut der Systemimperative zu sehen[126].

Aber vielleicht handelt es sich ja nicht um den Niedergang der Gesellschaft, die Habermas ja mehr als einmal mit der Lebenswelt geradezu identifiziert,[127] sondern um das Ende eines Paradigmas. Vielleicht ist nur die aus dem Altertum stammende einheitsstiftende Relationierung von Individuum und Gesellschaft als Kardinalbegriffspaar der Gesellschaftswissenschaft in die Jahre gekommen und nicht die Gesellschaft selbst. In diesem Zusammenhang ist von großem Interesse, mit welcher Vehemenz sich Habermas gegen die Systemtheorie stemmt. Dabei ist nicht Parsons der eigentliche Gegner. Parsons hält an der Einheit von Individuum und Gesellschaft nämlich genauso fest wie Habermas selbst. Ihm wirft Habermas nur vor, die in Spannung stehende Einheit von Individuum und Gesellschaft, die ja traditionell antipodisch gedacht wird, zugunsten der Systemrationalität (letztlich also der Gesellschaft) verschmolzen zu haben.[128]

---

126 Dies gilt zumindest dann, wenn das Lebensweltkonzept als monistisches akzeptiert wird. Nicht nur im öffentlich-politischen praktischen Diskurs, sondern auch im wissenschaftlichen theoretischen Diskurs scheinen aber mehrere verfestigte Lebenswelten die Steuerung der Evidenzerfahrung, wann etwas als wahr oder richtig akzeptiert wird, zu übernehmen. Im politischen Diskurs wird der unhinterfragte Horizont gemeinsam geteilter Auffassungen und Überzeugungen maßgeblich durch den jeweiligen Zeitgeist bestimmt, der regelmäßig eine konservative und linke Variante aufweist. Themen, die der Zeitgeist für wichtig erklärt, also als Selektion anbietet, werden dann zu Aussagen formuliert, die in der rechten oder linken Lebensweltausprägung als richtig oder falsch (unterschiedlich) beurteilt werden können. Die Frage ist, ob der politische Diskurs dann überhaupt die Chance hat, durch Intensivierung zu einer einheitlichen Akzeptanz zu gelangen. Zur Funktion des Zeitgeistes in normativen Diskursen: *Thomas Würtenberger,* Zeitgeist und Recht, 1987.

127 Gesellschaft beschreibt er als System, „das Erhaltungsbedingungen soziokultureller Lebenswelten erfüllen muß". *Habermas,* a.a.O., S. 228.

128 *Habermas,* a.a.O., S. 422 ff. Parsons wählte in der Tat das integrative Subsystem zum Bezugspunkt seiner Theorie. Auch Parsons „löst" damit das Problem sozialer Ordnung, indem er sie voraussetzt und ihr Bestandserhaltungsinteresse zum funktionalen Bezugspunkt wählt. Vgl. dazu *Luhmann,* Soziologische Aufklärung 3, S. 15.

Luhmann dagegen wird von Habermas als derjenige identifiziert, der den Schrecken einer eindimensional systemisch integrierten Welt, in der die Lebenswelt ihr Dasein in Nischen fristet, begrüßt und zur „trivialen Voraussetzung" seiner Gesellschaftstheorie macht.[129] In Luhmanns Theorie werde eine Trennung von Individuum und Gesellschaft diagnostiziert. Begriffe wie Dehumanisierung und Depersonalisierung von organisierten Handlungssystemen signalisieren für Habermas das Auseinandertreten von Individuum und sozialen Systemen. Die autonomen zweckrationalen Organisationen seien auf normativ eingeschworene Individuen nicht mehr angewiesen.

> „Autonomie gewinnen Organisationen durch eine *neutralisierende Abgrenzung gegen die symbolischen Strukturen der Lebenswelt;* damit werden sie gegen Kultur, Gesellschaft und Persönlichkeit eigentümlich *indifferent.*[130]

Damit wäre nicht nur scheinbar die antipodische und von dem Schema vom Ganzen und seinen Teilen inspirierte Relation von Individuum und Gesellschaft zerschlagen, sondern es wäre auch die rein individuelle Perspektive der Handlungstheorie unmöglich gemacht. An Stelle der intuitiven oder phänomenologischen oder sprachtheoretischen Analyse individueller Handlungen träte die Beschreibung, wie soziale Systeme funktionieren, prozessieren und miteinander in Verbindung treten. Prima facie hätte die individuelle Kreativität, die Habermas ausdrücklich im kommunikativen Handeln (das aber auf die störungsfrei funktionierende Lebenswelt angewiesen ist) garantiert sah,[131] sich mit dem Auseinandertreten von Individuum und Gesellschaft aus der Soziologie verabschiedet.[132]

Luhmann wird denn auch von Habermas mit dem schwergewichtigen Verdikt des methodischen Antihumanismus belegt.[133] Ob dieses Verständnis Luhmanns als eines affirmativ eingestellten „Systemtechnokraten" richtig und ob die eigene Diagnose von Habermas wirklich zwingend ist, kann sich indes nur erweisen, wenn die Strukturen der Luhmannschen Systemtheorie auf die Frage hin offengelegt werden, wie das Verhältnis von Individuum und Gesellschaft nach dem Ende der paradigmatischen Einheit von Individuum und Gesellschaft aussieht.

---

129 *Habermas,* a.a.O., S. 462.

130 *Habermas,* a.a.O., S. 455.

131 *Habermas,* a.a.O., S. 94.

132 Damit entfiele auch ganz zwanglos das Problem sozialer Ordnung, weil soziale Systeme weitgehend gegen individuelle bestandsgefährdende Absichten indifferent wären und kein Anlaß bestünde, den „Grund sozialer Ordnung in die Bereitschaft von Individuen zu verlegen". *Luhmann,* Soziologische Aufklärung 3, S. 15.

133 *Habermas,* Der philosophische Diskurs der Moderne, a.a.O., S. 436, ferner S. 443.

D. Freiheit durch Indifferenz — Die Entkopplung von Individuum und sozialer Ordnung in der Systemtheorie Luhmanns

I. Der Denkansatz der Systemtheorie

1. Soziale Ordnung als System

Es fällt nicht schwer zu verstehen, warum immer wieder versucht wurde, soziale Ordnungsstrukturen als System zu beschreiben. Das Wort „System" weckt Assoziationen von eigenexistentieller Geschlossenheit und sinnhaftem, aufeinanderbezogenen Zusammenhang. Die Sozialordnung wird in der klassischen Soziologie, unabhängig von der methodischen Perspektive, als ein Zusammenhang sinnhaft aufeinander bezogener Handlungen aufgefaßt.[1]

Will man die Strukturen, die einem sozialen Zusammenhang seine Form geben, näher untersuchen, liegt es nahe, sie von den arbiträren, wechselnden, die Situation in hohem Maße bestimmenden individuellen Absichten, Zielen und Wünschen der Individuen zu entblößen und gesondert, abstrahiert vom konkreten Situationskontext, zu untersuchen. Nur dadurch kann Klarheit darüber erreicht werden, welchen Anteil soziale Strukturen am gesellschaftlichen Handeln haben und welchen Regeln, welcher Logik ihr Aufbau, ihre Veränderung und ihre Wirkungsweise unterliegen. Die begriffliche Unterscheidung von individueller Handlung einschließlich ihres körperlichen Trägers — des Individuums — und verfestigten sozialen Handlungs*strukturen* trennt etwas, das empirisch in dieser Form nie trennbar ist, aber sich dennoch in seiner Dynamik nur als Getrenntes verstehen läßt.[2] Es ist diese theoretische Trennung einer objektivierten sozialen

---

1 Ein „systemischer" Zusammenhang wird gerade durch die Handlungstheorie denn auch nicht geleugnet. *Weber* spricht von einer sozialen Beziehung im Sinne eines Sichverhaltens mehrerer, das von seinem Sinngehalt aufeinander eingestellt wird und orientierend wirkt. *Weber,* Wirtschaft und Gesellschaft, a.a.O., S. 13; bei *Schütz* wird daraus ein „gleichartiges soziales Handeln" durch Orientierung an einem gemeinsamen Deutungsschema. *Schütz,* Der sinnhafte Aufbau der sozialen Welt, 1981, S. 217. Der Ahnherr soziologischer Systemtheorie, Durkheim, bezeichnet im Zusammenhang mit handlungsorientierender Moral diese bereits als „System von Handlungsregeln", die das Verhalten bestimmen. *Durkheim,* Erziehung, Moral und Gesellschaft, 1984, S. 78; vgl. auch *Scholz,* Freiheit durch Indifferenz, 1982, S. 19.

2 Diese analytische Trennung ist weder ungewöhnlich noch unredlich. Derartige Differenzierungen stellen vielmehr die unverzichtbare Grundoperation menschlichen Denkens dar, nämlich zu trennen, obwohl man um die Einheit der Welt weiß. „Am Anfang steht

Ordnung vom Handelnden mit seinen subjektiven Wünschen und Absichten, die Soziologie als selbständige Wissenschaft überhaupt möglich macht. Insofern ist der Gedanke, soziale Ordnungsstrukturen als (relativ) autonome Einheiten mit eigenen Bestandsvoraussetzungen und eigener Entwicklungslogik zu betrachten, alles andere als neu oder ungewöhnlich, er liegt vielmehr der Soziologie von vornherein seit Durkheim und Weber, aber auch der Präsoziologie seit Comte, Spencer und Marx zugrunde. Neu dagegen ist die Thematisierung von Sozialstrukturen in der Begrifflichkeit spezifischer, anderen Wissenschaftsgebieten entlehnter *Systemtheorien.*[3]

Ganz allgemein bedeutet Systemdenken, daß Einheiten insofern als Ganzheiten betrachtet werden, als sie mehr sind als die Summe ihrer Teile und sich demgemäß auch nicht auf ihre Teile reduzieren lassen.[4]

Der damit angesprochene *Emergenz*effekt kommt in klassischen Systemdefinitionen wie etwa von *Hall / Fagen* noch nicht deutlich zum Ausdruck, ist aber auch hier schon angelegt.

> „A system is a set of objekts together with relationships between the objekts and between their attributes."[5]

Hinter der prägenden Kraft der „relationships" verbirgt sich jenes emergente „Mehr" des Ganzen, das nicht unter Rückgriff auf die Teile erklärt werden kann und insoweit auch kausalem, Ebenen übergreifendem Denken eine Schranke setzt. Wissenschaftliches Denken kann bei allem Erfolg kausalen Denkens sich deshalb, je komplexer die Gegenstandsbereiche werden, umso weniger mit der Einzelanalyse der Elemente eines sozialen Zusammenhangs begnügen.

Die Biologie, die es mit komplexen, experimentell nicht ohne weiteres zerlegbaren Einheiten zu tun hat, die trotz aller Außenkontakte strukturell ihre Identität bewahren, hat deshalb wohl nicht zufällig systemtheoretisches Denken gepflegt und die Sozialwissenschaften zu Adaptionen angeregt.[6]

---

nicht Identität, sondern Differenz. Nur das macht es möglich, Zufällen Informationswert zu geben und damit Ordnung aufzubauen . . .", *Luhmann,* Soziale Systeme, 1984, S. 112.

3 Zur Genese des Systemdenkens in der *Philosophie vgl. Krawietz,* Recht als Regelsystem, 1984, S. 65 ff., Luhmann siedelt den Beginn der Terminologiegeschichte des Begriffs „System" etwa um 1600 an. Vgl. dazu mit Nachweisen: *Luhmann,* Soziale Systeme, S. 20.

4 *Luhmann,* Zweckbegriff und Systemrationalität, 1968, S. 171; *ders.,* Soziale Systeme, S. 20 f. Eine Systemtheorie, die von emergenten Eigenschaften des Systems ausgeht, unterscheidet sich von einem Systemdenken, das sich nur als Ordnungsraster begreift. Vgl. *Krawietz,* Recht als Regelsystem, a.a.O., S. 66.

5 *Hall / Fagen,* Definition of System, General System 1, 1956, S. 18.

6 Zur Generalisierbarkeit biologischer Systemkonzepte, also auch der Übernahme in die Sozialwissenschaften: *von Bertalanffy,* Zu einer allgemeinen Systemlehre, in: Biologia Generalis 19 (1949), S. 114 ff. Aus der neueren biologischen Theorieentwicklung hat *Luhmann* vor allem das Autopoiesis-Konzept *Maturanas* übernommen. Vgl. dazu: *Maturana,* Erkennen: Die Organisation und Verkörperung von Wirklichkeit, in: *ders.,*

In der Soziologie hat *Talcott Parsons* den Systemgedanken zu einer umfassenden und einheitlichen Theorie des sozialen Handelns aufgebaut.[7]

Unter den in die Sozialwissenschaften übernommenen oder zum Teil selbständig entwickelten Konzepten der Systemtheorie[8] ragt Luhmanns Systembegriff durch seine Rigidität und Einfachheit heraus. Luhmann verspricht mit seiner Art des Systemdenkens — und dies ist für das Thema dieser Arbeit von besonderer Bedeutung — auch eine Überschreitung des alteuropäischen Ganzes-Teile-Schemas[9]. Da Individuen traditionell als Elemente eines sozialen Ganzen gedacht wurden und dann nur noch verschiedene — meist antinomische — Relationierungsarrangements möglich waren, ist es von besonderem Interesse nachzuvollziehen, wie das Verhältnis von Individuum und Gesellschaft außerhalb des Ganzes-Teile-Schemas systemtheoretisch formuliert werden kann. Eine solche Theorie beansprucht dabei unter anderem, in die Zone jenes „Mehr" einzudringen, das das Ganze vor den Teilen auszeichnet, und von dort her dieses Paradigma aufzulösen.

> „Die Systemtheorie hatte ihre Karriere damit begonnen, Systeme anhand der dominierenden Leitdifferenz von „Teilen" und „Ganzem" auszuzeichnen; Systeme galten ihr als Ganzheiten, die sich in angebbarer Weise aus Teilen „zusammensetzten". Damit war zwar eine genauere Vorstellung davon gewonnen, daß Systeme als strukturierte und holistische Einheiten zu betrachten seien, gleichzeitig aber schlossen sich endlose Kontroversen darüber an, inwiefern das systemische Ganze mehr als die Summe seiner Teile sei, inwieweit derart komplizierte Systeme eine Identität ausbilden könnten und wie es ihnen gelingen mochte, sich von ihrer Umwelt abzugrenzen;. . ."[10]

Ausgewählte Arbeiten zur biologischen Epistemologie, 1982, sowie *Krüll / Luhmann / Maturana*, Grundkonzepte der Theorie autopoietischer Systeme, Z. Syst. Ther. Nr. 5 1987, S. 4 ff. Hier werden vor allem die Vorbehalte Maturanas gegen eine Generalisierung biologischer Konzepte bis in die Soziologie hinein sichtbar. Vgl. nur a. a. O., S. 12. *Luhmann*, Soziale Systeme, S. 27, rechnet zu den die Systemtheorie anstoßenden Wissenschaftsdisziplinen neben der Biologie auch die Thermodynamik, Computertheorie und die Kybernetik.

7 Vgl. nur: *Parsons*, The Social System, 1959, *Parsons / Shils*, Toward a General Theory of Action, Erstausgabe 1951; einführend: *Parsons*, Zur Theorie sozialer Systeme, hrsg. und eingeleitet von *Stefan Jensen*, 1976; ferner *Luhmann*, Grundrechte als Institution, 1965, S. 189 f. Zur Verwendung systemtheoretischer Denkelemente bereits bei *Herbert Spencer: Kunczik*, Elemente der modernen Systemtheorie im soziologischen Werk von Herbert Spencer, in: KZfSS 1983, S. 438 ff.

8 In der Tradition Parsons ist im deutschsprachigen Raum hier noch vor allem *Münch* zu nennen. Vgl. *Münch*, Theorie des Handelns, 1982, *ders.*, Die Struktur der Moderne, 1984.

9 *Luhmann*, Soziale Systeme, S. 20 f.

10 *Schmid / Haferkamp*, Einleitung zu: *dies.* (Hrsg.), Sinn, Kommunikation und soziale Differenzierung, 1987, S. 8.

2. *Luhmanns Systembegriff*

Die Ablösung des seit Aristoteles basalen gesellschaftstheoretischen Paradigmas muß tief ansetzen. Nur scheinbar auf dem Fundament einer ganz und gar nicht homogenen Systemtheorie geht Luhmann daran, den Systembegriff so anzulegen, daß er weder an mechanische Vorstellungen des Ganzes-Teile-Schemas anschließt noch nach der Vorgabe kybernetischer Systemeinsichten auf bloße Bestandserhaltung fixiert ist. Der traditionelle Systembegriff ist für Luhmann deshalb unzureichend, weil er dem Schema vom Ganzen und seinen Teilen verhaftet bleibt und nicht die Relation von System und Welt — die ja unauflösbar ist — in die eigene Grundbegrifflichkeit hineinnimmt.[11]

Es geht darum, daß trotz der durch das differenzierende Denken notwendigen Abspaltung eines Gegenstandsbereichs aus der Welt der Totalität diese Welt dennoch im differenzierenden Begriff wie ein konstitutiver Merkposten mitthematisiert wird.

> „Die Betrachtung eines Innen hat nur Sinn, wenn es ein Außen gibt. Dieses Außen muß im Systembegriff mitthematisiert werden, weil anders das Innen nicht verständlich gemacht werden kann."[12]

Ein System ist nur dann ein System, wenn es eine unterscheidbare Innen / Außen-Grenze gibt. Auf Grundlage dieser logischen Voraussetzung gewinnt Luhmann ein formales Definitionskriterium. Von einem System kann nur dann gesprochen werden, wenn es sich als ein Zustand höherer, besonderer, identifizierbarer Ordnung gegenüber einer andersartigen, dieser Ordnung nicht unterworfenen, komplexeren Umwelt abgrenzen und diese Unterscheidung sich dauerhaft als Kriterium aufrechterhalten läßt.

> „Systeme müssen daher zunächst äußerst formal als Identitäten begriffen werden, die sich in einer komplexen und veränderlichen Umwelt durch Stabilisierung einer Innen / Außen-Differenz erhalten."[13]

Der den Systembegriff tragende zentrale Gesichtspunkt, der in bewußter Abstraktion von allen gegenständlichen und alltagsweltlichen Konnotationen gewählt wird, liegt in der Grundfunktion eines Systems. Die Grundfunktion und damit der funktionale Bezugsgesichtspunkt des Beobachters liegt nicht unmittelbar und letztlich im Problem der Bestandserhaltung von charakteristischen Systemstrukturen, sondern — noch grundsätzlicher — in der Leistung des Systems, überhaupt eine Grenze zwischen Innen und Außen aufzubauen, gleichgültig mit welcher Struktur. Diese Grenze kann im abstraktesten Sinne nur ein Komplexitäts-

---

[11] So bereits in: *Luhmann,* Zweckbegriff und Systemrationalität, 1977 (1968), S. 174; aus neuerer Zeit: *Luhmann,* Soziale Systeme, S. 22.

[12] *Luhmann,* Zweckbegriff, a.a.O., S. 175. Diese Synthese von Differenz und Einheit durch Differenz erinnert an Hegel und hat Luhmann deshalb wohl zu Recht den Hegel-Preis der Stadt Stuttgart eingebracht.

[13] *Luhmann,* Zweckbegriff, a.a.O., S. 175 (Kursivsetzungen gelöscht).

gefälle zwischen der höheren Ordnung des Systems — d.h. dem Weniger an Möglichkeiten — und der niedrigeren Ordnung der Umwelt — d.h. dem Mehr an Möglichkeiten — sein.[14]

Die „Welt" als Totalitätskategorie kann, wenn man die Innen / Außen-Unterscheidung als Komplexitätsgefälle ernstnimmt, kein System sein, weil sie sich nicht gegenüber einer — noch komplexeren — Umwelt abgrenzen läßt.[15] Die Welt gibt in ihrer unendlichen Komplexität den sich in ihr generierenden Systemen eine unendliche Abgrenzungsmöglichkeit, damit aber auch das ständige Problem der Komplexitätsbewältigung vor.[16]

Dieser prima vista einfach scheinende Ansatzpunkt, der nur durch den Versuch einer Aufhellung des Komplexitätsbegriffs Schwierigkeiten erzeugen könnte,[17] wird ungleich voraussetzungsreicher, wenn man ihn auf das Problem sozialer Ordnung hin anwendet. Systeme allgemein haben es insofern mit Bestandserhaltung zu tun, als sie über Mechanismen verfügen müssen, die Komplexität reduzieren und durch das System verarbeitbar machen.[18]

Der abstrakteste Mechanismus, mit dem soziale Systeme Komplexität reduzieren, ist *Sinn.*[19] Die Verwendung von Sinn zur Steuerung und Reduzierung von

---

[14] *Luhmann,* Interpenetration — Zum Verhältnis personaler und sozialer Systeme, ZfS 6 (1977), S. 62 (68). Die mit diesem Ansatz verbundene Vorstellung, daß Systeme nur in Bezug auf ihre Umwelt sich konstituieren und sich deshalb überhaupt in der System / Umwelt-Relation denken lassen, stammt von *von Bertalanffy.* Vgl. *Ludwig von Bertalanffy,* General System Theory. Foundation Development Application, 1968.

[15] *Luhmann,* Soziologie als Theorie sozialer Systeme, in: Soziologische Aufklärung, Bd. 1, 1970, S. 114 (115). Zum Begriff der Welt, den Luhmann bei Husserl entlehnt, vgl. *Luhmann,* Soziale Systeme, S. 105.

[16] *Luhmann,* Soziologie als Theorie sozialer Systeme, a.a.O., S. 114 ff.; *Scholz,* Freiheit als Indifferenz, a.a.O., S. 46. Zugleich erhält aber auch der Begriff der Welt nur Sinn und Kontur vor dem Hintergrund der Systembildung. In einem gewissen Sinn existiert die Welt nur dann, wenn sich Systeme in ihr bilden. Die Ausdifferenzierung von Systemen *konstituiert* die Welt. *Luhmann,* Soziale Systeme, S. 284.

[17] *Luhmann* spricht in Bezug auf Komplexität von einem „schwierigen Begriff". Soziologie als Theorie sozialer Systeme, a.a.O., S. 115.

[18] Dieser Begriff von Bestandserhaltung unterscheidet sich von einem Verständnis, das unter Bestandserhaltung die Erhaltung bestimmter Systemstrukturen versteht. In älteren Arbeiten brachte Luhmann an diesem Punkt seine Abgrenzung zu Parsons plakativ auf den Punkt. Der systemtheoretische Ansatz bei Parsons sei zugeschnitten auf das Problem der Erhaltung bestimmter Systemstrukturen, deshalb sei dieses Systemverständnis *strukturell-funktional.* Sein eigener Standpunkt dagegen sähe die Struktur des Systems nur in der dienenden Funktion, Komplexität dauerhaft zu reduzieren. Diese Perspektive bezeichnet Luhmann als funktional-strukturell (nach der Funktion der Strukturen fragend). Mit dem Ende spezifischer Strukturen ist bei Luhmann daher noch nicht das Ende eines Systems eingeläutet, weil es, bezogen auf das Grundproblem der Komplexitätsreduktion, noch funktional alternative Strukturen geben kann. *Luhmann,* a.a.O., S. 114; vgl. auch die noch etwas unfertig wirkenden Ausführungen in: Grundrechte als Institution, a.a.O., S. 195 - 197. Das Verhältnis Luhmanns zu Parsons wird in neuester Zeit erhellt durch: *Luhmann,* Warum AGIL? KZfSS 40 (1988), S. 127 ff.

[19] Vgl. dazu unten 2.

Komplexität ist auf menschliche Systembildungen beschränkt.[20] Andere adaptive Systeme können deshalb mit menschlichen Systemen nicht gleichgesetzt werden, wohl aber funktional oder strukturell vergleichbar sein.[21]

Sinn als Steuerungsmechanismus findet seine Pointe darin, daß durch Sinnverwendung einerseits Komplexität reduziert wird und damit notwendigerweise die anderen Möglichkeiten aus dem Erlebenshorizont ausgeschieden werden, diese „Alternativen" aber nicht untergehen, sondern jederzeit aktualisiert werden können. Denn Sinn ist einerseits wie jeder Mechanismus der Komplexitätsreduzierung Selektion, aber Sinn repräsentiert auch zugleich die Selektion als Auswahl zwischen mehreren Möglichkeiten.

> „Trotz Selektion bleibt die reduzierte Komplexität erhalten und nur der Zeitablauf schließt gewisse Möglichkeiten definitiv aus. Trotz laufender Sinnverdichtung und Entscheidung bleibt die Welt als Welt mit anderen Möglichkeiten bestehen und von jedem Sinnmoment aus im ganzen zugänglich."[22]

Die systemtheoretische Beschreibung der Funktion von Sinn deckt sich in erstaunlicher Weise mit dem Verhältnis von Sprache und Lebenswelt bei Habermas.[23] In jeder kommunikativen Thematisierung durch ein soziales System — einen Gerichtsprozeß, eine Liebesaffäre oder eine dienstliche Anweisung des Vorgesetzten — liegt eine radikale Verkürzung der Möglichkeiten, die die Kommunikation zwischen alter und ego vor dem Horizont der unendlichen Welt vorfindet.[24] Aber die thematische und sinngesteuerte Festlegung ist nicht irreversibel. Zwar ist es nicht „sinnvoll", in einem wissenschaftlichen Seminar auf die psychischen Probleme eines Teilnehmers einzugehen, aber es ist möglich, daß dies im Einzelfall doch geschieht und damit eine durch die Sinnverwendung „Seminarveranstaltung" nicht mehr gedeckte, aber gleichwohl als andere Kommunikationsform mögliche Veranstaltung weiterläuft. Themen lassen sich verändern, eben weil jeder um die Kontingenz einer Themenfestlegung weiß. Es kann über die Themenwahl, über die Notwendigkeit einer thematischen Festlegung überhaupt oder über den Sinn von Kommunikation kommuniziert werden. Der jeweilige systemsteuernde (d. h. die Selektionen vorgebende) Sinnhorizont kann in ganz verschiedene Richtungen verlagert werden. Er kann nur nicht simultan

---

20 Man denke hier nur an die Beurteilung sehr voraussetzungsreicher und hochinterdependenter Situationen. Erweisen sich ökologische, politische oder ökonomische Probleme als zu kompliziert, werden sie vom Individuum je nach eigener Präferenz sinnhaft uminterpretiert. Im Fall von Krisen oder Katastrophen werden dann Schuldige gesucht und ihre Bestrafung gefordert, weil individuelle Verantwortungszurechnung individuell sinnhaft vermittelbar ist, die Komplexität der Situation brauchbar reduziert und die Erlebnisverarbeitung in institutionalisierte Verfahren (Strafprozeß, parlamentarische Untersuchungsausschüsse, Schadensersatzforderungen) kanalisiert werden können.

21 *Luhmann*, Zweckbegriff, a.a.O., S. 176.

22 *Luhmann*, Zweckbegriff, a.a.O., S. 176.

23 Dazu oben Kapitel C.

24 Vgl. dazu *Luhmann*, Soziale Systeme, S. 106.

allumfassend sein, weil dadurch die anthropologisch vorgegebene Begrenztheit menschlicher Erlebnisverarbeitung überschritten würde.[25]

Innerhalb eines sozialen Systems werden Umweltereignisse, aber auch selbstproduzierte Ereignisse nach systeminternen Verarbeitungsregeln — die häufig als binäre Codes angelegt sind — wahrgenommen, interpretiert und verarbeitet. Denkt man beispielsweise an das ökonomische System, so ist deutlich erkennbar und wird durch kein Klagen aus der Welt geschafft, daß dieses System alles, was in seiner Umwelt geschieht, nach seiner zentralen Leitdifferenz bearbeitet, die im Geldcode liegt.[26] Ist ein ökonomisches Handlungssystem einmal ausdifferenziert, also von direkten Zugriffen aus Religion, Politik oder Ethik befreit, kann es auf der Grundlage seines Reproduktionscodes eine ungeheure Eigenkomplexität aufbauen. Die sinnhafte Steuerung dieses Systems bleibt dabei immer gleich, begreift sich selbst und die Welt als Rentabilitätskalkül.[27]

Wenn im Zusammenhang mit Sinnsteuerung unter dem Bezugsgesichtspunkt der Komplexitätsreduktion von „menschlichen" Systemen die Rede ist,[28] zielt dies auf psychische und soziale Systeme. Soziale Systeme dürfen als Gegenstandsbereich der Soziologie nicht gegenständlich begriffen werden. Luhmann handelt von keinen schaubaren, anfaßbaren oder instrumentell zerlegbaren Seinsweisen,[29] sondern von Sinnzusammenhängen.

> „Unter sozialem System soll hier ein Sinnzusammenhang von sozialen Handlungen verstanden werden, die aufeinander verweisen und sich von einer Umwelt nicht dazugehöriger Handlungen abgrenzen lassen."[30]

---

25 *Scholz,* Freiheit als Indifferenz, a.a.O., S. 47; sowie unten 2.

26 Der Basiscode der Wirtschaft findet sich ursprünglich im Eigentum (haben / nicht haben), Geld ist insofern nur eine darauf fußende Zweitcodierung, die aber wesentlich flexibler ist als die promonetäre Eigentumsform. *Luhmann,* Ökologische Kommunikation, 1986, S. 102 f.

27 Zur näheren Systembeschreibung der Wirtschaft unter Rentabilitäts- und Knappheitsgesichtspunkten im Zusammenhang mit Geldverwendung: *Luhmann,* Organisation im Wirtschaftssystem, in: Soziologische Aufklärung 3, S. 390 ff.

28 *Luhmann,* Zweckbegriff, a.a.O., S. 176; *ders.*, Soziale Systeme, S. 286.

29 Die Systemtheorie beschäftigt sich prinzipiell nicht mit dem System als Gegenstand, sondern *als* Differenz von System und Umwelt. *Luhmann,* Soziale Systeme, S. 115 f.

30 So *Luhmann* in einer älteren Definition. Soziologie als Theorie sozialer Systeme, a.a.O., S. 115; vgl. auch *Scholz,* a.a.O., S. 19. Heute hat Luhmann den in obiger Definition doppelt vorkommenden Handlungsbezug relativiert und auf Kommunikation umgestellt, um der Vorstellung zu begegnen, daß es bei sozialen Systemen um gegenständliche Handlungen gehe oder Personen dadurch mit umfaßt würden. Für Luhmann ist Handlung heute nur noch ein Zurechnungsmodus in laufenden Kommunikationsprozessen. „Soziale Systeme werden demnach nicht aus Handlungen aufgebaut, so als ob diese Handlungen auf Grund der organischpsychischen Konstitution des Menschen produziert werden und für sich bestehen könnten; sie werden in Handlungen zerlegt und gewinnen durch diese Reduktion Anschlußgrundlagen für weitere Kommunikationsverläufe." *Luhmann,* Soziale Systeme, S. 193.

In einem sinngesteuerten Kommunikationsprozeß zwischen zwei Teilnehmern — der immer auch unter dem Handlungsaspekt gesehen werden muß, weil Kommunikation nur in Handlungszusammenhängen gegenständlich werden kann[31] — spielen zwar die beteiligten Individuen eine insofern unverzichtbare Rolle, als sie conditio sine qua non jeder Kommunikation unter Anwesenden sind, aber von ihnen als Persönlichkeiten mit ihren Vorstellungen, Motiven, Assoziationen und Absichten sieht die Systemtheorie *zunächst* völlig ab. Obwohl der Sinngebrauch sozialer Systeme ohne das ebenfalls sinngebrauchende und sinnverstehende Pendant des individuellen Bewußtseins gar nicht möglich wäre, behandelt die Systemtheorie Luhmanns soziale Systeme als geschlossene, also auch von den Handelnden abgeschlossene Einheiten.[32]

Die entscheidende Innovation Luhmanns — auch gegenüber Parsons — liegt in der Betrachtung sozialer Systeme als geschlossene und selbstbezügliche (selbstreferentielle) Systeme.[33]

Gesellschaftstheorie kann unter der Prämisse der Selbstreferentialität nicht länger mehr in deduktiven und induktiven Hierarchien mit kausalen Verbindungslinien betrieben werden, sondern ist zunächst gehalten, die selbstreferentielle Organisation sozialer Systeme ernstzunehmen und erst dann nach dem Verhältnis unterschiedlicher sozialer Systeme zueinander zu fragen. Aber die Selbstreferentialität der Systemoperationen grenzt nicht nur ein soziales System gegen ein anderes dergestalt ab, daß Ereignisse des einen Systems nicht in unmittelbarer Kausalwirkung ein anderes erreichen können, sie grenzt eben auch soziale Systeme insgesamt gegen die Individuen ab. Zwischen individuellem Persönlichkeitssystem und sozialem System zieht die Systemtheorie Luhmanns eine Grenze, die auf den ersten Blick die Soziologie von der Psychologie trennt. Es geht deshalb, provokant formuliert, um nicht weniger, als Soziologie im engeren Sinne ohne Menschen als begrifflichen und perspektivischen Bezugspunkt zu betreiben.[34] Es liegt auf der Hand, daß das Projekt, Soziologie als Theorie selbstreferen-

---

31 *Luhmann,* Soziale Systeme, S. 226.

32 Man kann sich diese Annahme zunächst zur besseren Plausibilisierung als analytische Trennung einer kompakten sozialen Situation vorstellen, in die die beteiligten Individuen in Wirklichkeit integriert sind. Aber Luhmann legt Wert auf die Feststellung, daß diese Geschlossenheit sozialer Systeme auch als *empirisches* Phänomen existiert. *Luhmann,* Soziale Systeme, S. 30. Hier kann alteuropäisch eingewöhntes Denken nicht immer folgen und beharrt darauf, daß Luhmanns Systemtheorie nur eine kunstvolle heuristische Erkenntnismethode sei, während die Wirklichkeit — gottlob — anders aussähe. Vgl. etwa *Rapp,* FAZ v. 15.9.1987, Nr. 213, S. 13.

33 Systemtheorie treibt Luhmann *als* Theorie selbstreferentieller Systeme. *Luhmann,* Soziale Systeme, S. 31.

34 Vgl. zur plakativen Ausformulierung dieses Gedankens: *James S. Coleman,* The Asymmetric Society, 1982, dtsch. Die asymmetrische Gesellschaft. Vom Aufwachsen mit persönlichen Systemen, 1986, sowie unten Kapitel E. Inzwischen kursiert die Vokabel von der systemtheoretischen „Dehumanisierung" des Sozialen, mitsamt all ihren negativen Konnotationen. Vgl. *Preglau,* „System" und „Lebenswelt" als theoretische Konzepte der Wirtschaftssoziologie, ÖZS 1987, 60 (61).

tieller sozialer Systeme unter Ausschluß des Individuums anzulegen, tiefgreifende Folgen für das Paradigma von Individuum und Gesellschaft hat. Genau dies wird von Luhmann gesehen und gewollt.

II. Die These von der Entkopplung personaler und sozialer Systeme

Luhmann hat wiederholt darauf hingewiesen, daß seine Theorie sozialer Systeme das Individuum in gewolltem Bruch mit der als alteuropäisch bezeichneten Denktradition nicht mehr — auch nicht teilweise — umschließt.[35]

Die seit Aristoteles vorgenommene Relationierung von Individuum und Gesellschaft mit ihrer in der logischen Antinomie liegenden Paradoxie rückt den Menschen perspektivisch immer wieder in den Mittelpunkt und kann deshalb in einem streng formalen Sinne als human bezeichnet werden. In dieser Relation — gleichgültig, wie sie im einzelnen gelagert wird — bietet sich der einzelne Mensch oder seine Handlung als elementarer Bestandteil der Sozialordnung immer wieder an.[36] Diese auf den ersten Blick wünschenswerte Anthropozentrität bleibt auch dann erhalten, wenn man wie Habermas die Relation auf beiden Seiten dualisiert, so daß zwei Handlungsformen (kommunikatives und strategisches Handeln) und zwei Formen sozialer Ordnungsbildung (soziale und systemische Integration) vor dem einigenden Band der Lebenswelt sich gegenüberstehen. Abgesehen davon, daß dieser Versuch einer Kontinuierung des Paradigmas von Individuum und Gesellschaft bei Habermas bereits zu einer erheblichen Komplexitätszunahme der Theorie in Richtung Unübersichtlichkeit geführt hat, fragt sich auch, ob der Erklärungswert handlungstheoretischer Konzepte tatsächlich noch den allseits gewünschten Orientierungsgewinn erbringt. Luhmann jedenfalls sieht in den konstruktiven Möglichkeiten der anthropozentrischen Relation von Individuum und Gesellschaft eher Ballast, der die Theoriebildung zur Erklärung einer hochkomplexen sozialen Welt behindert. Alle klassischen, die Gesellschaft betreffenden Theoriegebäude, so unterschiedlich sie angelegt sein mögen, oszillieren um diese Relation, ohne sie transzendieren zu können. In der Systemtheorie sieht Luhmann die Option, die traditionale Relationierung aufzubrechen.

> „Die Systemtheorie kann ihre analytischen Möglichkeiten nur ausschöpfen, wenn sie soziale Systeme und personale Systeme als unterschiedliche Systemreferenzen

---

35 *Luhmann*, Religiöse Dogmatik und gesellschaftliche Evolution, in: *Dahm / Luhmann / Stoodt*, Religionssystem und Sozialisation, 1972, S. 15 (37); *ders.*, Interpenetration — Zum Verhältnis personaler und sozialer Systeme, ZfS 6 (1977), S. 62 (65); *ders.*, Vorbemerkungen zu einer Theorie sozialer Systeme, in: Soziologische Aufklärung, 3, S. 11 (15); *ders.*, Rechtssoziologie, 2. Auflage, S. 25; *ders.*, Soziale Systeme, S. 20 f., 153, 286, 299 et passim. Sehr deutlich auch schon bei *Luhmann*, Theorie der Verwaltungswissenschaft, 1966, S. 34.

36 *Luhmann*, Soziologie der Moral, in: *Luhmann / Pfürtner*, Theorietechnik und Moral, 1978, S. 8 (29).

unterscheidet und davon ausgeht, daß sie wechselseitig füreinander Umwelt sein müssen. Demnach ist der konkrete Einzelmensch stets Umwelt eines jeden Sozialsystems und so auch für das Gesellschaftssystem, und ebenso sind alle sozialen Systeme, in denen der Einzelmensch agiert, seine Umwelt."[37]

Individuum und Gesellschaft stellen zwei autonome, hochkomplexe, prinzipiell andersartig organisierte und unterschiedlich operierende Systeme dar, die in allererster Linie selbstbezüglich sind und auch nur mit den Prämissen ihrer Selbstreferenz zu verstehen sind. Die Gemeinsamkeit personaler und sozialer Systeme, die sie untrennbar aufeinander verweist, ist der gemeinsame Gebrauch von Sinn als Selektionsmechanismus.

Das theoretisch Originelle ist jedoch die Betonung des Trennenden. Um die Tiefe des Grabens besser schauen zu können, ist ein Rückgriff auf systemtheoretische Grundannahmen vonnöten. Die Trennung von Individuum und Gesellschaft ist einerseits selbstredend keine *so* vorkommende. Personale und soziale Systeme sind hochgradig aufeinander angewiesen, interdependent und gegenüber Störungen aus dem jeweils anderen Bereich mitunter äußerst empfindlich. Andererseits ist die Trennung aber auch nicht rein analytisch gemeint, denn die Systemtheorie geht von der faktisch bestehenden unterschiedlichen Selektivität personaler und sozialer Systeme aus.[38]

Die These von der Entkopplung personaler und sozialer Systeme, die von der Diagnose einer grundsätzlichen Systemgrenze zwischen beiden Bereichen getragen wird, ist von vornherein zweischneidig angelegt. Das Paradigma von Individuum und Gesellschaft ist insofern aufgelöst, als mit ein und derselben Referenz beide Bereiche nicht mehr integrativ wahrgenommen werden können. Zugleich provoziert aber gerade diese strenge Trennung die Frage nach der Rekombination von Individuum und Gesellschaft aufs neue. Hier wird keine Gesellschaft ohne Individuen propagiert.[39] Luhmann betont, und dies ist von der handlungstheoretisch angeleiteten Rezeption nicht immer wahrgenommen worden, daß er keine Gesellschaft ohne Individuen entwirft, sondern nur ein theoretisches Neuarrangement vornimmt, das durch die Trennung *und* Rekombination neue begriffliche Schärfe erlangt.

> „Denn die Auffassung, daß soziale Systeme nicht aus Individuen bestehen und auch nicht durch körperliche und psychische Prozesse erzeugt werden können, besagt natürlich nicht, daß es in der Welt sozialer Systeme keine Individuen gäbe. Im Gegenteil: eine Theorie selbstreferentieller autopoietischer Sozialsysteme provoziert geradezu die Frage nach der selbstreferentiellen Autopoiesis psychischer Systeme und mit ihr die Frage, wie psychische Systeme ihre Selbstproduktion von Moment zu Moment, den „Strom" ihres „Bewußtseinslebens", so einrichten können, daß ihre Geschlossenheit mit einer Umwelt sozialer Systeme kompatibel ist."[40]

---

[37] *Luhmann*, Soziologie der Moral, a.a.O., S. 30.

[38] Vgl. *Luhmann*, Soziale Systeme, S. 16 und oben I. 2.

[39] Vgl. dazu *Hartmut Esser*, Gesellschaft ohne Personen — Individualismus ohne Individuen, SozRevue 11 (1988), S. 263 ff.

Mit der Entkopplungsthese einher geht notwendig die Frage nach den Formen der „Interaktion“ beider Bereiche. Ein System in Luhmanns Sinn kann nicht vollständig isoliert betrachtet werden — dies verhindert bereits die System / Umwelt-Definition des Systems —, wohl aber kann es als geschlossen sich selbst reproduzierend gedacht und unter diesem Blickwinkel beobachtet werden. Die „Kontakte“ des Systems zur Umwelt sind einerseits nicht etwa ein Randproblem des mit sich selbst beschäftigten Systems. Es ist ja gerade der Modus der Auseinandersetzung mit überkomplexen Umweltereignissen, der den systemspezifischen Selektionsmechanismus ausmacht und der das System zum System macht.[41] Aber andererseits ist das System auch nur über seinen Selektionsmechanismus und insofern als geschlossener Reproduktionsprozeß zu verstehen.

Diese Theorieanlage wirft ein neues Licht auf den alten Streit, ob soziale Systeme das Individuum so stark und unmittelbar determinieren, daß individuelle Freiheit bedroht ist. Diese Gefährdungsthese, die von Weber am Rande und von Habermas ausdrücklich formuliert wird,[42] setzt eine direkte Wirkungskette vom sozialen System zum individuellen Bewußtsein voraus. Die Funktionsmechanismen der sozialen Systeme können — und darin wird die Gefahr gesehen — unmittelbar sich der Persönlichkeitsstrukturen oder zumindest des Bewußtseinsprozesses bemächtigen.

Stellt man die systemtheoretische Entkopplung von Individuum und sozialer Ordnung der klassischen Relationierung von Individuum und Gesellschaft gegenüber, darf nicht außer acht gelassen werden, daß nicht nur Begriffe neu geordnet oder verschoben werden, sondern das gesamte okzidentale Denkkorsett zur Disposition gestellt wird.[43] Die subjektzentrierte Perspektive — die bewußtseinsphilosophische Interpretation der Welt[44] — wird ebenso aufgegeben wie die

---

40 *Luhmann,* Soziale Systeme, S. 348. Mit anderen Worten drückt Luhmann das gleiche aus, wenn er sagt, das personale System gehe für die Theorie sozialer Systeme nicht verloren, „wenn es in die Umwelt versetzt wird“. *Luhmann,* ZfS 6 (1977), S. 62 (65).

41 Hinter diesem Selektionsmechanismus gibt es kein ontologisches Geheimnis des Systems, keinen Wesenskern, der etwa unabhängig von der System / Umwelt-Beziehung gedacht werden könnte.

42 Vgl. auch Adornos These, daß kein Individuum sich der determinierenden Kraft des Tauschprinzips entziehen könne und dadurch bis in die letzte individuelle Regung von ökonomischen Selektionsmechanismen prädeterminiert sei. „Noch die in Kundschaft verkehrte Menschheit, das Subjekt der Bedürfnisse, ist über alle naive Vorstellung hinaus gesellschaftlich präformiert, nicht erst vom technischen Stand der Produktivkräfte, sondern ebenso von den wirtschaftlichen Verhältnissen, in denen jene funktionieren“. *Adorno,* Einleitung zu: *ders.* (Hrsg.), Der Positivismusstreit in der deutschen Soziologie, 9. Auflage 1981, S. 21. Für den Bereich der Wissenssoziologie hat sich *Mannheim* grundlegend mit dem Problem der Durchdringung des Intellekts durch den gesellschaftlichen „Unterbau“ beschäftigt. Vgl. dazu: *Strasser,* Lektionen von Karl Mannheims radikaler Wissenssoziologie, in: Angewandte Sozialforschung 1983, S. 307 ff.

43 Dazu näher unten IV.

44 *Habermas,* TkH 1, S. 518 f.; *ders.,* Der philosphische Diskurs der Moderne, a. a. O., S. 366.

aristotelische Vorstellung vom Ganzen und seinen Teilen, die ja die Relation von Individuum und Gesellschaft trägt. Es ist gerade die gegenständlich-räumlich-mechanistische Konstruktion, die klassifiziert, gegenüberstellt und hierarchisiert, um im nächsten Schritt kausale Austausch- und Interdependenzbewegungen zu formulieren, die von Luhmann als „alteuropäisch" bezeichnet und als Hemmschuh betrachtet wird.[45]

Die Beziehungen zwischen zwei Systemen — auch zwischen personalen und sozialen Systemen — dürfen nicht als kausale Austauschprozesse theoretisch eingefangen werden. Wenn die Beziehungen zwischen zwei Systemen als unmittelbare Punkt-für-Punkt-Beziehung gesehen werden, kann es sich nicht um unterschiedliche Systeme handeln, denn das eine nimmt das andere als Umwelt wahr, und die Umwelt ist immer komplexer als das System. Umwelt kann also nie im System Punkt für Punkt abgebildet (repräsentiert) werden, sondern nur in vereinfachten „Übersetzungen". Die Art der „Übersetzung" stellt eine spezifische Bearbeitung und Mediatisierung dar, die nur als Systemleistung verstanden werden kann. Im Verhältnis von Individuum und sozialer Ordnung wäre jedes ausdifferenzierte soziale System — etwa als Fabrik, Büro, Unterricht, Krankenhaus — überlastet, wenn es die gesamten Persönlichkeitserlebnisse des beteiligten Individuums verarbeiten müßte. Es reagiert deshalb auf individuelle Äußerungen *selektiv*, es zeigt nur auf bestimmte Aktivitäten *Resonanz*.[46]

Wer will, daß ein soziales System, etwa eine Verwaltungsbehörde, wunschgemäß reagiert — vielleicht eine Sozialhilfeleistung erbringt oder eine Baugenehmigung erteilt — muß sich so verhalten, daß das System „zum Schwingen" gebracht wird.[47] Er muß sich so verhalten, daß er in die zirkulär angelegten Strukturen des Systems eindringt — z. B. mit einem formgültigen Antrag — und wahrgenommen wird. Umgekehrt haben auch soziale Systeme mit dem Problem zu tun, von Individuen wahrgenommen zu werden. Tritt das Verhältnis von Individuum und Gesellschaft erst einmal auseinander und wird durch eine Systemgrenze geteilt, so müssen Werbung, politische Aktivität oder moralisches Engagement um Aufmerksamkeit kämpfen. Daimler-Benz, die CDU, Monitor oder Greenpeace müssen wissen, worauf ein Individuum reagiert und wann es die Systemselektionen (es ist gut, einen Mercedes zu fahren, CDU zu wählen, Monitor anzuschauen und gegen die Nordseeverschmutzung zu demonstrieren) als eigene (individuelle) Selektion übernimmt. Umgekehrt muß das Individuum wissen, worauf soziale Systeme reagieren. Das Sozialamt reagiert nicht unbedingt wunschgemäß auf die Verzweiflung eines Hilfebedürftigen,[48] wohl aber auf den souverän und

---

45 Vgl. *Luhmann*, Soziale Systeme, S. 20 f.

46 *Luhmann*, Ökologische Kommunikation, a.a.O., S. 40 ff.

47 *Luhmann*, a.a.O., S. 40.

48 Ein weinender, zusammenbrechender Mensch in den Verwaltungsräumen des Sozialamtes, stellt aus der Sicht des sozialen Systems „Sozialamt" ein Problem dar, das beseitigt werden muß. Dies kann durch schlichtes Vertrösten, Vor-die-Tür-Setzen, psy-

rechtskundig formulierten Antrag eines stadtbekannten Rechtsanwalts oder die persönliche Intervention eines einflußreichen Ratsmitglieds.

Die codierte Kommunikation eines sozialen Systems unterscheidet sich grundsätzlich vom Fühlen und Erleben einer konkreten Person.[49] Der Gedanke, daß personale und soziale Systeme nicht unter einem großen Systemdach — der Gesellschaft — zusammenzufassen sind, bedeutet die Akzeptierung unterschiedlicher Systemrationalitäten.[50] Die theoretische Beschreibung von Ereignissen, Wirkungszusammenhängen und Determinationen muß auf der Folie der jeweiligen Grundoperation des Systems, aus dessen Systemperspektive erfolgen. Um Luhmanns Denkansatz angemessen nachvollziehen zu können, sind deshalb im ersten Schritt Individuum und Gesellschaft prinzipiell geschieden zu denken.

Aber bei dieser Trennung — die sofort den Antihumanismusvorwurf provoziert[51] — bleibt es nicht. Im zweiten Schritt geht es um die Beziehung personaler und sozialer Systeme zueinander unter der Bedingung ihrer vollständigen Autonomie. Beide Schritte sind notwendig ineinander verwoben. Der Systembegriff Luhmanns stellt in der Tradition Hegelscher Dialektik eine gesetzte Differenz dar, die als Differenz bewußtbleibt und dadurch auf Identität hinweist. Bereits die basale Operation des Denkens und Beobachtens ist nichts anderes als ein Differenzieren. Differenz verletzt einerseits stets die Einheit der Welt, konstituiert sie andererseits aber erst als solche, indem sie etwas aus dem unbestimmten Horizont der Welt herausnimmt und „Welt“ damit als Komplementärbegriff ermöglicht.[52]

Wer mit Luhmann vom System spricht, kann nicht anders, als die Umwelt, d. h. die system*spezifische* Umwelt, mitzudenken, und zwar als durch das System konstituiert mitzudenken. Dies hat in mehrfacher Hinsicht Konsequenzen. Zum einen heißt das, daß Gesellschaft von beobachtenden Individuen weder originär

---

chiatrische Einweisung, Polizeieinsatz, Herbeirufen eines Psychologen oder durch finanzielle Hilfeleistung erfolgen, ist also kaum rational als Folge für den Betroffenen kalkulierbar.

49 Übersieht man diese Trennung, so neigen Beobachter dazu, soziale Systeme wie Personen zu beurteilen, also die Komplexität eines sozialen Systems zu ignorieren. Bestimmte Probleme werden dann stets als persönliches Versagen, schlechter Wille, Gier oder Eitelkeit den Akteuren des sozialen Systems zugerechnet. Dies ist aber nur dann berechtigt, wenn das wahrgenommene Verhalten des Akteurs wirklich individuell zurechenbar ist oder nur ein vom politischen System vorgegebenes strategisches Verhaltensmuster, also eine Systemselektion, darstellt. (Lafontaine redet auf einem Parteitag abwertend über den öffentlichen Dienst — individuelle Unmutsäußerung oder strategisches Kalkül?) In letzterem Fall kann das Verhalten nur am Maßstab der intern zirkulären Strukturen des Systems beurteilt und muß dem System zugerechnet werden.

50 Es bedeutet auch zu akzeptieren, daß das Individuum kein gesellschaftliches Wesen ist, sondern ein „System eigener Art“. *Luhmann,* Individuum, Individualität und Individualismus, 1985, S. 8 (unveröffentliches Manuskript).

51 Vgl. nur *Habermas,* Der philosophische Diskurs der Moderne, S. 436 und 443.

52 Vgl. *Luhmann,* Einige Probleme mit reflexivem Recht, ZfRS 1985, 1 (3).

noch in toto wahrgenommen werden kann, sondern nur durch komplexitätsreduzierende selektive Filter interpretiert wird. Damit sind *unmittelbare* moralische oder ethische Forderungen an die Gesellschaft deplaziert, weil ein Sozialsystem nicht nach „humanen Imperativen" organisiert ist.[53]

Hochkomplexe sinnverwendende Systeme organisieren sich zunehmend geschlossener, werden aber auch und gerade dadurch von Umweltimpulsen abhängig. Dies führt zum anderen dann dazu, daß ein System in einer ereignisarmen Umwelt kein ausreichendes Material finden würde, um über die Selektion aus diesen Ereignissen systemeigene Komplexität aufzubauen. Dieser Verschränkungs- und Verweisungszusammenhang hochkomplexer, geschlossen operierender personaler und sozialer Systeme stößt in den Kernbereich der Durkheimschen Steigerungsfrage vor, scil. zu der Frage, wie eine gleichzeitige Komplexitätssteigerung *und* Autonomisierung der Individuen *und* der Gesellschaft möglich ist. *Die Antwort gelingt über die Umkehrung der seit Hobbes fraglos zugrundegelegten Prämissen.* Soziale Systeme erhalten sich nicht *trotz* der Handlungsfreiheit des Individuums, sondern gerade *wegen* dessen Unberechenbarkeit. Individualitäten werden, je mächtiger und autonomer die ausdifferenzierten sozialen Systeme werden, nicht zunehmend stärker determiniert, sondern immer mehr dazu *gezwungen,* ihre Identität *selbst* zu organisieren und nicht sich auf die erkennbar dehumanisierten Sozialsysteme zu verlassen und zu stützen.[54]

Luhmanns neue theoretische Sichtweise zeigt, daß die seit Hobbes perhorreszierte Handlungsfreiheit des Einzelnen — man könnte sagen, die Moderne setzt auf die individuelle Vernunft und fürchtet die Konsequenzen individueller Freiheit — nicht mehr länger die Ursache für das Problem sozialer Ordnung ist.[55] Es wird sichtbar, daß soziale Ordnung, je höher sie organisiert ist, desto weniger des außengeleiteten, konformen Individuums bedarf,[56] im Gegenteil leistet gerade

---

53 *Luhmann,* Ökologische Kommunikation, S. 259 ff. Damit ist allerdings nicht gesagt, daß man nicht moralisch argumentieren könnte und damit Resonanzen in sozialen Systemen zu erzeugen vermag. Es darf sich nur niemand ernsthaft darüber wundern, daß Politik oder Wirtschaft „unmoralisch" sind.

54 Wer heute seine Identität ausschließlich aus seiner Berufsrolle, seinem Parteiengagement oder seiner Familienrolle bezieht, wirkt merkwürdig entpersönlicht und fad. Welch ein Unterschied zu der alles bestimmenden sozialen Rollenzuweisung der mittelalterlichen Gesellschaft!

55 Dazu unten IV.

56 Daß die Umstellung der Handlungssteuerung von außen nach innen eine scheinbar notwendige Begleiterscheinung der funktional sich differenzierenden Gesellschaft ist, wissen wir, seit *Elias* diese Einsicht zu seiner zentralen Zivilisationsthese gemacht hat. (*Elias,* Der Prozeß der Zivilisation, a.a.O.). Aber der Charakter der Innensteuerung verändert sich im Übergang von der Moderne zur Postmoderne. Die Implementierung bestimmter sozialer Erfordernisse in die Persönlichkeitsstruktur wird bei zunehmender Differenzierung und Mobilisierung der Gesellschaft immer schwieriger und risikoreicher. Wollte heute eine Kadettenanstalt die Militärs von morgen erziehen, wäre sie schlecht beraten, engstirnige und fanatische Soldaten im preußischen Stil zu erziehen, wo doch womöglich sensible Techniker oder psychologisch einfühlsames Personal gebraucht

auch nonkonformes Verhalten der Individuen einen entscheidenden Beitrag zur Steigerung sozialer Systeme.

„Der originäre, gesellschaftskonstituierende Beitrag der organisch-psychischen Einheit Mensch besteht nicht etwa darin, daß diese Einheit im großen und ganzen friedfertig, gutwillig und normkonform handelt und so Ordnung erhält (was als Tatsache natürlich nicht bestritten werden soll). Vor aller schematischen Bewertung dieser Art, die immer schon und immer nur im Gesellschaftssystem konstituiert wird, konstituiert dieses selbst sich auf der Außenbasis von Systemen mit hochkomplexer, feinregulierter Selektivität. Diese Systeme tragen zunächst einfach die Tatsache bei, daß ihre Zustände ständig wechseln können und ständig wechseln müssen, sie tragen sozusagen ihre Lebendigkeit bei. Sie können eben deshalb aber kein Teilsystem der Gesellschaft sein. Sie bringen die dafür notwendige Stabilität nicht auf. Ihr Beitrag ist gerade Instabilität, die es ermöglicht, ein anderes System, nämlich ein soziales System, über Selektionsprozesse aufzubauen."[57]

Unter dieser veränderten Prämisse nehmen auch Störungen der sozialen Integration einen anderen Charakter an. Nicht mehr die Anomie droht, sondern Abbrüche der jeweiligen Selbstproduktionen personaler und sozialer Systeme. Aus der Sicht sozialer Systeme sind deren Selbstproduktionen dann gefährdet, wenn Individuen ihre individuelle Identität verlieren, also nicht mehr als systemspezifische Umwelt für Kommunikationen zur Verfügung stehen. Diese Gefahr kann sich durch Überforderung und Umstellungsschwierigkeiten ebenso realisieren wie durch Überanpassung der Individuen an die Prozeßlogik sozialer Systeme.

Bevor jedoch über Konsequenzen der Entkopplungsthese mit ihren Prämissenverschiebungen kompetent gesprochen und geurteilt werden kann, ist eine tiefere Darstellung der Beziehung zwischen personalen und sozialen Systemen vonnöten. Wie genau wird der enge Verweisungszusammenhang von Individuum und sozialer Ordnung von Luhmann theoretisch eingefangen und systembegrifflich rekonstruiert? Damit geht es um die nähere Ausgestaltung der systemtheoretischen Antwort auf das Durkheimsche Steigerungsproblem.

III. Die Co-Evolutionsthese

1. Eigendynamik und Selbstreferentialität

Das Zusammenspiel unterschiedlicher Systeme, insbesondere wenn sie wie personale und soziale Systeme wechselseitig füreinander spezifische Umwelten bilden, kann nur verstanden werden, wenn man den ihre Differenz ausmachenden Gesichtspunkt konturiert und den Vorgang der Selbsterhaltung des Systems (nicht

---

werden. Komplizierte Funktionssysteme bedürfen distanzierter und selbstreflexiver Menschen.

57 *Luhmann*, Soziologie der Moral, a.a.O., S. 31; vgl. auch *ders.*, Vorbemerkungen, in Soziologische Aufklärung 3, S. 11 (15).

in einem statischen, sondern dynamischen, strukturunabhängigen Sinne) erkennbar macht. Bevor das Zusammenspiel derart aufeinander verweisender Systeme dargestellt wird, muß zunächst noch einmal ihre Selbständigkeit und rekursive Geschlossenheit betont werden.

Ein System kann nur insofern als geschlossen gedacht werden, als sein Prozessieren (zumindest grundsätzlich) selbstbezüglich (selbstreferentiell) verstanden wird. Damit ist nicht gesagt, daß ein System sich etwa nur tautologisch mit sich selbst beschäftigt, sondern „sich selbst auf anderes und dadurch auf sich selbst bezieht".[58] Wenn etwa die theokratisch-mittelalterliche Gesellschaft ein Bild von der wohlgeordneten und hierarchisierten Natur entwirft, beschäftigt sie sich zwar mit einem außergesellschaftlichen Umstand — der Natur —, aber selbstbezüglich, indem sie dabei an ihre eigenen (stratifizierten und holistischen) Strukturen anschließt und sie widerspiegelt.[59]

Der oben eingeführte Ausgangspunkt[60], Systeme funktional als auf die Erhaltung des Gefälles zwischen System und Umwelt (System / Umwelt-Differenz) zugeschnitten zu betrachten, schließt zunächst an ein Verständnis *offener* Systeme an. Die System / Umwelt-Differenz lenkt den Blick immer auf die Grenze zwischen System und Umwelt, nicht aber auf den inneren Prozeß des Systems. Luhmann ersetzt gegen Ende der 70er Jahre die System / Umwelt-Differenz als zentralen Bezugspunkt seiner Theorie durch den Begriff der Selbstreferenz, den er später durch den von Maturana / Varela entliehenen Begriff der Autopoiesis ergänzt und zuspitzt.[61]

In erster Annäherung an das Konzept von Selbstreferenz und Autopoiese mag der Hinweis auf die grundlegende Problematik *eigendynamischer* sozialer Prozesse nützlich sein.[62] Der Begriff der Eigendynamik — im Wortumfeld von Eigenbewegung und Eigengesetzlichkeit angesiedelt — weist auf einen Vorgang hin, der wesentliche Momente seines Antriebs aus sich selbst erzeugt, mobilisierend auf sich selbst bezieht und verstärkt. Verstanden werden kann Eigendynamik nur, wenn man sich nicht auf exogene Faktoren (allein) konzentriert, sondern vielmehr die für diesen Prozeß charakteristische Mechanik offenlegt.[63]

---

[58] *Luhmann*, Ökologische Kommunikation, S. 269; *ders.*, Funktion der Religion, 1982, S. 27 ff.; sowie unten 2.

[59] Naturinterpretationen dieser Zeit sagen uns deshalb kaum etwas über die Natur, aber viel über die damalige Gesellschaft.

[60] Vgl. oben I. 2.

[61] Zu dieser Umstellung: *Michael Schmid*, Autopoiesis und soziales System: Eine Standortbestimmung, in: *Haferkamp / Schmid* (Hrsg.), Sinn, Kommunikation und soziale Differenzierung, a. a. O., S. 25 (29 f.), kritisch *Lipp*, Autopoiesis biologisch, Autopoiesis soziologisch — Wohin führt Luhmanns Paradigmenwechsel?, in: KZfSS 1987, S. 452 ff.; sowie: *Joachim Nocke*, Autopoiesis — Rechtssoziologie in seltsamen Schleifen, in: KJ 1986, S. 363 ff.

[62] Vgl. dazu *Mayntz / Nedelmann*, Eigendynamische soziale Prozesse, in: KZfSS 1987, S. 648 ff.; ferner *Hans Jonas*, Macht oder Ohnmacht der Subjektivität, 1987, S. 79 et passim.

Um das Gemeinte zu verdeutlichen, sei auf das einfache, bei Simmel entlehnte, von Mayntz / Nedelmann angeführte Beispiel der Mode verwiesen. Mode lebt aus der Differenz zwischen dem Wunsch nach individueller Besonderheit und dem Wunsch nach Integration, der Dazugehörigkeit durch Nachahmung. In der Sprache Simmels wird Mode in jene Lebensformen eingeordnet, „durch die man einen Kompromiß zwischen der Tendenz nach sozialer Egalisierung und der nach individuellen Unterscheidungen herzustellen suchte."[64] Diese Differenz (der ambivalenten Motivstruktur) wirkt insofern sich selbstregulativ aus, daß Avantgardisten versuchen, sich durch neue, kreative und auffällige Mode abzuheben vom Massengeschmack. Der danach einsetzende Nachahmungseffekt — zunächst in führenden Modeschichten, dann sich zunehmend nach unten verbreiternd, zwingt die Avantgarde, sobald der von ihr kreierte Stil massenhafte Nachahmung findet, zu einer neuen Gegenreaktion bei Strafe des Verlusts ihrer individuellen Abgrenzungsmöglichkeit.[65] Obwohl auf das System der Mode als wechselseitig verschränkte Erwartungs- und Handlungsstruktur eine Vielzahl von Umwelteinflüssen — zum Teil determinierend — einwirken (neue Materialien, Preise, Veränderung individueller Lebensstile, politische Stimmungen), reproduziert sich das System Mode doch immer entlang der Differenz Innovation / Nachahmung und kann ohne diese Differenz nicht existieren und ohne Bezug auf diese Differenz nichts gestalten.

2. *Umweltkontakt als Selbstkontakt — Selbstreferenz und Autopoiesis*

Die Pointe des (entwickelten) Luhmannschen Systembegriffs liegt in der Annahme, daß Systeme in der Form basaler Selbstreferenz operieren. Da sie aufgrund der niedrigeren Komplexität im System gegenüber Umweltereignissen keine Punkt-für-Punkt-Verbindung herstellen können, müssen sie sich gegen Umweltereignisse abschirmen und diese selektiv wahrnehmen resp. selektiv verarbeiten. Dies ist ein über die soziologische Systemtheorie hinausgreifender Gedanke der allgemeinen, insbesondere auch der biologischen Systemtheorie.

> „In der biologischen Theorie lebender Systeme spricht man auch von „Kopplung", um zu bezeichnen, daß es nirgends vollständige Punkt-für-Punkt-Übereinstimmungen zwischen Systemen und Umwelt gibt, sondern daß ein System sich durch seine Grenzen immer auch gegen Umwelteinflüsse abschirmt und nur sehr selektive Zusammenhänge herstellt."[66]

---

63 *Mayntz / Nedelmann*, a. a. O., S. 648.

64 *Simmel*, Zur Psychologie der Mode, in: Schriften zur Soziologie, hrsg. von Dahme / Rammstedt, 1986, S. 131 (132).

65 *Mayntz / Nedelmann* sprechen vom sich perpetuierenden „Modekarussell", a. a. O., S. 654.

66 *Luhmann*, Ökologische Kommunikation, S. 41.

Der Kontakt eines Systems mit der Umwelt kann vor diesem Hintergrund nur dann angemessen (nämlich der Operationsweise des Systems entsprechend) verstanden werden, wenn er als *Selbstkontakt* beschrieben wird.[67] Man kann weder Systeme in ihren Funktionsmechanismen beschreiben noch Austauschprozesse oder kausale Zurechnungen vornehmen, wenn man nicht berücksichtigt, daß jede Systemoperation zumindest *auch* einen selbstbezüglichen Aspekt hat.[68] Systeme, die Sinn als Selektionsmechanismus verwenden, können jede Sinnfassung, die sprachlich transportiert wird, negieren und über die dadurch entstehende Zweiwertigkeit eine binär konstruierte systemische Eigenlogik aufbauen, die so in der Umwelt keine Entsprechung hat. Das Wissenschaftssystem beispielsweise operiert mit solchen Negationen beim Aufbau von Theorien, die prinzipiell kontrafaktisch zur Realität möglich sind und systeminterne Steigerungen zulassen, die zwar durch empirische Erfahrungen induziert sein mögen, aber keine notwendige Entsprechung in der Umwelt aufweisen. Schon aus diesem Grund kann der Erfolg der Naturwissenschaften niemals allein in einer Reaktion auf empirische Phänomene gesucht werden; empirische Beobachtung und systemeigene Beobachtungsverarbeitung, Beobachtungsvorgaben und Interpretationen (Methoden / Vorannahmen / Theorien) bilden einen aufeinander verweisenden Zusammenhang. Die Erlebnisverarbeitung des Systems ist dabei insofern geschlossen, als es alle prozeduralen Differenzierungsmöglichkeiten beschränkt. Im Wissenschaftssystem ist zwar die Negation jeder sinnhaften Äußerung denkbar, es ist jedoch weder jede Äußerung noch jede Negation erlaubt. Logik, Methoden, Grundüberzeugungen, Paradigmen und Theoriezusammenhänge limitieren den Aufbau von systemeigener Komplexität. Dem zugrunde liegen basale Codierungen, die auch Logik, Methoden usw. limitieren. Sobald Sprache Verwendung findet, werden die Operationen auf den Ja/Nein-Mechanismus reduziert.[69]

Charakteristisch für das als Beispiel angeführte Wissenschaftssystem ist die auf die sprachliche Grundcodierung aufbauende Systemcodierung nach wahr / unwahr (resp. richtig / falsch).[70] Bei oberflächlicher Betrachtung könnte man Codes, Methoden und Theorien des Wissenschaftssystems für bloße Hilfsmittel zur effektiven Lösung von Problemen ansehen. Betrachtet man das System aber näher, so wird offenbar, daß auf jedes gelöste Problem mindestens ein neues folgt; eine Ende des Prozesses ist nicht abzusehen. Ähnlich wie die Mode hat auch das Wissenschaftssystem seinen Code mit einer Wachstums- und Innovationsprämisse versehen. Es geht um Neuheiten.

---

67 *Luhmann*, Soziologische Aufklärung 3, S. 19.

68 *Luhmann*, Soziale Systeme, S. 593. Die Selbstbezüglichkeit kann nie den ganzen Sinn absorbieren, weil dann ein geschlossenes System ohne Umweltkontakt vorausgesetzt würde. Die Selbstbezüglichkeit „läuft" aber immer mit. *Luhmann*, Soziale Systeme, S. 606.

69 *Luhmann*, Soziale Systeme, S. 603.

70 Vgl. dazu *Luhmann*, Ökologische Kommunikation, S. 150 f.

„Der Code wissenschaftlicher Wahrheit / Unwahrheit ist spezialisiert auf *Erwerb* neuer wissenschaftlicher Erkenntnisse. Das bloße Festhalten, Bewahren und Finden des Wissens bedarf, seitdem es Buchdruck gibt, kaum noch menschlicher Anstrengung. ... Umsomehr muß das Neue von dem Verdacht befreit werden, es sei, weil abweichend, falsch. Das geschieht durch eine kulturhistorisch ungewöhnliche Präferenz für Neuheit, ja für Neugierde (curiositas), die dann freilich konditioniert und methodisiert werden muß, also ihre Grenzen in sich selbst (Resonanz!) und nicht mehr in ihren Gegenständen findet."[71]

Je weiter das Wissenschaftssystem seine Differenzierungsmöglichkeiten (gleich Erkenntnismöglichkeiten) treibt, desto mehr hat es mit Rekombinationen zu tun, beschäftigt sich also mit sich selbst. Umweltereignisse kommen dann zwar noch vor, ihre Wahrnehmung hängt, gerade weil die Wahrnehmungsfähigkeit des Systems ständig steigt, aber immer mehr von den selektiven Strukturen des Systems ab. Im „Innern" hat das System zunehmend mit der eigenen Komplexität zu tun, muß diese verarbeiten und sich dabei selbst beobachten und selbst konditionieren.

Der ursprünglich einmal in den Terms von Output und Input wiedergegebene Austauschprozeß zwischen System und Umwelt verlagert sich immer mehr zu einem rekursiv geschlossenen Prozeß systemeigener Operationen. Diese Selbstreferenz des Systems führt nicht nur (aber auch) zu einer Autonomisierung und Isolierung gegenüber der Umwelt, sondern auch zugleich zu einer Sensibilisierung für Umweltereignisse. In der Umwelt der sozialen Welt hat die Entwicklung selbstbezüglicher Individualität die Sensibilität der Individuen gegenüber sozialen Ereignissen enorm gesteigert (auch wenn die wachsende Komplexität diese Sensibilität permanent überfordert und damit Abstumpfungstrategien ebenso fördert).

Umgekehrt kann man zwar die Unempfindlichkeit ausdifferenzierter sozialer Systeme wie Politik und Ökonomie beklagen und die fehlende Zugriffsmöglichkeit auf diese Systeme für Entfremdung und Pathogenität halten, aber es darf dabei auch nicht übersehen werden, daß die Empfindlichkeit dieser Systeme gegenüber individuellen Impulsen zunimmt.[72] Der Bericht eines Nachrichtenmagazins über Wurmbefall im Fisch kann über Nacht das Kaufverhalten der Konsumenten beeinflussen, was ein Beispiel ist für die Sensibilität psychischer Systeme gegenüber sozialen Phänomenen (Kommunikationen). Umgekehrt reagiert die fischverarbeitende Industrie schlagartig auf das veränderte Kaufverhalten durch Werbemaßnahmen, Einführung neuer Überwachungstechniken, Veränderung der Verarbeitung.[73]

---

71 *Luhmann,* Ökologische Kommunikation, S. 155.

72 Ohne auf den Gesichtspunkt der Selbstbezüglichkeit in gleichem Maße hinzuweisen, gelangt auch *Münch* zu der Annahme einer zunehmenden Empfindlichkeit sozialer Systeme, die autonom und hochgradig abhängig sind. Vgl. dazu *Münch,* Die Struktur der Moderne, a.a.O., S. 621.

73 Nach der entsprechenden Nachrichtensendung beklagten Händler Umsatzeinbußen im Fischverkauf bis zu 80 %. Mittelfristig wurde der Verlust von etwa 1 000 Arbeitsplät-

Geschlossenheit ist die Voraussetzung für den Aufbau hoher Systemkomplexität, diese wiederum conditio gesteigerter Sensibilität und Resonanzfähigkeit des Systems. Geschlossenheit erzeugt Offenheit.

> „Verallgemeinert man diese Ausgangseinsichten, so führt das zu der These, daß unter der Voraussetzung einer Differenz von System und Umwelt es gerade die zirkuläre Geschlossenheit der Systemprozesse ist, die als eine universelle Eigenschaft des Systems dieses in spezifischen Hinsichten umweltempfindlich macht.“[74]

Für das Verhältnis von personalen und sozialen Systemen bedeutet der Gesichtspunkt der Selbstreferenz zum einen, daß hochkomplexe sinngebrauchende Systeme nicht zureichend verstanden werden können, wenn sie allein oder überwiegend fremddeterminiert gesehen werden, selbst wenn sie in einzelnen Situationen fremddeterminiert sind. Für eine adäquate Wahrnehmung ist die Kenntnis der systemeigenen — emergenten[75] — Rationalität unabdingbar.

Zum anderen wirkt sich auf die systemtheoretische Erfassung der Relation von Individuum und Gesellschaft eine Weiterentwicklung des Gedankens der Selbstreferenz aus. Es geht um den umstrittenen Begriff der *Autopoiesis.*[76]

Selbstreferentielle Geschlossenheit ist in der traditionellen Systembegrifflichkeit, die eine invariante Struktur und einen variierenden Ereignisprozeß als Kern des Systems ansieht, bereits denkbar. Die System / Umwelt-Differenz, die ja die Identität des Systems ausmacht, könnte als durch die invariante Struktur des Systems garantiert gesehen werden. Traditionell gedacht ist es nämlich die Struktur des Ganzen, die dessen Elemente in die Systemordnung — und sei es eine rekursiv angelegte — zwingt. Aber Luhmann suchte ja seine Abgrenzung zu Parsons in der Ablehnung des Strukturfunktionalismus.[77] Eine logische Präponderanz der Struktur vor dem Prozeß und den Elementen würde nicht nur wieder die Erhaltung der Struktur als funktionalen Bezugspunkt ins Zentrum der Aufmerksamkeit rücken, sondern sie würde auch die Strukturverflüssigung in hochdynamischen sozialen Systemen schwer erklärbar erscheinen lassen und wäre gezwungen, ständig neue Systemdifferenzierungen im Falle von Strukturänderungen anzunehmen. Denn hochkomplexe und sich selbst beobachtende (reflexive) soziale Systeme sind zu raschen Strukturänderungen fähig.[78]

---

zen in der deutschen Fischwirtschaft beklagt. Vgl. dazu aus den Pressemitteilungen nur: FAZ v. 4.8.87 und Kölnische Rundschau v. 10.8.1988.

74 *Luhmann,* Soziologie der Moral, a.a.O., S. 40.

75 D. h. nicht auf ein niedrigeres Seinsniveau kausal zerlegbar.

76 Vgl. oben die Nachweise in FN 61.

77 Vgl. oben I. 2.

78 Invariant bleibt nur der basale Selektionscode. Im Falle eines Börsenzusammenbruchs können sich in hohem Tempo ökonomische Strukturen ändern. Kräfte, die eben noch im Entscheidungszentrum wirksam waren, können an die Peripherie gedrängt werden. Aber jede Strukturänderung ändert nichts an dem Umstand, daß auf Grundlage des Geldcodes operiert wird.

Luhmann berücksichtigt diese Strukturvariabilität, indem er den Strukturbegriff verzeitlicht — man könnte sagen, der Strukturbegriff wird prozessiert.[79] Zwar gibt Luhmann das Unterscheidungskriterium der Zeitlichkeit zwischen Struktur und Prozeß nicht vollends auf, aber er relativiert in beiden Richtungen. Danach können Prozesse *und Strukturen* punktuell als Ereignis gedacht werden. Der Unterschied bleibt in zeitlicher Hinsicht insofern erhalten, als Prozesse aus *irreversiblen* Ereignissen bestehen, während Strukturen Zeit *reversibel* festhalten, indem sie ein (begrenztes) Reservoir an Wahlmöglichkeiten offenhalten.[80] Die Elemente der Struktur sind ebenso vergänglich wie prozessuale Ereignisse; es entsteht dann aber das Problem, wie diese grundsätzlich vergänglichen Elemente und Ereignisse in einer Weise aneinander *angeschlossen* werden können, daß Strukturierungen weiter möglich bleiben.[81]

Der Unterschied zwischen einem allopoietischen und einem autopoietischen System besteht darin, daß die Identität des autopoietischen Systems nicht im Erhalten seiner als wesensbestimmend gedachten Strukturen (oder deren geordnetem Wandel) liegt[82]; das System muß vielmehr nur garantieren, daß ein produziertes Element (z. B. im personalen System eine Vorstellung) systemkompatibel ist. So dürfen in sozialen Systemen immer nur Kommunikationen produziert werden und nicht etwa Vorstellungen[83], und diese Kommunikationen müssen dann als Elemente wiederum anschlußfähig an das nächste oder übernächste Element sein. Wer ein Gespräch über das Wetter beginnt, kann nicht übergangslos über Fußball weiterreden.

> „Sachlich und sozial wird es vor allem auf *Anschlußfähigkeit* ankommen. Das heißt: als nächstes Ereignis wird dasjenige gewählt, was schon erkennen läßt, was als übernächstes in Betracht kommen könnte. Wie schon bei der so umstrittenen Evolution des Lebens scheinen es also Tempounterschiede und Sequenzbildungen zu sein, die ermöglichen, daß in Situationen, in denen dies zunächst eher unwahrscheinlich ist, trotzdem Strukturen entstehen."[84]

An dieser Stelle — an der auch die Herkunft des Autopoiesisgedankens aus der Biologie kenntlich gemacht wird — wird noch einmal verdeutlicht, wie ernst Luhmann seine in Abgrenzung zu Parsons vorgenommene Vertauschung des Begriffspaares strukturell-funktional in funktional-strukturell[85] meint und wie dauerhaft er diese — prima facie wie Begriffsjongliererei anmutende — Aus-

---

79 In Bezug auf Struktur und Prozeß sagt Luhmann: „Beide setzen sich wiederum wechselseitig voraus, denn Strukturierung ist unter anspruchsvollen (nicht rein zufallsbestimmten) Bedingungen ein Prozeß, und Prozesse haben Strukturen." *Luhmann*, Soziale Systeme, S. 73.

80 *Luhmann*, Soziale Systeme, S. 73 f.

81 *Schmid*, Autopoiesis und soziales System, a.a.O., S. 26.

82 *Schmid*, a.a.O., S. 27.

83 *Luhmann*, Soziale Systeme, S. 62.

84 *Luhmann*, Soziale Systeme, S. 189.

85 Vgl. oben I. 2. FN 18.

wechslung der Bezüglichkeiten verfolgt. Dabei schließt er explizit die Theorie sozialer Systeme an das Problembewußtsein biologischer Evolutionsforschung (Maturana / Varela) an, die es mit der Frage zu tun hat, wie es angesichts der relativ einfach gebauten Ausgangselemente der anorganischen Natur zu der geradezu fantastisch anmutenden, d.h. auch unwahrscheinlichen Vielfalt und Komplexität organischer Lebensformen kommen konnte.[86]

Wer hochkomplexe Systemorganisation auf der Referenzebene biologischen Lebens oder sozialer Systeme nachvollziehen will, kann sich nicht an der Vorstellung festhalten, daß eine invariante Systemstruktur immer wieder neu Elemente organisiert, sondern muß Systembildungen wesentlich abstrakter formulieren. Damit es zu einer entwickelten Selbstbezüglichkeit und damit zu hoher Eigenkomplexität eines Systems kommen kann, muß das System zunehmend geschlossener operieren.

Der Aufbau eigener Komplexität erfolgt dergestalt, daß die ursprüngliche System / Umwelt-Differenz, die in grundsätzlicher Hinsicht das Komplexitätsgefälle von System und Umwelt markiert, wie ein genetischer Code immer wieder beim Aufbau systemeigener Strukturen reproduziert und variierend eingesetzt wird. Damit kann einerseits eine hohe, aber immer funktionsbezogene Komplexität erzeugt werden, ein Zustand, in dem alle Strukturen sich zunehmend an anschlußfähigen Systemereignissen — und weniger an Umweltereignissen — orientieren (rekursive Geschlossenheit), andererseits aber im genetischen Code des Strukturaufbaus der Kontakt zur Umwelt gleichsam strukturell garantiert wird. Im Rahmen einer Einordnung seiner Theorie in konstruktivistische Konzepte hat Luhmann diesen Mechanismus als „re-entry" bezeichnet.

> „Die dem Konstruktivismus am ehesten angepaßte Antwort lautet, daß das System die Differenz von System und Umwelt in das System übernimmt in der Form eines „re-entry", einer Unterscheidung in das durch sie Unterschiedene (Spencer Brown). Das System sucht, mit anderen Worten, Formen, mit denen es die eigene Autopoiesis zugleich als geschlossen und als offen, als rekursiv und responsiv organisieren kann."[87]

Wie nun arbeiten soziale und psychische Systeme — also die systemtheoretischen Erben von Gesellschaft und Individuum als autopoietische Systeme? Wie läßt sich das entkoppelte Verhältnis psychischer und sozialer Systeme in Luhmanns eigener Terminologie rekonstruieren?

---

86 Das Darwinsche Evolutionskonzept hebt dabei erklärend nur die Außeneinflüsse auf den Entwicklungsgang einer biologischen Art hervor, während es für die Autopoieses auf den *inneren* Antrieb im System ankommt. Dazu: *Varela,* Two Principles of Self-Organisation, in: *Ulrich / Probst* (Hrsg.), Self-Organisation and Managment of Social Systems, 1984, S. 25 ff.; vgl. auch: *Willke,* Differenzierung und Integration in Luhmanns Theorie sozialer Systeme, in: Haferkamp / Schmid (Hrsg.), a.a.O., S. 247 (253). Kritisch zur Einlösung des Anspruchs des Autopoiesis-Begriffs, über Darwin hinauszuweisen und das „Wesen" des Lebens zu erklären: *Lipp,* KZfSS 1987, 452 (455 ff.).

87 *Luhmann,* Autopoiesis als soziologischer Begriff, in: Haferkamp / Schmid (Hrsg.), Sinn, Kommunikation und soziale Differenzierung, 1987, S. 307 (313 f.).

3. Personale und soziale Systeme

a) Autopoietische Grundoperationen personaler und sozialer Systeme

Personale (psychische)[88] und soziale Systeme lassen sich in ihren Grundoperationen unterscheiden. Luhmann denkt bei personalen Systemen an das individuelle *Bewußtsein*[89], dessen prozessierendes Element die jeweilige Vorstellung ist.[90] Die Selbstreferentialität des Bewußtseins zwingt zu einer ununterbrochenen Produktion von Vorstellungen. Das Bewußtsein kann — solange intakt — weder aufhören, Vorstellungen zu produzieren, noch immer gleiche Vorstellungen erzeugen. Die Bewußtseinsstruktur muß also so angelegt sein, daß Vorstellungen prinzipiell auf andere Vorstellungen verweisen und an andere Vorstellungen anschlußfähig sind. Dies kann nur dann garantiert werden, wenn das psychische System die Produktion von Vorstellungen selbst organisiert und kontrolliert. Dies geschieht durch mitlaufende oder ausdrückliche Selbstbeobachtung und Reflexion.[91] Ausbildung und Fähigkeit zur Reflexion sind Voraussetzung einer gelungenen psychischen Identitätsbildung[92] und damit auch der Autopoiesis.

Soziale Systeme dagegen bestehen aus Kommunikation. Sie haben nichts gemein mit Bewußtsein, Vorstellungen, individuellen Antrieben, Motiven, Hormonsteuerungen oder zellularen Prozessen. Soziale Systeme konstitutieren sich als Kommunikation, sie ist die Grenze der Gesellschaft; alles, was kommuniziert wird, ist soziales Geschehen, alles, was nicht kommuniziert wird, gehört auch nicht zur Gesellschaft.[93] Bei Kommunikation darf dabei nicht unmittelbar, nicht nur an Sprache gedacht werden. Beide Begriffe sind nicht identisch. Sprache wird systemtheoretisch bereits als codierte Kommunikation aufgefaßt, also als operative Vereinfachung und Vereinheitlichung von Kommunikation.[94] Um Kommunikationen handelt es sich nicht nur, wenn sprachlich agiert wird, sondern Kommunikation kann in einem kurzen Blickkontakt, einem Händeschütteln, einer Zahlung oder Drohgebärde liegen.

---

[88] Zur perspektivisch variierenden Bedeutung der Kennzeichnungen „personal" und „psychisch": *Luhmann*, Soziale Systeme, S. 155.

[89] *Luhmann*, Soziale Systeme, S. 35, spricht von Bewußtsein als dem spezifischen Operationsmodus psychischer Systeme. Dazu ausführlich: *Luhmann*, Die Autopoiesis des Bewußtseins, Soziale Welt 1985, S. 402 ff.

[90] *Luhmann*, Soziale Systeme, S. 355 f.; *ders.*, Autopoiesis als soziologischer Begriff, a.a.O., S. 314.

[91] *Willke*, Differenzierung und Integration in Luhmanns Theorie sozialer Systeme, a.a.O., S. 264.

[92] *Willke*, a.a.O. Dies gilt nicht nur für psychische, sondern auch für soziale Systeme. Reflexion heißt Fähigkeit zur Selbststeuerung. *Teubner / Willke*, Kontext und Autonomie, ZfRS 5 (1984), 4 (13 ff.).

[93] Zur Erläuterung des systemtheoretisch entkleideten Begriffs der Kommunikation: *Luhmann*, Soziale Systeme, S. 193 ff.

[94] *Luhmann*, Soziale Systeme, S. 137 und 197.

Soziale Systeme produzieren Kommunikationen. Das Wirtschaftssystem als ein gesellschaftliches Großsystem beispielsweise produziert immer wieder erneut Zahlungen. Diskussionsbeiträge provozieren immer wieder Zustimmungen oder Ablehnungen.[95]

Die Operationen psychischer und sozialer Systeme finden in verschiedenen Welten statt. Sie haben andere Bezugspunkte, Elemente, Strukturen und Codes. Sie sind selbstbezüglich organisiert, eine Kommunikation kann nie kausal — also Punkt für Punkt — aus den individuellen Vorstellungen, Plänen, Intentionen der Teilnehmer erklärt werden. Umgekehrt können Bewußtseinsprozesse nie durch Kommunikation determiniert oder eindeutig gesteuert werden. Dies gilt umso eindeutiger, je selbstbezüglicher, reflexiver das Bewußtsein operiert.[96] Praktisch bedeutet dies, daß ein modernes Individuum mit starker Identität und ausgeprägtem Selbstbewußtsein weder durch ökonomische noch staatliche Systeme kausal zu determinieren ist.[97] In umgekehrter Richtung können aber auch autopoietische soziale Systeme — wie etwa Ökonomie und Politik — nicht mehr individuell zugerechnet, kausal gesteuert oder determiniert werden.

Diese Konsequenz hochkomplexer Systemorganisation gilt es für eine mögliche Neuformulierung des Verhältnisses von Individuum und Gesellschaft im Auge zu behalten. An dieser Stelle im Rahmen der Theoriekonstruktion soll jedoch — um Mißverständnissen vorzubeugen — noch einmal auf die Ambivalenz dieser radikalen theoretischen Trennung von personalen und sozialen Systemen hingewiesen werden.

Die im Konzept autopoietischer Systeme formulierte rekursive Selbstbezüglichkeit von Systemen[98] läuft auf die Annahme von Geschlossenheit hinaus. Und genau diese Geschlossenheit will man nicht glauben, wenn man soziale oder individuelle Phänomene unter obiger Differenz betrachtet. Sind nicht soziale Systeme ohne Menschen gar nicht denkbar? Ist nicht jedes Individuum verloren ohne die Gesellschaft? Wie kann die untrennbare Einheit von Individuum und Gesellschaft theoretisch durch die Annahme zweier geschlossener Systeme ge-

---

95 Wer eine Diskussion abbrechen möchte, sollte deshalb lieber schweigen oder inhaltsleere Kommunikationsbeiträge liefern, die schlecht anschlußfähig sind. Selbst die Thematisierung des Endes der Diskussion kann Ouvertüre zu einer Anschlußdiskussion über die Notwendigkeit der Fortsetzung der ursprünglichen Diskussion sein.

96 Die Reflexivität des Bewußtseins und seine Rekursivität hat bereits Pleßner in den Mittelpunkt seiner anthropologischen Analysen gestellt. *Helmuth Pleßner,* Die Stufen des Organischen, 1928, S. 288 ff. Die These von der „exzentrischen Positionalität des Menschen“ kann als (noch im Rahmen der Bewußtseinsphilosophie operierende) Vorwegnahme der Luhmannschen Entkopplungsthese angesehen werden.

97 Wohl ist es aber vielfältig zu beeinflussen.

98 Dabei wirkt dieses Konzept allerdings auf den ersten Blick fast metaphysisch. Das Konzept der Autopoiesis versucht die Antwort auf die Frage, warum sich Systeme immer komplexer organisieren, wo doch der 2. Hauptsatz der Wärmelehre (sog. Entropiesatz) zumindest im physikalischen Raum eine Gegenbewegung — den Zerfall von Komplexität behauptet.

leugnet werden? Die Antwort lautet: Sie wird nicht geleugnet, sie wird nur abstrakter rekonstruiert. Entscheidend für diese Rekonstruktion ist die angesprochene Pointe, daß Geschlossenheit Offenheit erzeuge.[99] Die Rekursivität der Systemstrukturen, die dafür sorgt, daß die Operationen des Systems unter selbstdefinierte und kontrollierte Kriterien der Selektivität gebracht werden,[100] transportiert immer auch das trojanische Pferd der Umweltbezogenheit, weil der prozedurale Grundmechanismus des Systems auf die Umwelt fixiert ist. Das Bewußtsein des Individuums ist mit seinen Vorstellungen auf die Sozialsphäre auch bei radikalstem Individualismus bezogen. Individuelle Autonomie ist die Differenzsetzung zur Gesellschaft, diese Differenz geht nie verloren, solange die Identität existiert. Umgekehrt ist jeder kommunikative Akt, jedes Handlungssystem auf Menschen und deren Bewußtsein bezogen und sondert sich wie eine entäußerte Objektivation des individuellen Bewußtseins ab, verselbständigt sich — wie zugleich das Individuum vom Sozialsystem — anhand der Differenz zu jenem.[101]

Die Gemeinsamkeit personaler und sozialer Systeme liegt also nicht im gleichen operationalen Mechanismus, vielmehr ergibt sie sich aus der gemeinsamen Sinnverwendung. Sinn wird in beiden Systemen von jeweils an unterschiedliche Elemente anknüpfende und diese erzeugende Operationen benutzt.

b) Die gemeinsame Sinnverwendung personaler und sozialer Systeme

Die Gemeinsamkeit personaler und sozialer Systeme liegt in der Verwendung von *Sinn*. Alle Intentionen des Bewußtseins sind sinnhaft, und alle Themen von Kommunikation sind sinnhaft.[102] Sinn entzieht sich schon deshalb einer distanzierten Definition, weil eine solche nur sinnhaft erfolgen kann und deshalb die den Unterschied setzende Oberbegrifflichkeit fehlt. Sinn kann deshalb nur beschrieben werden. Luhmann beschreibt Sinn unter verschiedenen Bezugsgesichtspunkten.[103]

In funktionaler Hinsicht bezieht er Sinn auf das Problem der Komplexität. Eine sinnhafte Zuordnung ist dann gegeben, wenn in spezifischer Form Komplexi-

99 Vgl. oben 2. *Luhmann*, Soziale Systeme, S. 359. „Autopoietische Systeme sind *geschlossene Systeme* insofern, als sie das, was sie als Einheit in ihrer eigenen Reproduktion verwenden (also: ihre Elemente, ihre Prozesse, sich selbst) nicht aus ihrer Umwelt beziehen können. Sie sind gleichwohl *offene Systeme* insofern, als sie diese Selbstreproduktion nur in einer Umwelt, nur in Differenz zu einer Umwelt vollziehen können." *Luhmann*, Die Wirtschaft der Gesellschaft, S. 49.

100 *Willke*, Differenzierung und Integration, a.a.O., S. 268.

101 Hier liegt die eigentliche Ursache dafür, daß gerade intensive gedankliche Vorstellungen, die über Sprache hinausreichen (bewußtgewordene Emotionen) nicht Punkt für Punkt in Kommunikation umgesetzt werden können.

102 *Luhmann*, Soziale Systeme, S. 114.

103 Kritisch zu Luhmanns Verwendung des Sinnbegriffs insgesamt: *Zielcke*, Die symbolische Natur des Rechts, 1980, S. 9 ff.

tät reduziert wird. Sinn wird dann funktional als Selektionsmechanismus gesehen.[104] Ein sprachlicher Begriff beispielsweise reduziert — ob als Vorstellung gedacht oder als Kommunikationsakt ausgesprochen — Umweltkomplexität auf ein mit den Mitteln des Systems bearbeitbares und anschlußfähiges Maß. Ein multifaktorielles Geschehen wird durch Generalisierung und Typisierung anthropologisch faßbar. Die von Luhmann beklagte Dinglichkeit der Sprache,[105] ihre Hypostasierung und ihr strukturelles Absehen von der Prozeßhaftigkeit allen Geschehens übersetzt uns die „Welt" in zeitlich zerlegte und psychisch und sozial faßbare Symbole. Symbole werden heute auch als solche gehandelt, sie werden nicht mehr als Imagination und Zeichen verstanden, also nicht mehr mit dem von ihnen bezeichneten Gegenstand verwechselt.[106]

Sinntransportierende Symbole weisen eine besondere *Form* von Komplexitätsreduzierung auf. Sie reduzieren zwar Komplexität, aber sie halten, eben weil sie nur Symbole sind, die Erinnerung an die Selektion als Selektion wach, verweisen also immer schon darauf, daß die Selektion eine andere hätte sein können (Kontingenz).[107] Es ist eine besondere Eigenschaft des Sinns, darauf zu verweisen, daß die Selektion auch eine andere hätte sein können. Die besondere Leistung des Sinngebrauchs liegt in dieser Fähigkeit des *redundanten Verweisens.*[108] Sinnverwendung stellt eine notwendige Klammerung dar, mit der die punktuelle Aktualisierung und der auf den Horizont zielende Verweis auf andere Möglichkeiten zusammengefaßt werden. Sinngebrauch bedeutet deshalb ein Operieren mit der Differenz von Aktualität und Potenz (Möglichkeit).[109]

Das „Mittel", mit dem Sinn diese Leistung zustandebringt, ist die durch Symbole angezeigte Generalisierung von Phänomenen. Das Symbol steht für eine Einheit, der in der Umwelt keine adäquate Einheit entspricht, sondern stets eine Vielheit, die in einer unfaßbaren Einheit verschwindet. Systemoperationen gehen dahin, Vielheiten einer symbolischen Einheit zuzuordnen und dadurch zu repräsentieren.[110]

---

104 *Luhmann,* Soziale Systeme, S. 94.

105 *Luhmann,* Soziale Systeme, S. 115.

106 Auf den Umstand, daß Zeichen zwar Sinn haben, andererseits Sinn aber kein Zeichen *ist* (wofür sollte er stehen?), weist Luhmann ausdrücklich hin in: Soziale Systeme, S. 107.

107 Es handelt sich hier um eine Komplexitätsreduktion, die durch ihre partielle Revisibilität (je nach zeitlichem Ablauf) und durch den transportierten Verweisungshorizont Kontingenz sichtbarmacht und dadurch schafft. Vernetzen sich solche kontingenzerhaltenden sinnhaften Selektionen, können sie ihrerseits eine hohe Systemkomplexität aufbauen. Luhmanns Perspektive ist auch hier — wie so oft doppelaussagend angelegt. Sinn reduziert Komplexität und schafft Komplexität. Willke sagt deshalb zu Recht, daß es im Grunde im Verhältnis von System und Umwelt nicht um Komplexitätsreduktion gehe, sondern um die Produktion von Komplexität aus Kontingenz. *Willke,* a. a. O., S. 261.

108 *Luhmann,* Soziale Systems, S. 96.

109 *Luhmann,* Soziale Systeme, S. 100.

110 *Luhmann,* Soziale Systeme, S. 135.

Dieser Modus symbolischer Generalisierung prägt grundlegend die Erlebnisverarbeitung eines Individuums und reicht von nichtsprachlichen oder vorsprachlichen Objektidentifizierungen über Pauschal- und Gattungsbezeichnungen bis zu heterogenen, mit Vergleichen arbeitenden abstrakten Begriffen.[111] Sowohl die Abstraktionshöhe von Begriffen — d.h. das Ausmaß ihrer Generalisierbarkeit — als auch eine durch die jeweilige Logik erzwungene Verweisung eines Begriffs auf andere und die Limitierung dieses Verweisungshorizonts (z. B. der Ausschluß der Negierbarkeit einer Aussage) bestimmen den Sinngehalt eines Begriffs. Wer beispielsweise den Begriff „Maschine" gebraucht, generalisiert nicht nur eine unüberschaubare Vielzahl möglicher Maschinentypen, er erfaßt auch sinnhaft, daß jede dieser möglichen Maschinen eine aus Einzelteilen planvoll zusammengesetzte Einheit mit einer bestimmten Funktion ist. Der Sinn dieses Begriffs legt auch nahe, daß die Maschine etwas bewegt, Arbeit leistet und von Menschenhand geschaffen wurde. Damit schließt der Begriff aus, daß die Maschine etwas Organisches sein oder auf Bäumen gewachsen oder funktionslos sein könnte. Aber das in Sprache stets angelegte Negationspotential kann auch über diese Selektionsentscheidungen des Begriffs Maschine hinausdenken und nicht-künstliche Entitäten als Maschine begreifen, etwa die Welt als Maschine. Die Begriffslogik trägt hier die Verantwortung, daß derartige Möglichkeiten, in den Verweisungshorizont einzugreifen, nicht zu einer Begriffsentleerung führen.

Sinn ist danach zwar nichts Gegenständliches, kein auf einen bestimmten Träger fixiertes oder angewiesenes Phänomen,[112] aber doch selbst Substanz der individuellen und sozialen Evolution. Beide Systeme — das individuelle Bewußtsein und soziale Systeme — operieren sinnhaft und profitieren beim Aufbau von systemeigener Komplexität von dem Verweisungspotential des Sinngebrauchs. Wenn ich einen Bekannten treffe und überlege, wie ich ihn begrüße, und mich (neutral) zu einem „wie geht es Dir?" entscheide, operiere ich gedanklich mit dem Sinn dieser Begrüßungsformel. Je nach dem Situationskontext und der geplanten Art dieser Äußerung (flüchtig im Vorbeigehen oder mit einem strahlenden Lächeln auf das Gegenüber zugehend) verbinde ich damit die Bedeutung „ich möchte in Ruhe gelassen werden" — die weitergehende Unhöflichkeit des Nichtgrüßens könnte dagegen wieder (negative) Aufmerksamkeit auslösen — oder ein expressives Bedürfnis nach Kontaktaufnahme. Diese und andere sinnhafte Bedeutungen einer einfachen Begrüßungsformel stehen dem Bewußtsein offen, es kann mit ihnen operieren, sie an andere Vorstellungen anschließen, sogar reflektieren, Selbstzweifel an der eigenen Fähigkeit der gelungenen Selbstdarstellung hegen, kurz: in einer einfachen sozialen Situation eine erhebliche Komplexität in seinem psychischen System erzeugen. Der Aufbau dieser Komplexität ist aber sinngesteuert, wird geleitet und begrenzt von dem, was durch den Sinn einer Begrüßungsanrede vorgegeben und ermöglicht wird. Wird dann endlich

[111] *Luhmann*, Soziale Systeme, S. 136 f.
[112] *Luhmann*, Soziale Systeme, S. 141.

die Frage „wie geht es Dir?“ ausgesprochen und an das Gegenüber adressiert, so konstituiert sich dadurch ein soziales System, das ebenfalls durch den Sinn dieser sprachlichen Äußerung bestimmt wird. Die ausgesprochene Begrüßungsfrage ist soziale Handlung. Je nachdem, zu welchem übergeordneten sozialen System diese Handlung gehört, gibt das soziale System Sinnzusammenhang und Verweisungsmöglichkeiten vor.[113]

In einem sozialen System, das durch formale Arbeitsbeziehungen geprägt ist, geben die Berufsrolle und die Art der Organisation spezifische sinnhafte Anschlußmöglichkeiten vor. Der Arbeitskollege, der mit der Begrüßungsfrage konfrontiert wird, kann durch ein formelhaftes, kurz angebundenes „Danke, gut“ auf sein Beschäftigtsein und seine Eile hinweisen oder die Gelegenheit zu einem Morgenplausch nutzen. Jedoch würde er die Grenzen des durch das soziale System vorgegebenen Verweisungszusammenhangs überschreiten, wenn er als Antwort auf die Begrüßungsfrage gar nicht reagieren, einen Vogel zeigen oder die Situation in ein Trinkgelage überführen würde. Das soziale System begrenzt die Möglichkeiten sinnhafter Kommunikation sowohl in zeitlicher wie in sachlicher Hinsicht. Sinn stellt den notwendigen Zusammenhang von Einzelakt (Sequenz) und selbstreferentiellem Prozeß her. Er strukturiert die Situation, gibt Halt und Orientierung, läßt aber durch Verweisungsmöglichkeiten Anschlüsse zu, ja erzwingt diese geradezu und erhält dadurch den Reproduktionsprozeß des sozialen oder personalen Systems.

Die Verweisungszusammenhänge von personalen und sozialen Systemen sind dabei grundsätzlich verschieden, sie knüpfen an heterogene Sinnhorizonte an und erhalten dadurch ihre spezifische Ausprägung.

> „Sinn kann sich in eine Sequenz einfügen, die am körperlichen Lebensgefühl festgemacht ist und dann als Bewußtsein erscheint. Sinn kann sich aber auch in eine Sequenz einfügen, die das Verstehen anderer involviert und dann als Kommunikation erscheint. Ob Sinn als Bewußtsein oder Kommunikation aktualisiert wird, zeigt sich nicht „erst nachher“, sondern bestimmt schon die jeweilige Aktualität des Sinns selbst, da Sinn immer selbstreferentiell gebildet wird und dabei immer die Verweisung auf Anderes als Weg der Verweisung auf sich selbst bezieht.“[114]

Die Gemeinsamkeit der Sinnverwendung bei psychischen und sozialen Systemen ist danach an ganz unterschiedliche Wurzeln angeschlossen — hier das körperliche Lebensgefühl, dort die Verstehbarkeit. Gemeinsamkeit der Sinnverwendung konstituiert daher keine substantielle Einheit im Sinne des Ganzen und seiner Teile, wobei Sinn etwa als Motor zur Einpassung der Elemente in die Struktur des Ganzen angesehen werden könnte. Vielmehr bleibt es bei einer sehr grundsätzlichen prozessualen Trennung beider Systeme. Aber die Gemeinsamkeit

---

[113] Dies entspricht der sprachtheoretischen Analyse von Sprechakten. Vgl. dazu oben Kapitel C. V. 1.

[114] *Luhmann*, Soziale Systeme, S. 142.

der Sinnverwendung knüpft doch auch ihr Schicksal und ihre Entwicklungsmöglichkeiten in spezifischer Weise aneinander.[115]

IV. Co-Evolution als Interpenetration

1. Einheit und Differenz

Sinngebrauch ist nicht als isoliert auf einen Bereich, etwa nur auf ein psychisches System beschränkt, denkbar.[116] Sinn kann sich nur konsensual und interpersonal, also sozial bilden. Man kann bei jedem Sinngebrauch fragen, wie er durch andere erfahren und verarbeitet wird. Luhmann bezeichnet diesen Zusammenhang als die Sozialdimension des Sinns.[117] Als ein Modus individueller Erlebnisverarbeitung kann Sinn zwar spontan neu entstehen oder bestehender variiert werden, aber dies geschieht nicht voraussetzungslos. Sinnbildung bedarf sozialer Bestätigung. Er wird durch Überprüfung anderer Sinnverwender gefestigt, fortgeschrieben und entwickelt.[118] Insoweit ist Sinn bei aller Beteiligung des Individuums und seines Bewußtseins in erster Linie sozialen und kommunikativen Ursprungs.[119]

Die Generierung und Entfaltung von Sinn hängt sowohl von sozialen als auch psychischen Strukturen ab, Sinn wird wechselseitig produziert und stabilisiert. Mit ihm entfalten sich psychische und soziale Systeme in einer Weise, die Luhmann als Co-Evolution bezeichnet.[120]

Bei dieser wechselseitigen Entfaltung und Steigerung von Operationsmöglichkeiten ranken sich sowohl die individuellen wie die sozialen Strukturen am Stamm des zur Verfügung stehenden Sinnhorizonts hoch. Die in der gemeinsamen Sinnverwendung liegende Einheit von personalen und sozialen Systemen wird von der autopoietischen Geschlossenheit beider Systeme gleichwohl als Differenz offengehalten. Das psychische System als Bewußtsein baut Strukturen auf, die Ereignisse als solche wahrnehmbar machen und in adaptive sinnhafte Vorstellun-

---

115 Mit Luhmann könnte man sagen, daß die Unterscheidung von personalen und sozialen Systemen „als Unterscheidung gehandhabt werden muß. Das heißt: Die eine Seite gibt es nicht ohne die andere". *Luhmann,* ZfS 16 (1987), S. 468.

116 Sinnverwendung wäre bei einem Casper Hauser nicht denkbar, weil Sinn immer auch eine soziale Dimension aufweist.

117 *Luhmann,* Soziale Systeme, S. 161.

118 Aus diesem Grunde führt zunächst die Entwicklung der Schrift, dann des Buchdrucks zu enormen Vervielfältigungsmöglichkeiten individueller und sozialer Sinnproduktion, weil Sinn konserviert und an eine Vielzahl von Adressaten verteilt werden kann.

119 *Giegel,* Interpenetretation und reflexive Bestimmung des Verhältnisses von psychischen und sozialen Systemen, in: Haferkamp / Schmid (Hrsg.), Sinn, Kommunikation und soziale Differenzierung, a.a.O., S. 212 (218).

120 *Luhmann,* Soziale Systeme, S. 141, 367; *Luhmann,* Die Autopoiesis des Bewußtseins, Soziale Welt 1985, S. 402 (418).

gen umwandeln. Die Produktion von Vorstellungen erzeugt dabei, ebenso wie die Produktion von Kommunikationen im sozialen System, auch zugleich neue Strukturen. Die Differenz zwischen beiden Bereichen bleibt prinzipiell unüberwindbar, weil personale und soziale Systeme verschiedene Basisoperationen vollführen. Bewußtsein und Vorstellungen sind im emotionalen Erleben des Individuums verankert und erhalten von dort eine stete Richtungsgebung. Vorstellungen von Vernunft, die sich auf das konkrete Individuum stützen, haben diese Durchdringung menschlichen Bewußtseins im Auge zu behalten, um nicht dem Glauben zu erliegen, Menschen könnten kalt rational oder nur der Wahrheit verpflichtet ihre Vorstellungen organisieren. Auf der anderen Seite ist soziales Handeln auf Akkordierung und verstehende Akzeptanz angewiesen. Das im Bewußtsein repräsentierte emotionale Erleben eines Einzelnen ist immer zu komplex, als daß es in Kommunikationen vollständig umgesetzt werden könnte. Um eine Botschaft des einen Individuums für andere verstehbar zu machen, muß sie formalisiert, standardisiert und vereinfacht werden. Die Sprache erzwingt solche Komplexitätsreduktionen, damit Verstehen möglich und wahrscheinlich wird. Wer meint, Bewußtsein und Sprache seien einerlei, der sollte an die kläglichen Versuche denken, widersprüchliche Emotionen oder assoziative Gedanken in Sprache umzusetzen. Es bleibt immer das Gefühl, nicht alles sagen zu können oder daß alles falsch wird, wenn es ausgesprochen ist.

> „Es ist nicht nur so, daß Gefühle oft verzerrt kommuniziert werden, man kann auch in Erfahrung bringen, daß das, was man fühlt, nicht dem entspricht, was man kommuniziert.“ [121]

An solchen Übersetzungsproblemen wird die Differenz von personalen und sozialen Systemen erfahrbar. Dennoch benutzen beide Systeme die Komplexität und die Leistung des jeweils anderen Systems zum Aufbau eigener Komplexität. Sprache ist ein Beispiel dafür. Sie ist genuin ein soziales Phänomen, aber sie führt, wenn ein individuelles Bewußtsein sich ihrer bedient, zu einer enormen Komplexitätssteigerung im Individuum. Die Formstrenge der Sprache, die Möglichkeit, durch Begriffsbildungen differenziert wahrzunehmen, zeitlich anders zu sequentieren, Bestehendes zu negieren, Begriffe abstrakt in Beziehung zu setzen — all das erlaubt dem individuellen Bewußtsein völlig neue Autonomiegewinne. Zugleich wird das Denken versprachlicht, in gewissem Sinne mithin sozialisiert. Luhmann sieht dabei den evolutionären Vorteil von Sprache darin, daß sie zwar strenge Form ist, aber der Prägung durch individuelles Neuarrangement offensteht [122]. In entgegengesetzter Sicht können soziale Systeme erst dann eine autopoietische Formation erreichen, wenn in ihrer Umwelt autonome, distanzfähige Individuen existieren. Soziale Systeme bauen auf deren Kreativität immer komplexere eigene Systemstrukturen auf. Man denke hier nur daran, in welchem Maße die prosperierende Computer-Branche die innovative Intelligenz von Ju-

---

121 *Giegel*, a.a.O., S. 219.

122 *Luhmann*, Wie ist Bewußtsein an Kommunikation beteiligt?, S. 892.

gendlichen und Außenseitern in Anspruch nimmt, ein Beispiel dafür, daß ökonomische Strukturen und Entscheidungen zunehmend von kreativen Engagements der Individuen abhängen.

Dieses Aufeinanderangewiesensein betont die Einheit von personalen und sozialen Systemen unter der Prämisse ihrer Differenz. Jede Struktur, jedes Muster, jede sprachliche Form, die ein psychisches System benutzt, um damit Vorstellungen zu produzieren oder zu kanalisieren, ist angeschlossen an die Leistung sozialer Systeme.[123]

Und dennoch prozessiert das individuelle Bewußtsein auf sich selbst bezogen und autonom. Einheit und Differenz müssen deshalb sowohl als sehr ausgeprägt wie auch immer simultan gedacht werden. Mit diesem theoretischen Konzept stößt Luhmann mitten ins Zentrum der Durkheimschen Steigerungsfrage vor. Individuum und soziale Ordnung nehmen beide an Komplexität und Autonomie zu, *indem* sie zunehmend die Komplexität des jeweils anderen Bereichs zum Aufbau eigener, rekursiv angelegter, komplexer Strukturen benutzen. Sie werden immer freier, d.h. selbstbezüglicher, aber sie werden auch immer abhängiger von den Leistungen des anderen Bereichs. Wer darunter leidet, daß Menschen immer abhängiger von einer überkomplexen Gesellschaft werden, sollte nicht außer acht lassen, daß moderne Gesellschaften immer abhängiger von selbstbestimmten, entscheidungsfähigen und kreativen Individuen werden. In diesem Systemzwang könnte man eine strukturelle Überlegenheit offener, demokratischer Gesellschaften gegenüber allen Gesellschaftsformen sehen, die das Individuum in enger Gängelung zu sozialen Subsystemen (Politik, Ökonomie, Religion) halten wollen. Eine Modernisierung von Ökonomie und Gesellschaft führt langfristig nur über den Weg offener Gesellschaften und freier Individuen.[124]

Ausfüllungsbedürftig in diesem Co-Evolutionsmodell personaler und sozialer Systeme bleibt aber noch die Art und Weise, wie die Systeme — auf Einheit und Differenz gleichermaßen ausgerichtet — miteinander prozessieren. Das Verhältnis zweier autopoietischer sinnverwendender Systeme kann nicht zureichend mit dem „normalen" System / Umwelt-Verhältnis beschrieben werden.[125] Etwas geheimnisvoll spricht Luhmann davon, daß hier eine *besondere* Intersystembeziehung vorliege, wobei das eine System seine eigene Komplexität dem anderen System zu dessen Aufbau zur Verfügung stelle.[126] Dieses Wechselleistungsver-

---

123 Vgl. *Luhmann*, Soziale Systeme, S. 299.

124 Vgl. dazu *Erhard Stölting*, Disziplin und Durst nach unbegrenztem menschlichen Umgang. Alltagsmoral in der Sowjetunion, 1987.

125 *Giegel*, a.a.O., S. 215.

126 *Luhmann*, Soziale Systeme, S. 290. Auch an dieser Stelle wird die Affinität der Theorie sozialer Systeme zu evolutionsbiologischen Vorstellungen erkennbar. Die Entwicklung von Leben setzt Leben als gesteigerte Umweltkomplexität voraus. Entwickeltes Leben tendiert zu immer größerer Autonomie und erreicht dieses Ziel durch immer größere interne Komplexitätssteigerungen. Diese wiederum wird begünstigt, erzwungen

hältnis kann nicht in den Terms von Input und Output beschrieben werden. Es handelt sich um eine Art der Durchdringung bei gleichzeitiger Schließung der Systeme, die von Luhmann im Anschluß an Parsons als Interpenetration bezeichnet wird.

2. *Interpenetration*

a) Der Grundgedanke der Interpenetration

Den Begriff der Interpenetration entleiht Luhmann von Parsons. Die *Austauschbeziehungen* zwischen funktional aufeinander verweisenden Systemen können mit dem Konzept symbolisch generalisierter Kommunikationsmedien erfaßt werden.[127] Der Begriff der Interpenetration greift allerdings von vornherein über bloße intersystemische Austauschbeziehungen (Leistungen) hinaus.[128] Es geht um in gewisser Weise Systemgrenzen durchdringende „Übergriffe" des einen Systems auf das andere.[129] Das durch die (durchdringende) Interpenetration konstituierte System internalisiert hohe Komplexität anderer, in seiner Umwelt befindlicher Systeme in Form unanalysierter Abstraktionen.[130]

Eine komplizierte Umschreibung für einen komplizierten, weil voraussetzungsreichen Sachverhalt. Konkreter wird der Zusammenhang, auf den der Begriff der Interpenetration zielt, wenn man sich mit Luhmann vor Augen hält, daß psychische Systeme die sie umgebende soziale Umwelt als eine besondere Umwelt wahrnehmen, die ebenfalls System ist und die ihre Konstitution aus eben jenem Interpenetrationsprozeß erfährt.[131]

Soziale Systeme haben es mit der Komplexität und damit immer auch mit der Unberechenbarkeit von Menschen zu tun. Sozialer Systembildung ist das Problem sozialer Ordnung deshalb inhärent, weil soziale Systeme eine Umwelt von relativ freien (relativ zu den sozialen Strukturen) Individuen immer voraussetzen, da hier die identitätsstiftende Komplexitätsgrenze sozialer Systeme verläuft. In der Freiheit der Individuen, anders als erwartet zu handeln, liegt für das soziale

oder beschleunigt durch eine komplexe, scil. lebendige Umwelt. Nur so ist die enorme Temposteigerung der Evolution in ihrem zeitlichen Ablauf zu verstehen.

127 Vgl. *Parsons,* Social Structure and the Symbolic Media of Interchange, in: *P.M. Blau* (Hrsg.), Approaches to a Study of Social Structure, 1975, S. 94 ff.

128 *Luhmann,* Interpenetration bei Parsons, ZfS 1978, 299 (301); *ders.,* Soziale Systeme, S. 290.

129 Vgl. *Luhmann,* ZfS 1978, 299 (301). An anderer Stelle spricht Luhmann von einer Durchbrechung des einfachen Komplexitätsgefälles zwischen Umwelten und Systemen. *Luhmann,* Interpenetration — Zum Verhältnis personaler und sozialer Systeme, ZfS 1977, 62 (68). Der Interpenetrationsgedanke wird sehr anschaulich bei *Münch,* Theorie des Handelns, S. 111 f. entwickelt, dann aber im System des AGIL-Schemas weiterbehandelt.

130 *Luhmann,* ZfS 1977, 62 (68).

131 *Luhmann,* ZfS 1977, 62 (68).

System die unbeherrschbare, aber zur Konstituierung der System / Umwelt-Differenz auch unverzichtbare Umweltkomplexität.

Aus der individuellen Perspektive geht es um die Offenheit von Situationen, um Kontingenz, die ein Mehr an Möglichkeiten und Zwang zur Selektion bedeutet.[132]

Ein Handlungssystem ist um seiner Stabilisierung willen darauf angewiesen, daß in seiner Umwelt Beiträge (Handlungen / Kommunikationen) erbracht werden, die funktional in das soziale System — nach dessen Code und Präferenzen — eingebaut werden können. Dieses Ziel läßt sich zunächst am leichtesten erreichen, wenn die Beiträge entsprechend funktional diszipliniert und Handlungsbeiträge in hohem Maße erwartbar gemacht werden. In traditionalen Gesellschaften wird diese Erwartbarkeit des Handelns durch Institutionen — wie Familie, politische Hierarchie und Religion — verankert und über Traditionen, Werte und religiöse Inhalte vom Individuum gleichsam internalisiert.

Normen, moralische Imperative, Bräuche und Weltbilder sind in traditionalen Gesellschaften konkretisiert, ihre Verletzung wird von außen sanktioniert und über das Gewissen von innen kontrolliert. Im okzidentalen Kulturkreis wurde diese relativ enge Handlungssteuerung nach Maßgabe sozialer Funktionen zuletzt in der mittelalterlichen Gesellschaft mit ihrem relativ streng handlungsleitenden religiösen Weltbild, ihrem hierarchischen Werte- und Moralsystem, hoher Rollenakzeptanz und Rollenbindung, ihrem repressiven Recht und enger sozialer Kontrolle noch einmal verwirklicht.[133] Damit verglichen weisen moderne Gesellschaften eine deutlich abstraktere Implementierung bestimmter Handlungs- und Denkmuster im Individuum und seine größere Distanz zu sozial bestimmten Situationen auf.[134]

Je weniger konkret und abgesichert Verhaltenserwartungen sind, desto mehr ergibt sich die Frage, wie unter diesen unsicheren Bedingungen soziale Systeme überhaupt noch mit Erwartungen operieren können.[135] Damit zusammen hängt die Frage, wie Gesellschaften autonome Individualität ertragen können oder, noch weiterreichend, diese sogar funktional erzwingen. Die Antwort liegt in der eigentümlichen Beziehung der Interpenetration, wo die Komplexitätssteigerung der einen Seite von Komplexitätszunahmen der anderen Seite abhängt.

---

132 *Luhmann:* „Kontingenz heißt Risiko". Soziale Systeme, S. 47. Sie verweist auf „andere Möglichkeiten", a. a. O., S. 380. Kontingenz bezeichnet etwas, das weder notwendig (determiniert) noch unmöglich ist, also etwas, das so wie es ist sein kann, aber auch ganz anders möglich wäre. *Luhmann,* Soziale Systeme, S. 152.

133 Zu den Grundlagen der alteuropäisch-traditionalen Gesellschaft: *Bauer / Matis,* Geburt der Neuzeit, a. a. O., S. 15 ff., S. 140 ff.

134 Größere Distanz geht allerdings auch mit der Fähigkeit zu größerem Engagement einher. Dazu: *Elias,* Engagement und Distanzierung. Arbeiten zur Wissensoziologie I, 1987, S. 9 ff.; sowie unten Kapitel F.

135 Zum Erwartungsbegriff vgl. *Luhmann,* Rechtssoziologie, 2. Auflage, 1983, S. 31 ff.

„Die durch Interpenetration zustande kommende Beziehung von Individuum und Gesellschaft kann auf ihre Funktionalität hin überprüft werden. Zum Beispiel kann man fragen, ob unter Bedingungen der moderne Gesellschaft Personen durch Interpenetrationsprozesse genügend komplexe Strukturen erhalten, um die von ihnen geforderten Leistungen zu erbringen und die ihnen zugemuteten Belastungen zu tragen." [136]

Das Individuum als eigenständiges Aktivitätszentrum wird zu der spezifischen Umwelt hochkomplexer sozialer Systeme. Individuelle Freiheit wird Voraussetzung der Steigerung sozialer Ordnung.

„Jede differenzierte Gesellschaftt, die soweit entwickelt ist, daß sie zentral nicht mehr ausreichend koordiniert werden kann, muß sich auf Persönlichkeiten als Knotenpunkt sozialer Anforderungen stützen. Das führt zu erhöhten Investitionen in den Einzelnen." [137]

Psychisches und soziales System stellen wechselseitig füreinander *spezifische* Umwelten dar, wobei die Umwelt des Systems ein System ist, es sich also um eine Intersystembeziehung handelt. In derart spezifischen Intersystembeziehungen erfolgt der Vorgang der Interpenetration. [138]

Interpenetrierende Systeme haben gemeinsame Modi der Komplexitätsverarbeitung, prozessieren aber mit unterschiedlichen Elementen. Sinnverwendung und Sprache liegen als Beispiele für das Verhältnis von psychischen und sozialen Systemen nahe. Aber ein sinnhaftes Handeln, eine sprachliche Äußerung werden von einem sozialen System mit einer bestimmten Selektivität behandelt — ein Rülpsen während eines Festvortrags wird vom sozialen System ignoriert, während ein psychisches System peinlich berührt sein kann oder Scham- bzw. Pietätsgefühle reflektiert, also diese „Äußerung" in seinen Bewußtseinsprozeß aufnimmt. Ein Ereignis kann also identisch sein und doch für die beteiligten beiden Systeme ganz Verschiedenes bedeuten und zu anderen Konsequenzen führen. [139]

Weil die Ereignisse, mit denen beide Systeme arbeiten, identisch sind, entsteht aber eine seltsame Überlappung beider Bereiche. Es ist für Luhmann in diesem Zusammenhang viel zu undeutlich, von einer Überschneidung zweier an sich räumlich getrennter Bereiche zu reden, es ist eine Überschneidung über räumliche Vorstellungen hinaus, eine der Prozesse. Die Prozeßgrenzen beider Systeme oszillieren.

„Entscheidend ist, daß *die Grenzen des einen Systems in den Operationsbereich des anderen übernommen werden können*. So fallen die Grenzen sozialer Systeme in das Bewußtsein psychischer Systeme." [140]

---

136 *Giegel*, a.a.O., S. 215.

137 *Luhmann*, Grundrechte als Institution, 1965, S. 55.

138 *Luhmann*, Soziale Systeme, S. 290.

139 *Luhmann*, Soziale Systeme, S. 293.

140 *Luhmann*, Soziale Systeme, S. 295.

Psychische Prozesse sind umgekehrt der notwendige Nährboden für soziale Systeme, jenes Überangebot an Handlungsweisen und kommunizierbaren Gedanken, aus dem ein soziales System sich das selektiv auswählt, was es zum Aufbau eigener Systemstrukturen benötigt.

b) Zwischenergebnis

Wer an dieser Stelle innehält und einen Blick zurückwirft auf das klassische Paradigma von Individuum und Gesellschaft, der bemerkt, wie radikal Luhmann dieses Paradigma auf den Kopf stellt und „gegen den Strich bürstet". Seit Hobbes galt individuelle Freiheit als *die* Gefahr für soziale Ordnung. Das Problem sozialer Ordnung war und ist überhaupt nur insoweit ein Problem, als individuelle Freiheit besteht. Die Aporien und Paradoxien dieses Paradigmas liegen unterschwellig dann aber in der Frage, wie und warum sich individuelle Freiheit evolutionär überhaupt durchsetzen konnte — wenn man sie nicht wie Hobbes als anthropologische Konstante voraussetzt. Kant und Durkheim haben diese Paradoxie gespürt und theoretisch darauf reagiert. Vor allem Durkheims Steigerungsfrage spiegelt die Paradoxie wider.

Luhmann entparadoxiert die soziologische Kardinalrelation. Für ihn verursacht individuelle Freiheit nicht das Problem sozialer Ordnung, *sondern sie ist Voraussetzung für den Aufbau anspruchsvoller Ordnungsstrukturen*. Zumindest in hochkomplexen Sozialsystemen — wie sie in modernen Gesellschaften gegeben sind — stehen sich individuelle Freiheit und soziale Ordnung nicht mehr prinzipiell antinomisch gegenüber, so daß immer wieder erklärt werden müßte, wie soziale Integration trotz individueller Freiheit möglich ist, sondern sie sind zutiefst voneinander abhängig, nämlich in ihren Konstitutionsprozessen aufeinander verweisend. In Bezug auf das Wirtschaftssystem und seine Preise hat Luhmann — und dies gilt für alle Bereiche, die mit autopoietischen Systemen zu tun haben — die Umstülpung des Teile-Ganzes-Schema als allgemeine Einsicht seiner Systemtheorie formuliert:

> „Für die Systemtheorie ist es eine geläufige These, daß komplexe Systeme Instabilitäten schaffen müssen, um den Problemen Rechnung tragen zu können, die sich aus der Erhaltung von geordneter Komplexität in einer noch komplexeren und weniger geordneten Umwelt ergeben. Diese Aussage läßt sich auch umkehren: Instabilitäten lassen sich in Systemen nur halten und gegen Verhärtung schützen, wenn eine hinreichend komplexe Umwelt besteht, die überraschende Informationen auslöst, . . ." [141]

Bezogen auf das Verhältnis von psychischen und sozialen Systemen heißt das, daß ab einem bestimmten Komplexitätsniveau soziale Ordnung auf die Unberechenbarkeit und Instabilität psychischer Systeme angewiesen ist, um sich erhalten zu können. Bevor die Konsequenzen dieser radikalen Umkehrung einer okzidenta-

---

141 *Luhmann*, Die Wirtschaft der Gesellschaft, S. 23.

len Kardinalrelation diskutiert werden, soll der Interpenetrationsvorgang aber noch näher beleuchtet werden, insbesondere der von Luhmann hervorgehobene wechselseitige Konstitutionszusammenhang.[142]

c) Interpenetration und doppelte Kontingenz

Personale und soziale Systeme haben es mit der Ausgangssituation doppelter Kontingenz zu tun. Individuen sind nicht nur insoweit frei, als sie eine ganze Palette von Handlungsmöglichkeiten realisieren können; sie vermögen auch zu reflektieren und den anderen als ebenso freien Akteur wahrzunehmen. Ein personales System kann eigene Verhaltenserwartungen bilden und die Erwartungen anderer antizipieren. Die Antizipierung einer fremden Verhaltenserwartung kann das eigene Verhalten bereits beeinflussen, bevor eine solche Erwartung sich überhaupt beim Erwartungsträger gebildet hat. Wer in der Straßenbahn neben seinem Sitzplatz eine alte Frau stehen sieht, kann die Erwartung, aufzustehen und ihr den Sitzplatz anzubieten, bereits in seine Verhaltensdisposition aufnehmen, bevor diese Erwartung sich bei der alten Dame oder bei Umstehenden gebildet hat. Es wird mit der Erwartungsübernahme etwas in das eigene psychische System übernommen und wie ein eigenes Ereignis prozessiert.[143]

Diese Situation ist seit Mead nichts Neues. Mead setzt in Bezug auf das Individuum dem I ein identitätsformendes Me entgegen, das er als diejenigen Haltungen kennzeichnet, die von anderen stammen, die man aber selbst einnimmt und die das eigene Verhalten beeinflussen.[144] Anders als Mead oder Freud verzichtet Luhmann aber auf die gegenständliche Darstellung zweier Antagonisten im Individuum, von denen der eine gewissermaßen die Geschäfte des Sozialwesens besorgt, etwa als Über-Ich im Dienst der Gesellschaft. Als separate Kontrollinstanz darf man sich das Wirken des Sozialen im Individuum nicht vorstellen, es würde die Autopoiesis des Systems stören, weil die Grundoperationen des personalen und des sozialen Systems verschieden sind. Luhmann geht wie Mead von der Grundsituation doppelter Kontingenz im Ego / Alter-Verhältnis aus, aber er stellt dieses Verhältnis weder handlungstheoretisch noch in sonstiger Weise auf die Absichten der Aktoren reduzierend intentional dar.[145]

Die wechselseitig verschränkte und reflexive Situation der Wahrnehmung zwischen Ego und Alter entspricht nur auf den ersten Blick den Modellen des symbolischen Interaktionismus. Luhmann geht es darum, daß das theoretische Konzept der Interpenetration als Durchdringungsmodus zweier autopoietischer Systeme die Möglichkeit doppelter Kontingenz erklärt.[146] Doppelte Kontingenz

[142] Vgl. *Luhmann*, Soziale Systeme, S. 295.

[143] Ich kann zum Beispiel auch sitzenbleiben und dann ein schlechtes Gewissen haben oder mir Rechtfertigungsgründe ausdenken.

[144] *Mead*, Geist, Identität und Gesellschaft, 1973, S. 219.

[145] *Luhmann*, Soziale Systeme, S. 368.

zielt als Begriff nicht nur auf die Koordination von divergenten Absichten der Akteure, „es geht vielmehr um die Grundbedingung der Möglichkeit sozialen Handelns schlechthin.“[147] In dem situativen Kontext, der mit doppelter Kontingenz umschrieben wird, stehen sich Ego und Alter als frei Handelnde und damit wechselseitig unberechenbare Akteure gegenüber. Damit ist gesagt, daß die Handlungsmöglichkeiten Alters nicht festgelegt, sondern kontingent sind. Ego, für den gleiches zutrifft, weiß nicht nur, daß Alters Handeln kontingent ist, sondern daß auch Alter es — Ego — in einer kontingenten Handlungssituation wahrnimmt. Kommunikation zwischen beiden ist insofern, daß der andere eine fremde Selektion als eigene übernimmt, unter diesen Umständen äußerst unwahrscheinlich. Dabei entsteht eine kommunikationsverhindernde Zirkularität, wenn Alter sein Handeln davon abhängig macht, wie Ego handelt, und Ego an Alter anschließen möchte.[148]

Die Partner wissen um dieses Dilemma in ihrem Bewußtsein von doppelter Kontingenz. Weil sie die Unbestimmtheit der Situation kennen, erfährt jede Aktivität strukturbildende Bedeutung.[149] Ein freundliches Lächeln stimmt auf Anschluß ein, ein versehentliches Abwenden des Kopfes kann den endgültigen Abbruch bedeuten oder doch folgende Kontakte abkühlen.

Soziale Systeme unter Anwesenden (Interaktionen) können autokatalytisch entstehen, ohne prinzipiell auf ein vorgeordnetes, immer schon vorhandenes gemeinsames Wertesystem zurückgreifen zu müssen. Luhmann bestreitet damit nicht die tatsächliche Bedeutung von Konsens und gemeinsamer Wertorientierung für die gesellschaftliche Realität, aber es kommt ihm darauf an, die grundsätzlichste, d.h. einfachste Problemsituation, die sich aus der Handlungsfreiheit der Individuen ergibt, nicht von vornherein mit hierarchischen Modellen und zeitlich bereits vorher entstandenen und deshalb in ihrer Abgeschlossenheit opaken Einflußfaktoren zu belasten.[150]

---

146 „Der Begriff der Interpenetration antwortet auf die Frage nach den Bedingungen der Möglichkeit doppelter Kontingenz.“ *Luhmann*, Soziale Systeme, S. 293.

147 *Luhmann*, Soziale Systeme, S. 149. Konsens sieht Luhmann als eine bestimmte *soziale* Problemlösung für die offene Situation doppelter Kontingenz. Aber es ist nicht die einzige. In *zeitlicher* Hinsicht kann es ebenfalls zu Strukturbildungen kommen, einfach weil jemand anfängt zu kommunizieren — probeweise und sich dem sich ergebenden thematischen Verlauf überläßt. *Luhmann*, Soziale Systeme, S. 150.

148 *Luhmann*, Soziale Systeme, S. 149.

149 *Luhmann*, Soziale Systeme, S. 154.

150 Parsons, von dem sich Luhmann mit diesen Hinweisen abzusetzen sucht, hat das Wertesystem natürlich nicht in diesem undurchsichtigen Zustand belassen, sondern auf anderer Referenzebene funktional analysiert. Aber Parsons und in seiner Folge etwa Münch oder Habermas halten Werte und Konsens an *jeder* Handlungssituation für beteiligt. Im AGIL-Schema entspräche dies der stets als funktionale Aufgabe eines Handlungssystems bestehenden Beziehung zwischen L und I, die auf Bewahrung latenter Strukturen und Integration angelegt sind. Vgl. dazu etwa *Münch*, Die Struktur der Moderne, a.a.O., S. 99.

Luhmann weist darauf hin, daß das Problem der doppelten Kontingenz auch anders als über gemeinsame Wertebindung oder Konsens sich lösen läßt und damit auch anders soziale Systeme entstehen können.

> „Nichts zwingt dazu, die Lösung des Problems der doppelten Kontingenz ausschließlich in schon vorhandenen Konsens, also ausschließlich in der Sozialdimension zu suchen. Es gibt funktionale Äquivalente, zum Beispiel solche der Zeitdimension. Alter bestimmt in einer noch unklaren Situation sein Verhalten versuchsweise zuerst. Er beginnt mit einem freundlichen Blick, einer Geste, einem Geschenk — und wartet ab, ob und wie Ego die vorgeschlagene Situationsdefinition annimmt. Jeder darauf folgende Schritt ist dann im Lichte dieses Anfangs eine Handlung mit kontingenzreduzierendem, bestimmendem Effekt — sei es nun positiv oder negativ.“ [151]

Dieser mögliche, weder durch Konsens noch gemeinsame Wertebindung in Gang kommende, sich möglicherweise autokatalytisch voranbringende Prozeß arbeitet mit *Zufällen*. Gerade hochorganisierte, autopoietische Systeme sind nicht nur zufallsempfindlich, sie benötigen auch Zufälle als nicht determinierte Ereignisse, um eigene Komplexität aufzubauen. [152]

Wertekonsens muß dabei keineswegs der Systembildung konstitutiv zugrunde liegen, sondern kann von einem „zufallsinganggesetzten“ System erst produziert werden. [153] Luhmann zentriert seine Aufmerksamkeit auf die Zeitstruktur allen sozialen Handelns und aller Kommunikation. Während Konsens und Integration über Werte *soziale* Mechanismen für den Aufbau sozialer Ordnungen darstellen, ergeben sich jene autokatalytisch wirkenden Zufälle insbesondere aus den Bedingungen der Zeitlichkeit jeder Kommunikation. Notwendige Handlungsabfolgen in der Zeitdimension und die Notwendigkeit, Anschlüsse an den jeweiligen Systemprozeß — die Autopoiesis — zu ermöglichen, lenken — wenngleich nicht allein — als „invisible hand“ den Aufbau sozialer Systeme.

> „Diejenigen Themen werden bevorzugt, zu denen man schnell etwas beitragen kann. Selektionsketten, die rascher operieren können, verdrängen solche, bei denen man erst lange überlegen muß, auf was man sich einläßt. Darin ist eingeschlossen, daß derjenige, dem zuerst Operationalisierbares einfällt, im Vorteil ist.“ [154]

So innovativ dieser noch einmal die Selbstreferenz sozialer Systeme betonende Gedanke der Zeitlichkeit ist, so trägt er doch unmittelbar zum Problem doppelter Kontingenz und zu der in Folge der Problemlösung sich ergebenden Interpenetrationsvorstellung wenig bei, er beschränkt sich auf zum Teil mitlaufende, zum Teil aber auch konstituierende Bedingungen der Interaktion.

Die Handhabung doppelter Kontingenz wird dagegen wesentlich erleichtert, wenn vom sozialen System bestimmte personale Ereignisse oder Signale aufge-

---

151 *Luhmann,* Soziale Systeme, S. 150.

152 Vgl. *Luhmann,* Soziale Systeme, S. 170.

153 *Luhmann,* Soziale Systeme, S. 151.

154 *Luhmann,* Soziale Systeme, S. 168 f.

nommen und verarbeitet werden. Derjenige, der eine Kommunikation beginnt, muß sich orientieren, wie der andere auf ein thematisches Angebot reagiert. Das kann erprobt werden; besser ist es, wenn man thematische Präferenzen, Neigungen oder Vorlieben kennt und weiß, wie der andere mit bestimmten Themen umgeht.[155] Damit werden aber Präferenzen des einen personalen Systems nicht etwa nur in ein anderes eingebaut, sondern diese „Rücksichtnahme" ist ein Konstitutionselement des sozialen Systems. Bemerkt ein Anhänger der Atomenergie im Gespräch mit seinem Gegenüber, daß dieser ein entschiedener Gegner dieser Energieform ist, so wird das wechselseitige Bemerken unmerklich die Struktur der Kommunikation beeinflussen, weil Konzessionen zur Verhinderung des Abbruchs gemacht werden müssen, die nicht kausal den beteiligten personalen Systemen zugerechnet werden können. An dieser Stelle trifft sich Luhmann mit Habermas. Der eigentümliche Zwang argumentativer Rede ist deshalb eigentümlich, weil er eben als ein Äußeres auf die beteiligten Individuen wirkt, obwohl doch alle Redebeiträge von ihnen ausgehen. Der strukturelle Zwang ergibt sich eben nicht aus personalen Dispositionen, sondern aus sozialen Funktionserfordernissen. Diese Funktionserfordernisse sind aber mit der Herstellung von Konsens (Habermas) zu konkret und zu einseitig erfaßt.[156] Neben personalen Faktoren wie Motivation, Kompetenz, Intention der Aktoren eines sozialen Systems spielen sicherlich auch, sobald Sprache verwendet wird, Koordinationsprobleme eine Rolle. Luhmann nimmt die Probleme aber abstrakter in seinen Kommunikationsbegriff auf, der Kommunikation als Zusammenfassung von Information, Mitteilung *und* Erfolgserwartung ansieht.[157]

Aber wenn soziale Ordnung sich in Form eines Systems aufbaut, hat es eine abstraktere Aufgabe als die Erzielung von Konsens. Damit sie sich als Ordnung, d.h. immer als etwas *Unwahrscheinliches*, etablieren kann, muß sie mitlaufend — und insofern selbstbezüglich — die Überführung von Unwahrscheinlichem in verfestigte Wahrscheinlichkeit leisten, also etwa Handlungen und Anschlußhandlungen erwartbar machen.[158]

Konsens oder Dissens sind dann weder funktionale Bezugspunkte sozialen Handelns noch etwas teleologisch Inhärentes, sondern einfach Ergebnisse dieses Stabilisierungsprozesses.[159]

---

155 Vgl. *Luhmann*, Soziale Systeme, S. 160.

156 Dies liegt bei Habermas darin begründet, daß er das kommunikative Handeln, und dabei wiederum die argumentative Sprachverwendung, in den Vordergrund seiner Theorie rückt. Vgl. oben Kapitel C. 3.

157 *Luhmann*, Soziale Systeme, S. 197.

158 Dies kann durch die Verdopplung von Unwahrscheinlichkeit geschehen. *Luhmann*, Soziale Systeme, S. 166. Ist Ego unsicher, wie er sich gegenüber Alter verhalten soll, und trifft gleiches umgekehrt auch zu, dann kann man sich an der wechselseitigen Unsicherheit orientieren und einen Anfang finden. Ein Flirt kann nach diesem Schema gut rekonstruiert werden.

159 *Luhmann*, Soziale Systeme, S. 177.

Um Interpenetration handelt es sich dabei insofern, als das soziale System Ereignisse oder Strukturen des personalen Systems wahrnimmt und in seine eigene Autopoiesis, also sein selbstbezügliches Prozessieren, aufnimmt. Diese Durchdringung unter Aufrechterhaltung der Systemgrenzen, die ja durch den völlig anderen Modus und die andersartige Anknüpfung von Bewußtsein und Kommunikation festliegen, weist erneut — wie schon das Grundkonzept der Selbstreferenz — alle reduktionistischen handlungstheoretischen Ansätze, die soziale Systeme aus den Absichten der Aktoren zu erklären versuchen, als viel zu einfach zurück.[160]

Damit schlägt Luhmann überzeugend Pflöcke gegen eine solipsistisch orientierte und reduktionistisch operierende Handlungstheorie ein. Aber das Interpenetrationskonzept hat eine offene Flanke. Es ist (noch) nicht vollständig. Vor allem sind der Anteil und die Funktion von Sprache bei der Interpenetration personaler und sozialer Systeme weitgehend ungeklärt. Dies ist nicht nur deshalb prekär, weil in der theoretischen Konkurrenz zur sprachphilosophisch orientierten Theorie von Habermas Luhmann nur dann die universalistischere Theorie beanspruchen kann, wenn er Funktion und Bedeutung der Sprache konzis erklärt. Vor allem theorieimmanent erscheint Sprache als Schlüsselbegriff, dessen Defizite zu Anschlußproblemen bei der Bestimmung der Begriffe „Bewußtsein", „Sinn" und „symbolisch generalisierte Kommunikationsmedien" führen.

d) Interpenetration, Sinn und Sprache

Der Begriff der Interpenetration erhält nur dann Trennschärfe, wenn er das gemeinsame Medium bezeichnet, das psychische und soziale Systeme verbindet. Beide Ebenen müssen sich sozusagen „verstehen". Es muß etwas geben, was sowohl im psychischen Bewußtsein an Gedanken und Empfindungen anschließen kann als auch Kommunikationen, also sozialen Vorgängen, Richtung und Struktur verleiht. Nach Luhmanns Theoriedesign kommt als Kandidat für diese Leistung nur *Sinn* in Betracht, weil Luhmann immer wieder betont, daß psychische und soziale Systeme ihre Gemeinsamkeit in der Sinnverwendung finden.[161]

Diese Erwartung löst er bei seiner Darstellung des Interpenetrationsprozesses denn auch zunächst ein.

> „Sinn ermöglicht die Interpenetration psychischer und sozialer Systembildungen bei Bewahrung ihrer Autopoiesis; Sinn ermöglicht das Sichverstehen und Sichfort-

---

160 Dies gilt auch für utilitaristische Modelle, da das personale Kalkül des individuellen Nutzens nicht nur zu anspruchsvoll, sondern auch zu grobmaschig ist, um *jede* Kommunikation darauf zurückführen zu können. Aber auch phänomenologische Ansätze der verstehenden Soziologie (Schütz / Berger) muten den beobachtenden oder intuitiven Kenntlichmachen personaler Intentionen zu viel zu. Sie bekommen es dann mit Emergenzproblemen zu tun, die auf die Entkopplung personaler und sozialer Systeme hinweisen. *Luhmann*, Soziale Systeme, S. 160 FN 15.

161 Vgl. oben I. 2. und III. 3. b).

zeugen von Bewußtsein in der Kommunikation und zugleich das Zurückrechnen der Kommunikation auf das Bewußtsein der Beteiligten."[162]

Eine solche Auskunft bleibt allerdings zu abstrakt, um den Vorgang der Interpenetration plastischmachen zu können. Wer weiter nachfragt, wie genau mit Sinn prozessiert wird, erhält die Antwort: „durch binäre Schematisierung".[163]

Wie Sinn reduzieren auch binäre Schematisierungen Komplexität und machen Zurechnungen und Anschlußverhalten möglich. In zwischenmenschlichen Beziehungen kann der Komplexitätsgebrauch des Gegenüber als freundlich / feindlich, richtig / falsch, konform / abweichend, nützlich / schädlich, interessant / langweilig etc. charakterisiert werden.[164]

Man kann sich über interpersonale Beziehungen hinaus auch vorstellen, daß soziale Systeme auf binäre Schematisierungen programmiert sind und personale Komplexität darauf reduzieren, wie umgekehrt soziale Systeme von Personen unter binären Schemata wahrgenommen werden. Die Frage allerdings, die sich an diesem Punkt aufdrängt, wird von Luhmann erst neuerdings thematisiert und eher kursorisch behandelt.[165] Welche Rolle spielt Sprache bei der Sinnverwendung und bei binären Schematisierungen? Setzt eine binäre Schematisierung nicht Sprachgebrauch zwingend voraus? Bedient sie sich nicht des Negationspotentials von Sprache? Ist Sprache nicht der geeignete Kandidat, der Komplexität nicht nur reduziert, sondern auch transportiert und so personalen und sozialen Systemen zum eigen Komplexitätsaufbau zur Verfügung stellen kann? Luhmann schien sich bislang vor diesen Fragen zurückzuziehen, etwa wenn er bemerkt, daß der eigentliche Mechanismus der Interpenetration nur abstrakt umschrieben werden könne, weil eine konkretere Begrifflichkeit entweder nur für das Bewußtsein oder nur für soziale Systeme gelten würde.[166] An anderer Stelle räumt er Schwierigkeiten in der Ausarbeitung des Begriffs der Interpenetration ein.[167]

Luhmann insistiert, daß es keine Kommunikation zwischen Individuum und Gesellschaft gebe; er kann deshalb auf Sprache als eine Form der Kommunikation nicht als identische Form der Sinnverwendung psychischer und sozialer Systeme zurückgreifen.[168] Gleichwohl kann Sprache in einem sehr abstrakten Sinn als „Symbolarrangement" aufgefaßt werden, das die „Bewußtseinsangepaßtheit der

---

162 *Luhmann,* Soziale Systeme, S. 297.

163 *Luhmann,* Soziale Systeme, S. 311.

164 *Luhmann,* Soziale Systeme, S. 316.

165 *Luhmann,* Wie ist Bewußtsein an Kommunikation beteiligt? in: Gumbrecht / Pfeiffer, Materialität der Kommunikation, 1988, S. 884 ff.

166 *Luhmann,* Soziale Systeme, S. 315.

167 *Luhmann,* Autopoiesis als soziologischer Begriff, a.a.O., S. 315.

168 A. a. O. Sprache drängt sich für Luhmann dem Bewußtsein in ihrer sequentiellen Form auf, „ohne Bewußtsein zu sein". *Luhmann,* Autopoiesis des Bewußtseins, a.a.O., S. 418.

Kommunikation"[169] ebenso sicherstellt wie die Sozialangepaßtheit des Bewußtseins. Dabei verleitet die Wahrnehmung der Bewußtseinsangepaßtheit der in der Sphäre der Gesellschaft stattfindenden Kommunikation das individuelle Bewußtsein zu Kausalitätsannahmen. Es hält Kommunikation für bewußtseinsbeherrscht und übersieht die Emergenz kommunikativen Geschehens.[170]

Wer Luhmann im direkten Vergleich zu Habermas liest, wird vielleicht erst an dieser Stelle bemerken, daß nicht nur Habermas auf Luhmann negativ fixiert ist, etwa wenn er sich an Parsons abarbeitet, sondern daß auch Luhmann um jeden Preis eine behauptete größere Universalität[171] gerade gegen Habermas durchzuhalten versucht. Die Annahme einer Universalität von Sprache, die letztlich der Theorie des kommunikativen Handelns zugrunde liegt, relativiert die Systemtheorie. Umgekehrt ist die Systemtheorie universeller, wenn sie nachweisen kann, daß soziale Prozesse nicht notwendig und nicht konstitutiv von Sprache abhängen.[172]

Während Luhmanns Ausarbeitung eines allgemeinen Interpenetrationskonzepts hinsichtlich der Sprachfunktion unvollständig bleibt, greift er an anderer Stelle die Funktion der Sprache auf. In dem eigentlich nicht zur Theorie sozialer Systeme gehörenden Kapitel zur Individualität *psychischer* Systeme behandelt er Sprache als einen Fall von Interpenetration.

> „Das soziale System stellt die eigene Komplexität, die den Test der kommunikativen Handhabbarkeit bestanden hat, dem psychischen System zur Verfügung. Die für diesen Transfer entwickelte evolutionäre Errungenschaft ist die Sprache."[173]

Der mediale Effekt der Sprache zwischen personalen und sozialen Systemen wird nur dann konturenscharf, wenn man die Prämisse unterstützt, daß Denken und sprachliches Denken nicht identisch sind. Das psychische System, gedacht als Bewußtsein, das zwischen dem organischen und den sozialen Systemen steht und das mit Vorstellungen operiert, von Vorstellungen lebt, ist zu wesentlich komplexeren Empfindungen oder Gedanken fähig, als sie sich in Sprache ausdrükken lassen.[174] Aber wer in sich hineinhorcht, spürt den Sog, der von Sprache

---

169 *Luhmann,* Wie ist Bewußtsein an Kommunikation beteiligt?, S. 889.

170 Die Fehlidentifizierung von Sprache im Bewußtsein und in Kommunikationen führt auch daher, daß die Verwendung von Sprache als originärer Bewußtseinsakt erlebt wird („Denken ist inneres Sprechen"). Dazu unten E. II. und oben 1.

171 Dazu etwa *Luhmann,* Soziologie der Moral, in: Luhmann / Pfürtner (Hrsg.), Theorietechnik und Moral, 1978, S. 8 (21).

172 Nichtsprachliche Sozialformen nimmt Luhmann im Bereich der interpersonalen Intimbeziehung an, wenn er vom *schweigenden* Lieben spricht. *Luhmann,* Soziale Systeme, S. 311. Vgl. zum Thema Sprache unten Kapitel F. II. 2.

173 *Luhmann,* Soziale Systeme, S. 367. Inzwischen scheint Luhmann Sprache nicht mehr nur als Einbahnstraße zu sehen, auf der soziale Systeme dem individuellen Bewußtsein ihre evolutionären Errungenschaften zur Verfügung stellen. In einem neueren Beitrag betont er umgekehrt die Bedeutung, die Bewußtseinssysteme für Kommunikationssysteme haben. *Luhmann,* Wie ist Bewußtsein an Kommunikation beteiligt?, S. 894 f.

ausgeht, und bemerkt den Zwang, sprachorientiert zu denken, sobald das Denken sich ausrichtet, Klarheit sucht, entweder um zirkulär zu prozessieren (Nachdenken), um instrumentell zu handeln oder um mit anderen zu kommunizieren. Der zirkuläre Prozeß des Bewußtseins von Vorstellung zu Vorstellung ist *sprachlich strukturiert,*[175] auch wenn einige Vorstellungen zu diffus sind, um mit sprachlichen Ausdrücken ohne weiteres bedeutungsgleich zu sein. Sprache reduziert Komplexität des Bewußtseins, macht dadurch eigene Anschlüsse möglich und — dies ist trotz aller Selbstbezüglichkeit entscheidend — bereitet soziales Handeln resp. Kommunikation vor. Aber — und dies ist ein typischer Effekt der Interpenetration — sie stellt auch umgekehrt *sozial* erzeugte Komplexität dem Bewußtsein zum Aufbau *eigener psychischer* Komplexität zur Verfügung. Wer einen sprachlichen Begriff oder eine Aussage vernimmt, sie aufnimmt, über sie nachdenkt und in seinen bestehenden Vorstellungs- und Sprachschatz integriert, nimmt Möglichkeiten und Verweisungen einschließlich des Negationspotentials von Sprache auf. In dieser Hinsicht überführt Sprache soziale in psychische Komplexität.[176]

Sprachliches Denken hat Zugriff auf den Welthorizont, es kann ein Thema klar bestimmen, und wie bei einem angewählten Suchstichwort fallen einem Informationen, Vergleiche und Bilder ein. Sprachliches Denken kann in zeitlicher Hinsicht Episoden bilden, differenzieren und diskontinuieren.[177] Das politische Bemühen, Begriffe zu „besetzen", also mit bestimmten sinnhaften Bedeutungen, Konnotationen und Gefühlen aufzufüllen, stellt sich vor diesem Hintergrund als vermittelter Zugriff auf das individuelle Bewußtsein dar. Denn wenn ein personales System von einem sozialen System nicht mehr kausal gesteuert werden kann, weil kein unmittelbarer Zugriff auf dessen Autopoiesis möglich ist, wird es wichtig, die Interpenetrationsmedien in den Griff zu bekommen. Denn nur sie stehen dem psychischen und dem sozialen System gleichermaßen — wenn auch in verschiedenen operationalen Zusammenhängen — zur Verfügung.

Sprachstrukturiertes Bewußtsein setzt sich der Ordnung der Grammatik, der Syntax und der Sequentialität der Sprache aus.[178] Wenn es zutrifft, daß in Sprache ein Vernunftpotential eingelassen ist, dann wirkt dieses Potential auch im Bewußtseinsprozeß. Darauf gründet sich ein Teil der Hoffnungen bei Jürgen Habermas. Das Bewußtsein psychischer Systeme ist aber nicht allein sprachstrukturiert und

---

174 Vorsprachliches Denken kann dabei sehr wohl symbolisch sein. Darauf weist *Eco,* Zeichen, a.a.O., S. 108 f. hin. Da das Bewußtsein mit Sinn operiert, liegt symbolisches Denken nahe. Sprache erreicht jedoch eine höhere Emergenzstufe.

175 *Luhmann,* Soziale Systeme, S. 368.

176 *Luhmann,* Soziale Systeme, S. 368.

177 *Luhmann,* Soziale Systeme, S. 369.

178 „Das Bewußtsein hilft sich bei zunehmender Komplexität mit Sprache und wird dann dieses Mittel nicht wieder los." *Luhmann,* Die Autopoiesis des Bewußtseins, a. a. O., S. 422.

sprachabhängig. Bewußtsein steht zwischen dem körperlichen und dem sozialen System. Während Sprache als soziales Medium auf das Bewußtsein strukturierend einwirkt und in dessen Autopoiesis eingewebt wird, werden auf der anderen Seite Vorstellungen mit Emotionen verbunden und aufgeladen. Auch auf diese andere Interpenetrationszone — die zwischen psychischem und organischem System — wirken soziale Systeme ein. Luhmann denkt hier an die Erfüllung und Enttäuschung von Erwartungen und Ansprüchen.[179]

Denkt man an gezielte Versuche, auf personale Systeme einzuwirken — etwa mittels politischer oder wirtschaftlicher Werbung —, so werden regelmäßig sprachliche und bildhafte Kombinationen gesucht, die sprachlich orientiertes Denken leiten oder blockieren, kurz: selegieren, und emotionales Denken insofern beeinflussen, als Gefühle mit Ereignissen (Bildern) oder sprachlichen Redewendungen in strukturelle Verbindung gebracht werden.[180] Je geschlossener der Prozeß des individuellen Bewußtseins operiert, desto weniger ist ein direkter Zugriff auf Vorstellungen möglich,[181] desto indirekter muß Werbung werden. Es darf also nicht mehr heißen: Kaufe das Produkt X und wähle die Partei Y!, sondern es muß in zentralen sprachlichen Begriffen und zentralen Gefühlen eine günstige — positiv besetzte — Verbindung zum Produkt hergestellt werden. Deutsche Großbanken werben dann weniger direkt mit einem Werbespot, der die Vorteile eines Kontos bei ihrer Bank anpreist, sondern sie treten als Mäzen von Kunstveranstaltungen auf. Diese Berücksichtigung der Autopoiesis des individuellen Bewußtseins sollte keineswegs vorschnell als besondere Perfidie „spätkapitalistischer Manipulation" abgetan werden; Interpenetration ist nämlich immer ein prinzipiell wechselwirkendes Prinzip. Individuelle Erwartungen bilden für soziale Systeme Umweltereignisse, auf die letztere sich einzustellen haben. Eine Großbank wird, gerade weil sie um die Grenzen unmittelbaren Zugriffs auf das individuelle Bewußtsein weiß und die Bedeutung eines positiven Einbaus ihres Namens in den Vorstellungsprozeß des Individuums kennt, vielleicht auch für den Schuldenerlaß gegenüber Ländern der Dritten Welt plädieren und dabei sogar ökonomische Konfrontationen in Kauf nehmen. Ein großer Automobilkonzern wird gewarnt werden, in das Rüstungsgeschäft einzusteigen, weil damit im individuellen Bewußtsein die Dignität der Marke gefährdet wird. Bei solchen

---

179 *Luhmann*, Soziale Systeme, S. 370.

180 Das individuelle Bewußtsein operiert mit Zeichen als Sinnträgern und ist insofern über die gesellschaftliche Produktion von Zeichensystemen beeinflußbar, aber das Bewußtsein ist weder insgesamt noch im Einzelvollzug des Denkens *identisch* mit dem Zeichen. Der Ansatzpunkt von Peirce, der letzlich Denkprozesse mit Zeichen gleichsetzen will, läuft der von Luhmann vorgenommenen Trennung strikt zuwider. *Peirce*, Einige Konsequenzen aus vier Unvermögen, in: K. O. Apel (Hrsg.), Schriften I, 1967, S. 184, (198).

181 Die Frage, ob es unabhängig von der Vermittlung durch Systemdifferenzierung noch direkte Auswirkungen auf individuelle Einstellungen und Motive gibt, scheint Luhmann inzwischen negativ beantwortet zu haben. Vgl. *Luhmann*, Soziologische Aufklärung, Bd. 3, 1981, S. 30.

Überlegungen handelt es sich um eine mögliche Form des Einbaus psychischer Komplexität in das soziale System. Die Bewußtseinsprozesse, die zu einer Präferenz für den Schuldenerlaß führen — Gerechtigkeitsempfinden, Wertbindung, religiöse Gründe, schlechtes Gewissen, Abneigung gegenüber Großbanken — sind für das soziale System Großbank, das mit Zahlungen operiert, nicht „verstehbar", weil sie nicht Punkt für Punkt an seinen ganz anders gearteten autopoietischen Prozeß anschließbar sind. Wie die Werbung in umgekehrter Richtung versucht, das individuelle Bewußtsein zu beeinflussen, können moralischer Protest, öffentliche Kritik, ein Produktboykott oder auch nur ein Einstellungswandel die Strategien eines Großunternehmens oder einer politischen Partei gleichwohl beeinflussen. Die Systemtheorie stellt ein theoretisches Konzept zur Verfügung, dergleichen Interpenetrationen nüchtern und ohne ideologische Verzerrungen zu beschreiben und zu beobachten.

Solche Überlegungen sind gegenwärtig noch gewagt[182]. Noch wirkt die — entstrukturalisierte[183] — Interpenetrationsidee unfertig und noch nicht ausformuliert.[184] Auf die Frage, wie individuelle Freiheit angesichts einer hochautonomisierten und autopoietisch operierenden Welt sozialer Systeme noch möglich ist, wie man sich das Verhältnis von personalen und sozialen Systemen *nach* der Akzeptierung ihrer prinzipiellen Geschlossenheit vorstellen kann und wie sich soziale Ordnung ohne Repräsentanz im Individuum (etwa durch Wertcommitment) denken läßt, fehlt es nicht unbedingt an Antworten, aber es mangelt ihnen noch an systematischer Geschlossenheit. Dies gilt insbesondere für einen Bereich, den Luhmann in den siebziger Jahren noch, Erwartungen weckend, als einen der drei großen Theoriesäulen einer zukünftigen Gesellschaftstheorie bezeichnet hat, nämlich für die Theorie symbolisch generalisierter Kommunikationsmedien.[185] In seinem ausformulierten bisherigen Basiswerk „Soziale Systeme" führt die Theorie symbolisch generalisierter Kommunikationsmedien eher ein Schattendasein;[186] dabei darf allerdings nicht außer acht gelassen werden, daß dieses Buch als Grundlegung der Theorie sozialer Systeme noch auf konstruktive Erweiterungsarbeiten wartet.[187] Auch wenn die Anschlüsse zum Interpenetra-

---

182 Dazu näher unten VI.

183 Im Vergleich zu Parsons' Strukturfunktionalismus bemüht sich Luhmann, keine Strukturen vorauszusetzen, sondern sie als abgeleitet zu sehen und ihre Konstitution erst zu erklären. *Luhmann*, Soziale Systeme, S. 377 ff.

184 Schwierigkeiten bei der Ausarbeitung des Begriffs der Interpenetration räumt Luhmann ein. *Luhmann*, Autopoiesis als soziologischer Begriff, a.a.O., S. 315.

185 Die beiden anderen Säulen sind die Theorie sozialer Systeme und der Evolutionstheorie. *Luhmann*, Systemtheorie, Evolutionstheorie und Kommunikationstheorie, in: Soziologische Aufklärung 2, 1975, S. 93 ff.

186 Sie wird im wesentlichen nur auf den Seiten 221 - 223 behandelt.

187 *Luhmann* sieht seine Ausarbeitung „Soziale Systeme" als allgemeine Systemtheorie und noch nicht als Gesellschaftstheorie. Erst im Rahmen einer Gesellschaftstheorie verspricht er eine Ausarbeitung der Kommunikationsmedien und damit des Interpenetrationsbegriffs. Soziale Systeme, S. 222.

tionsbegriff nicht mehr in jedem Fall sauber zu legen sind, lohnt es doch, für die Frage nach der Art und Weise wie die Systemtheorie das Verhältnis von Individuum und Gesellschaft nach seiner Zerlegung rekonstruiert, nach gegenwärtig erkennbaren Ausformulierungen Ausschau zu halten. Neben der allgemein gehaltenen Co-Evolutionsthese und der noch unfertigen Interpenetrationsvorstellung verspricht dabei das Konzept symbolisch generalisierter Kommunikationsmedien Konkretisierungen.

V. Symbolisch generalisierte Kommunikationsmedien

1. Funktion und Verankerung der Kommunikationsmedien

Für Luhmann sind Kommunikationsmedien Zusatzeinrichtungen zur Sprache, die die Übertragung von Selektionsleistungen wahrscheinlichmachen.[188] Kommunikation ist auf der Basis doppelter Kontingenz[189] unwahrscheinlich. Es ist unwahrscheinlich, daß Verstehen zustandekommt und daß Selektionsofferten (Themenvorschläge, Meinungen, Erwartungen, Handlungsentscheidungen) angenommen werden.[190]

Gerade auf der Folie einer Theorie, die von der rekursiven Geschlossenheit des Prozesses personaler Systeme ausgeht, die soziale Integration nicht mehr konstitutiv über individuell verankerten Wertekonsens gesichert sieht, gewinnt die Frage vorrangige Bedeutung, wie denn sowohl im Verhältnis unmittelbar von Person zu Person als auch im Verhältnis vom Individuum zum sozialen System der Aufbau von Ordnungen möglich ist.

Die Verwendung von Sprache ist zwar im Vergleich mit der im Hinblick auf Kommunizierbarkeit diffusen Welt der gedanklichen und emotionalen Vorstellungen ein gewaltiger Schritt, aber Sprache ist noch zu unbestimmt, variantenreich und in jeder Festlegung negierbar[191], als daß allein mit Sprache soziale Ordnung aufgebaut werden könnte.[192] Sprache gewährleistet zwar normalerweise intersub-

---

188 *Luhmann*, Macht, 1975, S. 7; *ders.*, Liebe als Passion, 2. Aufl. 1983, S. 21. Informativ auch: *Künzler*, Grundlagenprobleme der Theorie symbolisch generalisierter Kommunikationsmedien, ZfS 16 (1987), S. 317 ff.

189 Oben IV. 2. c).

190 Gerade die Ausbreitung der Sprache über die Kommunikation von Anwesenden hinaus durch Verbreitungstechniken macht steuernde und annahmesichernde Zusatzeinrichtungen notwendig. *Luhmann*, Soziale Systeme, S. 221.

191 Luhmann sieht wegen des Negationspotentials von Sprache diese als Produzenten von Unwahrscheinlichkeit an, so daß gerade ihre evolutionäre Etablierung nach Zusatzeinrichtungen verlangt, die die Annahme der Selektionsofferten wahrscheinlicher macht. *Luhmann*, ZfS 16 (1987), 467 (468).

192 „Sprache ist ein Fluß, der vieles trägt: Wahrheit oder Lüge, Informationen oder Märchen, Wissenschaft oder Dichtung... alles läßt sich in Worte fassen und der Sprache

jektive Verständlichkeit, übt aber nicht in ausreichendem Maße strukturerzeugenden Druck auf das Individuum aus.[193]

Die wesentliche Funktion der Kommunikationsmedien liegt in der *Motivationsfunktion,* weil sie die Übernahme fremder Selektionsleistungen durch Einfluß auf die Motivationsstruktur des annehmenden Systems begünstigen.[194] Die Verwendung von Geld sichert in sozialer Hinsicht die Aufrechterhaltung der Ordnung ökonomischer Tauschbeziehungen, resp. durch Geld wird der Reproduktionscode des autopoietisch organisierten Wirtschaftssystems ermöglicht.[195] Wer Geld gebraucht, unterwirft sich der binär schematisierten Logik des Geldgebrauchs, Haben und Nichthaben, wobei Haben günstiger als Nichthaben ist. Diese einfache Logik ist nicht nur eine, die intellektuell, über das Bewußtsein des Individuums, „verstanden" wird, sondern die in der Motivationsstruktur des psychischen Systems an der „Grenze" zum organischen System verankert ist. Kinder stehen dem Geldgebrauch solange uninteressiert gegenüber, wie sie noch nicht verstanden haben, daß die Erfüllung von Erwartungen, Wünschen und Bedürfnissen vom Geldbesitz abhängt. Danach aber ist die Präferenz, daß es besser ist, Geld zu haben als kein Geld zu haben, so tief „internalisiert", daß selbst die bewußte Rebellion gegen die handlungsleitende Kraft dieser Präferenz — bewußter Verzicht auf Gelderwerb — stets unter Begründungs- und Selbstrechtfertigungszwang steht, also vom Bewußtsein explizit konterkariert werden muß.

Aus dieser Sicht betrachtet, ist Geld ein Medium, das der Steuerung von individuellem Handeln[196] zugunsten des Aufbaus und der Sicherung sozialer Systeme dient. Aber umgekehrt hat der Geldmechanismus seine Besonderheit auch darin, „daß er Komplexität im Sinne eines begrenzt freien Zugangs zu Bedürfnisbefriedigungen in Bewegung setzt"[197] und damit dem Individuum auch Freiheiten gewährt,[198] die letztlich in der monetären Verfügung über sozial erzeugte Komplexität liegen.

Im Falle des Kommunikationsmediums Macht geht es um die Übertragung von einer Handlungsselektion auf andere.[199] Motiviert wird die Annahme der

---

anvertrauen. Wer sich (nur) auf Worte, auf Sprache verläßt, riskiert Enttäuschungen." *Stefan Jensen,* Aspekte der Medientheorie: Welche Funktionen haben die Medien in Handlungssystemen? in: ZfS 1984, 145 (153).

193 *Luhmann,* Macht, S. 7 und 33.

194 *Luhmann,* a. a. O.

195 Dazu: *Luhmann,* Wirtschaft als soziales System, in: *ders.,* Soziologische Aufklärung, Bd. 1, 5. Aufl. 1984, S. 204 (213); *Luhmann,* Die Wirtschaft der Gesellschaft, 1988, S. 43 ff.

196 Luhmann spricht nur bei diesem Kommunikationsmedium von der Selektion von *Handlungen. Luhmann,* Wirtschaft als soziales System, a. a. O., S. 213.

197 *Luhmann,* a. a. O., S. 214.

198 Man denke nur daran, daß eigenes Einkommen der Ehefrau ein wesentliches Moment ihrer Interessenwahrnehmung gegenüber dem Ehemann darstellt. Dazu *Beck,* Risikogesellschaft, a. a. O., S. 191 ff.

Selektion durch die Verknüpfung von Selektionsofferten (oder Selektionszumutungen) und strukturierten Vermeidungsalternativen.[200] Der Machtunterworfene und der Machthaber werden durch die unterschiedliche Verfügung über Machtmöglichkeiten strukturell in Beziehung gebracht. Der Machthaber droht mit Handlungen, deren Vermeidung für den Unterworfenen wünschenswerter ist als für den Machtausübenden.[201] Die latent immer präsente Erwartung, daß der Machtausübende seine Drohung wahrmachen könnte, strukturiert dann die Handlungssituation soweit, daß Phänomene wie „vorauseilender Gehorsam" und eine themenunspezifische Anpassungsbereitschaft auftreten können, so daß über Macht und ihre Androhungen gar nicht mehr kommuniziert werden muß.[202]

Ausgesprochen emotionale Fixierungen auf Macht — sei es durch Streben nach Macht oder lustvolles Unterwerfen unter Macht — stellen psychische Strukturbildungen in Reaktion auf den sozialen motivationalen Verankerungsmechanismus dar; sie werden dann problematisch, wenn der psychische Reproduktionsprozeß einseitig auf derartige soziale Strukturen ausgerichtet wird. Ein solcher struktureller Verlust von *Indifferenz* gegen Mechanismen sozialer Systeme kann die Autopoiesis des Bewußtseins stören.[203] So interessant im Verhältnis von personalen und sozialen Systemen zueinander die Verankerung des Kommunikationsmediums im psychischen System ist, so wichtig ist für die Beurteilung der Bedeutung symbolisch generalisierter Kommunikationsmedien aber vor allem ihre Leistung und Funktionsweise beim Aufbau sozialer Ordnung.

2. *Leistung der Kommunikationsmedien*

Die Leistung der Kommunikationsmedien liegt in ihrem spezifischen Verhältnis zu Sprache und Sinn begründet. Je komplexer Gesellschaft wird, je zahlreicher die Möglichkeiten der Kommunikation werden,[204] desto unwahrscheinlicher wird der Aufbau sozialer Ordnungen oder — abstrakter — das Gelingen von Kommu-

---

199 *Luhmann*, Macht, S. 21.

200 *Luhmann*, Macht, S. 22.

201 Die Auflösung eines Arbeitsverhältnisses kann auch für die Firma einen Verlust bedeuten, der aber regelmäßig von ihr besser verkraftet werden kann als vom Arbeitnehmer. Ein langfristiger Mangel an Arbeitskräften kann dieses strukturelle Machtverhältnis allerdings erschüttern und es kann über Gegenmacht (Gewerkschaften) relativiert werden.

202 *Luhmann*, Macht, S. 36.

203 Das psychische System wird dann unmerklich seiner rekursiven Autonomie beraubt. Der Fall des ehemaligen schleswig-holsteinischen Ministerpräsidenten Barschel hat pointiert gezeigt, daß die Aufgabe der Indifferenz gegenüber den Verankerungs-Mechanismen der (sozialen) Kommunikationsmedien (hier: Macht) zu „Persönlichkeitsverlusten" führen kann. Derartige Überreaktionen lassen sich auch bei den Kommunikationsmedien Geld, Liebe, Wahrheit oder Kunst beobachten.

204 Gesellschaft ist nichts anderes als die Summe alles Kommunizierbaren. *Luhmann*, Ökologische Kommunikation, a. a. O., S. 62 ff.; *ders.*, Soziale Systeme, 60 f.; *ders.*, Soziologische Aufklärung 3, S. 311; *ders.*, Rechtssoziologie, 2. Auflage, S. 356.

nikation. Sprache als evolutionäre Errungenschaft verschärft dieses Problem mehr, als sie zur Lösung beiträgt, denn Sprache erzeugt als Transportmedium für Sinn nicht nur kommunizierbare, d.h. dem anderen zugemutete Selektionen, sondern aufgrund des betroffenen Sinnhorizonts auch immer andere Möglichkeiten.[205] Jede sprachliche Aussage rückt zumindest die Negationsmöglichkeit in den Bereich der Aufmerksamkeit.[206] Die Möglichkeit der Negation reicht über Sprache hinaus, jede Sinnverwendung kann negiert werden.[207]

Beim Sprachgebrauch wird die Negationsmöglichkeit allerdings besonders deutlich. Ginge es dabei nur um eine ja / nein-Möglichkeit, ließe sich eine Strukturbildung durch entsprechende Logik und Wahrheitskriterien relativ schnell erreichen. Sprache trägt über das Negationspotential hinaus aber immer redundante Verweisungen in sich; wer eine Aussage beginnt, kann nicht mehr genau kontrollieren, was ihm zu diesem Thema einfällt, welche Vergleichsmöglichkeiten mit einem Begriff assoziiert und welche Zusammenhänge von Erleben und Handeln hergestellt werden. Hinzu kommt, daß die Verwendung von Sinn und Sprache nicht statisch fixierbar sind, Sinn und Sprache vielmehr dauernd prozessieren, sich bewegen, wie die Gedankenbewegung von einer Verweisung zur anderen eilt. Jede Kommunikation stellt ein zeitlich irreversibles Ereignis dar.[208] Soziale Ordnung erfordert eine Strukturierung dieses selbstbezüglichen Prozesses. Strukturbildung bedeutet im Zusammenhang der Systemtheorie die Begrenzung des Repertoires von Wahlmöglichkeiten (Selektion) und das Festhalten von Zeit.[209] Einfache Gesellschaften können allein mit Sprache und sonstiger sinnhafter Kommunikation eine einfache Ordnung aufrechterhalten.[210] Nennenswerte Komplexitätszuwächse hängen aber von kommunikativen Zusatzeinrichtungen ab, die die beiden Funktionen höherer — d.h. unwahrscheinlicherer — Ordnungsbildung (Selektion und Reversibilität) ermöglichen.

Solche Zusatzeinrichtungen stellen symbolisch generalisierte Kommunikationsmedien dar. Ohne die evolutionäre Errungenschaft der Machtausübung und, darauf aufbauend, ihre Verselbständigung und Generalisierung durch Staatenbildung wäre der Aufbau der ersten Hochkulturen nicht denkbar gewesen. Ähnlich bedeutsam war die Etablierung des Eigentumscodes, der eine evolutionär wesentliche Zweitcodierung im Medium Geld gefunden hat. Die Medien Macht, Geld

---

205 Oben 1.

206 Wer in Ruhe seinen Verrichtungen nachgehen will, sollte dafür Sorge tragen, daß nicht ausdrücklich — auch positiv — über sie kommuniziert wird.

207 Allerdings kann dies wiederum nur sinnhaft geschehen. *Luhmann*, Soziale Systeme, S. 96.

208 Vgl. *Luhmann*, Soziale Systeme, S. 74.

209 *Luhmann*, Soziale Systeme, S. 73.

210 Es bedarf dann allerdings der Persuasivtechnik — Ritus, Rhetorik, Einfluß, Autorität —, um mit Sprache und Magie Ordnungen zu stabilisieren. Vgl. zur Rhetorik: *Luhmann*, Soziale Systeme, S. 221.

und, zeitlich fast parallel, auch Wahrheit ermöglichten mit zeitlichen Versetzungen die institutionelle Verselbständigung von Kommunikations- und Handlungsketten, die nach Maßgabe des jeweiligen Codes mechanisch und immer wieder gleich aufeinander bezogen produziert wurden. Etabliert wurden auf Grundlage dieser drei Kommunikationsmedien Staat, Privatwirtschaft, Wissenschaft.[211]

Kommunikationsmedien stützen sich auf Symbole, die auf Sinn hinweisen. Sprache selbst ist ein Symbol für Sinn.[212] Die Symbolik der Kommunikationsmedien repräsentiert zum einen den Sinn der Selektion, und zum anderen steht sie für die Verbindung von Selektion und Motivation. Dabei *ist* das Medium nicht die Selektion im Einzelfall, sondern stellt eine Selektionstechnik, eine Regel zur Verfügung, mit der prozessiert wird. Kommunikationsmedien zwingen und dirigieren Kommunikationen in bestimmte Funktionen.

> „Auf sehr verschiedene Weise und für sehr verschiedene Interaktionskonstellationen geht es in all diesen Fällen darum, die Selektion der Kommunikation so zu koordinieren, daß sie zugleich als Motivationsmittel wirken, also die Befolgung des Selektionsvorschlages hinreichend sicherstellen kann. Die erfolgreichste / folgenreichste Kommunikation wird in der heutigen Gesellschaft über solche Kommunikationsmedien abgewickelt, und entsprechend werden die Chancen zur Bildung sozialer Systeme auf die entsprechenden Funktionen hindirigiert."[213]

Der zumindest als sanfter Zwang auftretende Annahmedruck, der bei der Verwendung symbolisch generalisierter Kommunikationsmedien auftritt, wird sichtbar, wenn man sich bewußt gegen ihn auflehnt. Fundamentalkritiken an der gegenwärtigen Gesellschaft versuchen dann, ohne Geld oder Macht auszukommen, weil sie nicht zu Unrecht vermuten, daß es keinen neutralen Gebrauch dieser Medien gibt. Wer sich auf den Gebrauch von Geld einläßt, akzeptiert die Käuflichkeit der Welt und das eiskalte Kalkül, daß Haben besser als Nichthaben ist. Wer Machtanwendung bejaht — und sei es um der besten Ziele wegen —, wird auf die Mechanismen der Machtausübung vom Medium selbst gestoßen, er mag wollen oder nicht.[214] Dabei ist der basale Code, der Selektion und Motiv

---

211 Die zeitliche Versetzung liegt sicherlich auch im Erfolg des ersten zur Autonomie gelangenden Mediums begründet, das dann die anderen Medien binden kann. Daß dies demjenigen Kommunikationsmedium zuerst gelingt, das unmittelbar auf zwei *Handlungs*selektionen zielt — Macht —, kann nicht verwundern. Zu den verschiedenen Bezugsorientierungen der Medien zwischen Erleben und Handeln vgl. *Luhmann*, Liebe als Passion, a.a.O., S. 27. Dies gilt durch seinen (einwertigen) Handlungsbezug auch für Geld. *Luhmann*, Soziologische Aufklärung 1, a.a.O., S. 213; „Im Unterschied zu Wahrheit und Liebe liegt die Besonderheit des Geldes (wie auch der Macht) darin, daß es nicht Selektion gleichen Erlebens, sondern Selektion von Handlungen ordnet." Gleichzeitig schafft das einmal autonomisierte Sozialsystem (Staat) dann Voraussetzungen für die Etablierung und Autonomisierung anderer sozialer Systeme auf der Grundlage von Kommunikationsmedien. Vgl. dazu für den absolutistischen Staat: *Elias*, Über den Prozeß der Zivilisation, a.a.O., Bd. 2, S. 123 ff.

212 *Luhmann*, Soziale Systeme, S. 220.

213 *Luhmann*, Soziale Systeme, S. 222.

repräsentiert und zugleich ein einfaches Anschlußschema bereitstellt, eine *binäre Schematisierung.*

„Die wichtigsten Funktionssysteme strukturieren ihre Kommunikation durch einen binären, zweiwertigen Code, der unter dem Gesichtspunkt der jeweils spezifischen Funktion universelle Geltung beansprucht und dritte Möglichkeiten ausschließt. Der klassische Fall ist natürlich die zweiwertige Logik, mit dem das Wissenschaftssystem arbeitet. Entsprechend operiert das Rechtssystem unter dem Code von Recht und Unrecht."[215]

Eigentum und Geld bieten Unterscheidungen zwischen Nichthaben und Haben, politische Macht wird in den Codes von Ideologien und Richtungen (konservativ / progressiv) zur Annahme ausgeschrieben. Die Selektionsalternativen müssen durch den Code klar unterscheidbar sein. Mehrdeutigkeit und diffuse Motivationslagen nimmt ein soziales System nur als „Rauschen" wahr bis zu dem Punkt, wo Kommunikationen und Handeln sich an den binären Schematismus des Funktionskreises anschließen lassen. Dann tritt Resonanz ein.[216]

Je abstrakter und technischer die Codierung, desto universeller ihre Anwendungsmöglichkeit.[217] Die Wissenschaft kann sich mit nahezu jedem Phänomen unter der Prämisse wahr oder unwahr beschäftigen, das ökonomische System alles auf Rentabilität hin untersuchen, das politische System vieles unter Machtfragen subsumieren und das Rechtssystem fast alles unter das Schema Recht / Unrecht einpassen. Dadurch entsteht zugleich eine Offenheit für alles und eine fast völlige Geschlossenheit, weil alles nur unter dem ewig gleichen Code in Zweierpaaren wahrgenommen wird.[218]

Überraschend scheint allerdings, daß Luhmann neben Geld, Macht, Recht und Wahrheit auch Liebe als symbolisch generalisiertes Kommunikationsmedium

---

214 „Auch der Machthaber selbst muß zur Ausübung seiner Macht bewegt werden". *Luhmann,* Macht, S. 21. „Grüne", die sich in das parlamentarische System begeben haben, merken sehr schnell, worauf sie sich eingelassen haben und daß sie um eine funktional richtige Anwendung von Macht — und sei es als Gegenmacht der parlamentarischen Opposition — nicht herumkommen. Bei einer Regierungsbeteiligung verschärft sich der sanfte Druck des Machtmediums natürlich stark und provoziert dann bei der „Basis" Verratsthesen.

215 *Luhmann,* Ökologische Kommunikation, S. 75 f.

216 *Luhmann,* Ökologische Kommunikation, S. 75. Betrachtet man dieses Funktionieren der Kommunikationsmedien nüchtern, darf man nicht mit Abscheu oder Überraschung reagieren, wenn irgendein gesellschaftliches Ereignis, etwa ein moralischer Protest, vom ökonomischen System zu barer Münze gemacht wird — T-Shirts und Plattenproduktionen gegen die südafrikanische Rassendiskriminierung —, von den Parteien im Machtkampf für sich reklamiert oder gegen den Gegner ausgeschlachtet wird oder zum Gegenstand sozialwissenschaftlicher Forschung avanciert.

217 *Luhmann,* Ökologische Kommunikation, S. 83.

218 Auch der weltläufigste Politiker, der universellste Jurist, der gebildetste Wissenschaftler und der Manager eines Weltkonzerns wirken immer merkwürdig einseitig und betriebsblind, wenn sie in ihrem Funktionssystem bleiben, und merkwürdig deplaziert, wenn sie es verlassen.

behandelt.[219] Während die schon fast traditionellen Kommunikationsmedien den Basiscode für jene vielfältig verschachtelten und hochautonomisierten sozialen Systeme wie Ökonomie, Politik, Rechts- und Wissenschaftssystem bilden, sucht man beim Medium Liebe vergeblich nach einem vergleichbaren System. Aber man darf nicht vergessen, daß soziale Systeme von einfachsten Formen bis zu hochkomplexen Organisationen reichen. Luhmann arbeitet mit zwei verschiedenen Trennlinien, um hier zu systematisieren.

Zum einen unterscheidet er drei Ebenen sozialer Systeme: Interaktion, Organisation und Gesellschaft.[220] Von Interaktion ist die Rede, wenn Anwesende sich wechselseitig wahrnehmen.[221]

Demgegenüber verkörpert die Gesellschaft die Gesamtheit aller möglichen Kommunikationen, setzt sich deshalb nicht aus Interaktionen zusammen, ist jedoch Voraussetzung jeder Interaktion. Jede Kommunikation, ob unter Anwesenden oder unter Abwesenden, ist gesellschaftliches Geschehen. Zwischen diese beiden Pole schiebt sich als eigenständiger Typus sozialer Systeme die Organisation, die über Mitgliedschaften und Normierung von Erwartungen hochunwahrscheinliche individuelle Handlungsbeiträge erzeugt und stabilisiert.[222]

Zum anderen führt Luhmann eine sich mit obiger Dreiteilung nur schwach überschneidende Differenzierung ein, nämlich die zwischen persönlichen und unpersönlichen Beziehungen.[223] Unpersönliche Beziehungen sind paradigmatisch diejenigen Beziehungen, die über Organisationen, Rollen und über die Kommunikationsmedien Macht, Geld, Recht, Wahrheit geregelt werden.[224] Interaktionssysteme sind dabei keineswegs mit persönlichen Beziehungen identisch — auch die Honoratiorenskatrunde kann förmlich und rollengeprägt sein. Aber Interaktionssysteme stehen persönlichen Beziehungen näher als etwa Organisationen, weil sie einen weitaus geringeren Grad an Verselbständigung aufweisen und deshalb dem „Zugriff" der psychischen Systeme eher offenstehen.

Persönliche Beziehungen sind Beziehungen, in die personale Systeme überdurchschnittlich viel von sich „einbringen" können; es handelt sich um *Intimbeziehungen.*[225] Intimbeziehungen sind einerseits eine soziale Erscheinung — beobachtbar, kommunizierend, sinnhaft orientiert —, aber sie weisen eine ungewöhnli-

---

219 *Luhmann,* Liebe als Passion. Zur Codierung von Intimität, 2. Auflage 1983.

220 *Luhmann,* Interaktion, Organisation, Gesellschaft, in: Soziologische Aufklärung 2, S. 9 ff.

221 *Luhmann,* a. a. O., S. 10. Er nennt als Beispiele ein gemeinsames Familienessen, eine Kabinettssitzung, eine Taxifahrt u. ä.

222 *Luhmann,* a. a. O., S. 12.

223 *Luhmann,* Liebe als Passion, S. 13 f.

224 *Luhmann* expliziert gegen seine sonstige Gewohnheit des Begriffspaar persönlich / unpersönlich nur unscharf. Bei unpersönlichen Beziehungen denkt er z. B. an rollengebundenes Handeln. *Luhmann,* Liebe als Passion, S. 14.

225 *Luhmann,* a. a. O., S. 14.

che Nähe zur Autopoiesis personaler Systeme auf. Von daher sind sie für das Interpenetrationskonzept von besonderer Bedeutung, weil hier die wechselseitige Komplexitätsübernahme zwischen einem personalen und einem anderen personalen System relativ gut sichtbar ist. Luhmann spricht in diesem Zusammenhang von einem Spezialfall der Interpenetration, von der *zwischenmenschlichen* Interpenetration.[226]

> „Verhältnisse der Interpenetration und Bindungen gibt es nicht nur zwischen Mensch und sozialem System, sondern auch zwischen Menschen. Die Komplexität eines Menschen wird für einen anderen von Bedeutung und umgekehrt."[227]

Diese definitorische Gegenüberstellung einer Interpenetration von Mensch und sozialem System einerseits und zwischenmenschlicher Interpenetration andererseits ist nicht unproblematisch. Psychische Systeme können ihre Komplexität regelmäßig nicht direkt zur Verfügung stellen, sondern bedürfen wiederum einer sozialen Hilfestellung.[228] Ein solch sozialer Mechanismus zur Herstellung interpersonaler Intimität ohne Aufbau eines besonderen Sozialsystems ist das Kommunikationsmedium Liebe.[229] Während die anderen Kommunikationsmedien genetische Codes zur Reproduktion großer sozialer Systeme sind, beschränkt und findet Liebe ihre Aufgabe im Ermöglichen von interpersonaler Interpenetration.

Wenn schon der Normalfall von Kommunikation als unwahrscheinlich gelten muß, so ist der Anschluß von Bewußtsein zu Bewußtsein, der Austausch intimster Erfahrungen, Erlebnisse und Vorstellungen hochgradig unwahrscheinlich und risikobehaftet. Die intensive kommunikative Behandlung von Individualität stellt ein besonderes Problem dar und ist nur in hochkomplexen, mit Individuen operierenden Gesellschaften möglich. Insofern tritt das Problem der Herstellung von Intimität evolutionär erst dann auf, wenn sich personale und soziale Systeme entkoppeln und personale Systeme eigene Identitäten entwickeln.[230]

Intimität wird danach nicht durch die Entwicklung sozialer Systeme gefährdet — obwohl dies natürlich im Einzelfall vorkommen kann —, sondern in evolutionärer Sicht durch soziale Systeme erst ermöglicht.

> „Historisch ebenso wie theoretisch gesehen, ist der Mensch nicht durch zwischenmenschliche Interpenetration entstanden, sondern durch soziale Interpenetration; und sie erst macht sehr spät den Sonderfall möglich, in dem soziale und vertiefte zwischenmenschliche Interpenetration zusammenfallen."[231]

---

[226] *Luhmann,* a. a. O.

[227] *Luhmann,* Soziale Systeme, S. 303.

[228] Luhmann wird an diesem Punkt undeutlich, aber er räumt ein, daß zwischenmenschliche Interpenetration selbstverständlich von sozialen Bedingungen abhängt. *Luhmann,* Soziale Systeme, S. 304. Das ist der Fall nicht nur für den Aufbau der jeweils eigenen Identität, sondern auch für den eigentlichen Interpenetrationsvorgang.

[229] Gleichwohl hält Luhmann auch bei diesem Kommunikationsmedium die Ausbildung eines besonderen Sozialsystems für möglich. *Luhmann,* Liebe als Passion, S. 200.

[230] *Luhmann,* Liebe als Passion, S. 16.

Wie alle Medien knüpft auch Liebe bei der Erbringung ihrer spezifischen Leistung an eine realitäts- und motivationsgebundene Semantik[232] an. Liebe knüpft dabei an ein Gefühl an, aber sie ist kein Gefühl, sondern ein Kommunikationscode, „nach dessen Regeln man Gefühle ausdrücken, bilden, simulieren, anderen unterstellen, leugnen und sich mit all dem auf die Konsequenzen einstellen kann, die es hat, wenn entsprechende Kommunikation realisiert wird."[233]

Der Liebescode ist darauf gerichtet, das wechselseitige Erleben und die Selbstbeschreibung der beteiligten Individuen transformierbar, kommunizierbar zu machen. Dabei wird eine Innen / Außen-Grenze durch den Code konstruiert zwischen einer sachlich anonymen Welt und einer Insel besonderer Kommunikation. Was allerdings diesen Code gegenwärtig ausmacht, bleibt bei Luhmann im unklaren. Seine historischen Untersuchungen anhand der Liebessemantik bieten Leitdifferenzen des Codes wie passion und plaisir,[234] lassen sich aber nur noch semantisch mit allen Dezisionismen, die eine solch heuristische Methode mit sich bringt, rekonstruieren. Der Blick in die Geschichte *des* Codes scheint erforderlich zu sein, um seine Identität als Prozeß zu repräsentieren. Gleichwohl taucht die Frage auf, ob es sich um *einen* einheitlichen Code handelt, ja und ob es sich überhaupt um einen Code handelt. Wenn Codierung alle Operationen eines Systems als Wahl zwischen ja und nein strukturiert,[235] dann hält man heute wohl vergeblich nach dem Liebescode Ausschau. Luhmann schlägt vor, die Form des Codes heute im Problem zu suchen, wie sich ein Partner für eine Intimbeziehung finden und binden läßt.[236]

Aber wo ist hier die zweiwertige Codierung? Und wie erfolgt die Interpenetration? Luhmann weicht hier aus auf allgemeine Beschreibungen, etwa daß in Intimbeziehungen Personen im Verhältnis zueinander die Relevanzschwelle absenken mit der Folge, daß das, was für den einen relevant ist, fast immer auch für den anderen relevant sei.[237]

Man kann kaum bestreiten, daß es eine kulturelle Semantik der Liebestechnik gibt und daß kommunikative Intimität und Sexualität von dieser Semantik zusammengefaßt worden sind. Bis heute sind das emotionale *Erleben* (psychisches System), die *Emotionalität* selbst (organisches System) und das *Handeln* (soziales System) von dieser Semantik beeinflußt und überformt. Insofern scheint Liebe

---

231 *Luhmann*, Soziale Systeme, S. 310. Diese Einsicht verkörpert einen weiteren Mosaikstein bei der Lösung des Durkheimschen Steigerungsproblems. Auch Intimität, die man gewöhnlich fast exklusiv der individuellen Autonomie zurechnet, wird durch soziale Systeme erst ermöglicht und bleibt abhängig von ihnen.

232 *Luhmann*, Liebe als Passion, S. 22.

233 *Luhmann*, a.a.O., S. 23.

234 *Luhmann*, a.a.O., S. 54.

235 *Luhmann*, Soziale Systeme, S. 603.

236 *Luhmann*, Liebe als Passion, S. 197.

237 *Luhmann*, a.a.O., S. 200.

als tradiertes Sinnsystem durchaus interpenetrierende Wirkungen zu entfalten, aber eine Codierung nach binären Schematismen, die Luhmann für signifikant für Interpenetrationen *und* Kommunikationsmedien hält,[238] ist schlechterdings nicht (mehr) erkennbar. Die Behandlung von Liebe als Kommunikationsmedium gefährdet die Konsistenz der noch immer im Planungsstadium befindlichen Theorie symbolisch generalisierter Kommunikationsmedien.

Für den hier behandelten Zusammenhang belegt die „Metaphorik" des Liebescodes[239] aber den bereits geäußerten Verdacht, daß das Interpenetrationskonzept noch nicht ausformuliert ist. Für die von Luhmann in Angriff genommene Neustrukturierung des Verhältnisses von Individuum und Gesellschaftt ist die Rekonstruktion der Interpenetrationsmechanismen aber insofern von Bedeutung, als durch sie eine Abrundung der Co-Evolutionsthese zu erwarten ist.

Trotz der noch offenen Theoriestelle kann an diesem Punkt ein Resümee gewagt werden, welche Gestalt das Verhältnis von Individuum und Gesellschaft bei Luhmann zwischenzeitlich angenommen hat.

VI. Die Entparadoxierung der klassischen Relation von Individuum und Gesellschaft

Im traditionellen Verhältnis von Individuum und Gesellschaft stehen sich das Individuum, das seine Freiheit gegen alle Fremdbestimmung verteidigen will, und die soziale Ordnung, die auf Funktionalität und Bestand ausgerichtet ist, gegenüber. In diesem Verhältnis ist die Paradoxie angelegt, daß das Individuum soziale Strukturen, die immer auch Fremdbestimmungen sind, benötigt, um seinerseits Identitätsstrukturen als Basis seiner Freiheit aufzubauen. Die soziale Ordnung hochdifferenzierter Gesellschaften dagegen bedarf nicht nur disziplinierter Individuen, sondern baut sich auf deren Eigenständigkeit auf.[240]

In beiden Richtungen hat Luhmann dieses Verhältnis entparadoxiert. Der alteuropäische Begriff der Freiheit, der „die Unabhängigkeit des als frei zu denkenden Menschen von einem Bestimmtwerden durch ihn Fremdes"[241] meint und der auf Selbsterhaltung angelegt ist,[242] verliert bei Luhmann seine ontologische Autarkie. Im Grunde hält die Moderne an einem Gesellschaftsbild fest, das vom omnipotenten Einzelbewußtsein geprägt wird. Dieses cartesische einsame Ich beansprucht, die Welt als Subjekt in toto zu verstehen und nach seinem Willen zu rekonstruie-

---

238 Vgl. *Luhmann,* Soziale Systeme, S. 311.

239 Vgl. zum Vorwurf der „hoffnungslosen" Metaphorik *Habermas,* Theorie des kommunikativen Handelns, Bd. 2, S. 418.

240 Vgl. dazu unten Kapitel F. I. und II.; sowie oben IV. 2. b).

241 *Scholz,* Freiheit als Indifferenz, a.a.O., S. 15.

242 A. a. O.

ren. Es handelt sich um die heimliche Usurpation der Rolle Gottes durch den denkenden Menschen. Die Vernunft, die von Descartes, Hobbes und Kant nur in verschiedenen Funktionen bemüht wird, ist das Mittel für den Anspruch des einsamen Ich, die Welt nach seinem Bilde zu gestalten. Mit dieser Programmatik konnte die bürgerliche Revolution die alte und unreflektiert entstandene Sozialstruktur der stratifikatorischen Gesellschaft zerschlagen und an deren Stelle eine Gesellschaftsform errichten, die bewußt auf das freie Individuum setzt. Aber die Sozialstrukturen der neuen, funktional differenzierten Gesellschaft entzogen sich in ihrem rasanten Komplexitätswachstum rasch dem Zugriff des sich omnipotent wähnenden Bewußtseins. Beklagt wurde dann die Ohnmacht des Einzelnen gegenüber mächtigen zweckrationalen Handlungssystemen oder zuletzt die Unmöglichkeit, Gesellschaft vom politischen System aus noch „vernünftig“ zu steuern.[243]

Auch die Vernunft selbst wurde Verdächtigungen ausgesetzt, nämlich der, gar nicht das Medium individueller Omnipotenz gegenüber sozialen Strukturen zu sein, sondern das trojanische Pferd einer ganz besonders gefürchteten sozialen Struktur, der Herrschaft. Die Frankfurter Schule war damit an dem logischen Endpunkt eines Paradigmas angelangt. Nicht das Konzept der Vernunft, wie es von Kant als individuelle Selbststeuerung konzipiert wurde, sondern der Zusammenhang, in den Vernunft eingelagert wurde, hatte sich als hoffnungslos antiquiert gezeigt. Ein einseitig vom solipsistischen Bewußtsein her konzipiertes und an das Schema vom Ganzen und seinen Teilen gebundenes Verhältnis von Individuum und Gesellschaft setzte kontrafaktisch ein desozialisiertes freies Individuum und eine vom Individuum her *vollständig* faßbare und beherrschbare soziale Welt in eine Relation, die sowohl an ihrer inneren Paradoxie litt als auch zunehmend praktisch inadäquat wurde. Marx hat dieses Paradigma auf die Spitze getrieben, indem er das solipsistische Individuum als Gestalter der Welt durch die Pluralität des revolutionären Subjekts als Trägerschicht der Vernunft ersetzte. Mit dieser Idee und ihrer Materialisierung als einer in der Arbeiterklasse massierten Kraft wollte er die verselbständigten sozialen Systeme unter die Imperative einer um die vermeintliche Fortschrittsrichtung der Gattung wissenden Vernunft — hin zum Kommunismus — zwingen. Diese wohl folgenreichste Irrung eines alteuropäischen Paradigmas bricht inzwischen weltweit in der Konfrontation mit einem anderen Verlauf der Evolution (die eine hochdifferenzierte und komplex organisierte Gesellschaft hervorgebracht hat, welche sich der determinierenden Steuerung durch eine das Ganze repräsentierenden Zentrale entzieht) zusammen.

Es war Durkheim, der die Grenzen der traditionellen Relation von Individuum und Gesellschaft gespürt und in zwei wesentlichen Punkten angegriffen hat. Zum einen löste er sich von Antinomiekonnotationen der klassischen Relation, indem

243 Diese Sichtweise kommt in der Titelfrage bei Habermas zum Ausdruck: „Können komplexe Gesellschaften eine vernünftige Identität ausbilden?“, in: *Habermas,* Zur Rekonstruktion des Historischen Materialismus, 1976, S. 92.

er eine wechselseitige Steigerung von Individuum und Gesellschaft im Wege der Co-Evolution sah. Zum anderen entzauberte er das naturwüchsige Individuum zu einer Einheit, die durch und durch sozial prädeterminiert sei und gerade ihre Autonomie dieser Determination verdanke.

An diese perspektivische Vorgabe knüpft Luhmann an. Weder das Individuum noch soziale Systeme sind autark oder könnten — wie bei Hobbes das Individuum — naturwüchsig isoliert gedacht werden. Individuen und soziale Systeme sind im Wege der Co-Evolution entstanden und stehen in einem unauflösbaren Interpenetrationszusammenhang. Zugleich müssen aber beide Bereiche als autonom gedacht werden, weil ihre Operationen rekursiv auf sich selbst verweisen und anders organisiert sind.

Mit anderen Worten: Sowohl individuelle Bewußtseinssysteme als auch soziale Kommunikationen sind jeweils geschlossen operierende Systeme, die aber komplementär zueinander ausgerichtet und auf wechselseitige Resonanzfähigkeit angelegt sind.

„Kommunikationssysteme können sich überhaupt nur durch Bewußtseinssysteme teilen lassen; und Bewußtseinssysteme achten in hohem Maß präferentiell auf das, was in der extrem auffälligen Weise von Sprache kommuniziert wird. Unser Argument ist: daß die überschneidungsfreie Separierung der jeweils geschlossenen Systeme eine Voraussetzung ist für strukturelle Komplementarität, also für das gegenseitige Auslösen (aber eben nicht: Determinieren) der jeweils aktualisierten Strukturwahl."[244]

Hierin liegt die Absage an alle Versuche, das traditionelle Verhältnis von Individuum und Gesellschaft mit seiner Subjektzentrierung dadurch zu überwinden, daß es zur einen oder zur anderen Seite hin radikalisiert wird. Weder kann soziale Ordnung aus individuellen Vorstellungen, Absichten oder Motiven abgeleitet und verstanden werden, noch kann man die Funktionsbedingungen sozialer Ordnung als rein selbstsubstitutiv ohne die Mitwirkung autonomer Individuen verstehen.

Das theoretische Gerüst, an dem Luhmann mit staunenswerter Produktivität arbeitet, ist noch fragil, und an einigen Stellen fehlen Sprossen und Querverbindungen. Zu diesen (wohl unvermeidlichen) Defiziten zählen allerdings nicht jene scheinbaren Widersprüche, die in einem Denken begründet sind, das das Gegenteil des Gedachten gleich mitdenkt und verarbeitet. Eine dieser selbstverantworteten fruchtbaren Paradoxien[245] liegt in jener Behauptung, sowohl personale als auch soziale Systeme seien zwei geschlossene Systeme, deren jeweiliger Prozeß

244 *Luhmann,* Wie ist Bewußtsein an Kommunikation beteiligt?, S. 894.

245 „Paradoxien sind Widersprüche, die dazu einladen, eine Position zu beziehen mit der Folge, daß man sich damit auf die Gegenposition versetzt findet. Die Fruchtbarkeit von Paradoxien besteht gerade darin, daß sie logisch nicht aufgelöst werden können." *Luhmann,* Autopoiesis als soziologischer Begriff, a.a.O., S. 315.

der Autopoiesis isoliert betrachtet werden müsse. Zugleich seien damit die Voraussetzungen für Offenheit und Resonanzfähigkeit gegeben. Die Vorstellung zweier andersartiger geschlossener Systeme läßt keinen Raum mehr für subjektive Omnipotenzen. Soziale Systeme sind nicht individuell determinierbar. Aber auch Individuen sind nicht in ihrer jeweiligen Autopoiesis sozial steuerbar. Die jeweils unfaßbare Komplexität des anderen Systems verhindert beides wirkungsvoll.

Dieser Befund scheint dem alteuropäisch geschulten Denken wie ein Menetekel. Es sieht am Horizont das Auseinanderbrechen einer um das Soziale verkürzten individuellen Erlebniswelt und einer von allen humanen Einflüssen befreiten Eigenlogik zweckrationaler sozialer Systeme — eine aus dem Griff geratene Zivilisation. Man kann dann in Resignation verfallen und sich gemäß dem eigenen Befund ins Private zurückziehen und die Welt treiben lassen.

Man kann aber auch das alte, liebgewordene Denkkorsett zur Seite legen und sich auf das Abenteuer des Luhmannschen Denkens einlassen. Der Vorwurf von Habermas, Luhmann betreibe Gesellschaftstheorie ohne Individuen (Dehumanisierungsthese), ist handgreiflich falsch. Menschen werden ihren Einfluß auf soziale Systeme — den sie unabhängig von jeder Theorie ohnehin haben — dann effektuieren, wenn sie die Fehlvorstellung kausaler Determinierbarkeit aufgeben und stattdessen auf Steuerung unter den Bedingungen autopoietisch operierender Systeme setzen. Soziale Systeme wie Politik, Ökonomie oder Wissenschaft sind viel zu komplex, als daß sie direkter Steuerung offenstünden, aber viel zu sensibel, um diejenigen Impulse ignorieren zu können, die ihre Sprache treffen und dadurch Resonanz erzeugen.[246]

Die Antwort auf die Frage, wie hochautonomisierte soziale Systeme individuell beeinflußt werden können, stellt aber nur eine Seite der neuen Denkmöglichkeiten einer Theorie selbstreferentieller Systeme dar. Auch das Problem individueller Freiheit erfährt neue Lösungsimpulse. Die theoretisch rekonstruierte (aber eben auch tatsächlich erfolgte) Entkopplung personaler und sozialer Systeme erlaubt eine Erklärung des Umstandes, daß Sozialisation und strukturelle Anforderung an das Individuum sich tiefgreifend verändern. Nicht länger mehr „erwartet" die Gesellschaft vom Individuum die Akzeptanz eines normativen Wertekanons mit relativ konkreten Festlegungen — deren Internalisierung Sozialisation sicherzustellen hätte —, gefordert ist vielmehr die Bereitschaft, mit neuen Situationen flexibel und lernbereit unter Beibehaltung individueller Identität umzugehen. Die Entkopplung zieht eine Verlagerung von normativen zu kognitiven Verhaltensanforderungen nach sich.[247]

---

[246] *Luhmanns* Schrift „Ökologische Kommunikation" stellt den Versuch dar, am Beispiel ökologischer Herausforderungen einen nüchternen Handlungsrahmen (aber keine Rezepte!) anzubieten, der von einschlägigen Interessenten (Politikern, Umweltschützern, Juristen) beachtet und ausgefüllt werden sollte.

[247] Zu dieser begrifflichen Unterscheidung vgl. *Luhmann*, Rechtssoziologie, 2. Auflage, S. 42.

Damit soll keineswegs gesagt werden, daß Gesellschaft plötzlich normfrei funktioniere. Im Gegenteil, Normen im Sinne von Rechtsnormen werden erheblich zahlreicher, aber sie brauchen nicht mehr in gleichem Maße strukturell ins psychische System übernommen zu werden. Das Individuum braucht nicht mehr auf eine bestimmte Ideologie, auf enge lebenslange Rollenfixierungen, auf feste sozial oder religiös vorgestanzte Lebensstile festgelegt zu werden. Eine solche Festlegung wäre dysfunktional angesichts schneller Strukturänderungen innerhalb sozialer Systeme. Es ist die Eigendynamik sozialer Systeme, die Individuen nicht nur zu raschen Anpassungen nötigt, sondern auch zu zunehmender *Indifferenz* gegenüber sozialen Systemen. Je komplexer spezifische soziale Systeme in der Umwelt des Individuums werden (z. B. die Organisation, in der es arbeitet), je mehr soziale Systeme zur spezifischen Umwelt eines Individuums zählen — weil es sich neben seinem Beruf noch in einer politischen Partei, einem Verein, einem Kegelclub oder auf dem Fußballplatz engagiert und mehrere interpersonale Beziehungen pflegt (Intimbeziehung, Freundschaften) —, je mehr Informationen es aus der Gesellschaft nehmen und kognitiv und emotional verarbeiten muß, desto eher wird darauf mit emotionaler Zurücknahme und standardisiertem (also sozial verlagertem) Engagement reagiert. Das Verhalten wird indifferent. Dramatische Erlebnisschilderungen eines Bekannten werden zur Kenntnis genommen und mit Floskeln bearbeitet — dem Infarktgefährdeten wird gesagt, er solle weniger arbeiten —, Katastrophennachrichten aus aller Welt kaum noch zur Kenntnis genommen oder mit einem moralischen oder politischen Kommentar quittiert, im besten Fall durch eine Spende aus dem Gesichtsfeld gedrängt. Auch dem Beruf wird nur noch gegeben, was des Kaisers ist — und dies ist mitunter nicht wenig —, aber den Beruf zum Lebensinhalt zu machen (also die Indifferenz aufzugeben) gilt zunehmend als unschick und sollte verborgen werden. Wer die Kontingenz individueller Lebensentwürfe fördern will und Strukturen, die diese Kontingenzen ermöglichen, befürwortet (man denke an die Stichworte: Chancengleichheit, Bildungsoptimierung, Mobilität, Offenheit von Biographien), der muß auch ein indifferentes Verhältnis des Individuums zu sozialen Ereignissen und Anforderungen bejahen, weil ansonsten das psychische System in struktureller und zeitlicher Hinsicht heillos überfordert wäre. Das Mehr an Freiheit in modernen Gesellschaften ist nur durch größere Indifferenz möglich. Damit ist allerdings nicht gesagt, daß kein Engagement mehr möglich sei. Norbert Elias, der schon frühzeitig Relation von Individuum und Gesellschaft für veränderungsbedürftig gehalten hat,[248] weist darauf hin, daß Distanzierungsfähigkeit und Engagement sich keineswegs gegenseitig ausschließen.[249] Emotionale Indifferenz, die Voraussetzung für die Autonomisierung von Wissenschaft, Wirtschaft und Politik war, geht einher mit einer zunehmenden Innensteuerung. Der funktionale Gesellschaftsaufbau mit hochautonomisierten Teilsystemen erzwingt geradezu einen

248 Dazu: *Elias*, Die Gesellschaft der Individuen, 1987.

249 *Elias*, Engagement und Distanzierung, 1987, S. 12.

Menschentyp, der emotional indifferent ist. Aber Engagement verschwindet nicht, weder sozial noch im Verhältnis zur Natur.

„Kurzum: Engagierte Formen des Denkens bleiben auch in Gesellschaften wie den unseren ein integraler Bestandteil der Naturerfahrung. Aber sie werden in diesem Erfahrungsbereich mehr und mehr durch andere Denk- und Wahrnehmungsformen überlagert, die an die Fähigkeit von Menschen, sich gleichsam von außen zu sehen und das, was sie „mein" oder „unser" nennen, als Teilsysteme eines umfassenderen Systems wahrzunehmen, größere Ansprüche zu stellen."[250]

Die hier angesprochene Fähigkeit zur Selbstreflexivität personaler Systeme ist nicht auf den (wissenschaftlichen) Umgang mit der Natur beschränkt. Ganz allgemein erhält das Individuum durch die Übernahme zweckrationaler Weltbilder (Weber) die innerpsychische Möglichkeit, komplexe und anschlußfähige Innenbilder der Außenwelt zu entwerfen und kognitiv zu variieren. Die Karriere des zweckrationalen Handlungstyps geht einher mit dem von Elias dargestellten Zivilisationsprozeß einer Disziplinierung der Emotionalität und Domestizierung der Triebimpulse. Erst dadurch wird nicht nur die Entkopplung personaler und sozialer Systeme möglich, sondern auch diejenige zwischen dem psychischen und dem organischen System.[251]

Die Übernahme zweckrationaler Denkstrukturen in das psychische Bewußtsein stellt eine Voraussetzung für eine Interdependenzunterbrechung zwischen organischem und psychischem System dar, indem das Bewußtsein ein *intermediäres*, zur Reflexion befähigendes Netz[252] aufbauen kann.[253] Dabei haben Kommunikationsmedien mit ihrer sowohl auf binäre Sinnschematisierung als auch auf emotionale Verankerung der Selektionsvorgaben zentrierten Funktion sicherlich eine überragende Rolle gespielt. Mit verengtem Blick ausschließlich auf das Kommunikationsmedium Geld haben marxistische Theoretiker den Zusammenhang zwischen der im Geldgebrauch repräsentierten Warenform und rationalen Denkformen untersucht und — läßt man ideologische Eintrübungen beiseite — Interessantes zu Tage gefördert.[254]

---

250 *Elias*, Engagement und Distanzierung, S. 16.

251 Auch Interpenetrationen gibt es nicht nur zwischen personalen und sozialen Systemen, sondern auch zwischen dem psychischen System (Bewußtsein) und dem organischen System (Bedürfnisse, Triebe, Emotionen). In diesem Dreieck sozialer, psychischer und organischer Systemenergenzen entsteht eine kulturelle Formung der Triebstruktur.

252 Dazu näher: *Willke*, Entzauberung des Staates, 1983, S. 22 ff.

253 Die Interdependenzunterbrechung, die das autopoietische psychische System durch den Aufbau eines Selbstreflexion ermöglichenden intermedialen Netzes an aufeinander verweisenden Vorstellungen konstituiert, wirkt zu *beiden* Seiten, zum organischen wie zum sozialen System hin.

254 Vor allem *Alfred Sohn-Rethel* hat aus marxistischer Sicht versucht, Geld und Subjektivität in einen Zusammenhang zu bringen und die beim Tausch notwendige Abstraktion als Motor individuellen Reflexionsvermögens auszumachen. *Sohn-Rethel*, Warenform und Denkform, 1978, S. 76 ff., und 124 ff.; ferner *ders.*, Geistige und körperliche Arbeit, 1970. Natürlich kann man die Erklärung auch in anderer Verlaufsrichtung

Die Ausdifferenzierung von Handlungssphären aufgrund des Gebrauchs von Kommunikationsmedien wie Geld hat insofern auf psychische Systeme und ihr Verhältnis zur Gesellschaft Auswirkungen, als rationalisierte Teilbereiche aus einem noch nicht differenzierten — Habermas würde sagen „lebensweltlichen" — Zusammenhang herausgenommen und partiell verselbständigt werden. Die Teilnahme am Marktgeschehen und der Einsatz von Geld mitsamt der dazu notwendigen Rechenhaftigkeit resp. Abstraktionsanforderung zwingen Individuen paradigmatisch, sich an Handeln in zweckrationalen Teilsystemen zu gewöhnen und Abstraktionen von ihrem ganzheitlichen Lebensalltag vorzunehmen.[255]

Ob das Medium Geld dabei das grundlegende Medium war, das den Kern aller Rationalitätsstrukturen einschließlich der wissenschaftlichen geprägt hat,[256] kann dahinstehen, man sollte aber mit Weber nicht die Eigenlogik eines aus mehreren Quellen gespeisten (z. B. auch aus mythischer und religiöser Weltdeutung) Rationalisierungsprozesses außer acht lassen.[257] Unbestreitbar ist die Funktion der symbolisch generalisierten Kommunikationsmedien im Vergleich zur tradierten sozialen Alltagspraxis (traditionales Handeln), höchst artifizielle, d.h. unwahrscheinliche Handlungsketten zu bilden[258] und dabei psychische Systeme, die sich mit der sozialen Alltagspraxis noch in Identität befunden hatten, zur Distanz zu zwingen. Mit abgegrenzten, zweckrationalisierten Teilsystemen — politische Machtsysteme, Ökonomie oder Wissenschaft — kann man sich nicht in toto identifizieren, sondern muß eine relative Indifferenz suchen.[259] Diese Distanz ist Voraussetzung für individuelle Identitätsbildung, zumal Kommunikationsmedien tendenziell auf einzelne Handelnde ausgerichtet sind und deshalb traditionale Großgruppen Erosionsprozessen unterwerfen.[260]

---

abgeben, scil. daß ohne die Entwicklung zur Abstraktion befähigender Bewußtseinsstrukturen keine stabilen Handlungssysteme auf Tauschbasis entstehen können.

255 Das Kommunkationsmedium Geld hat ähnlich wie Macht mit seiner Etablierung rekursive Prozesse nach sich gezogen und damit den Aufbau eines relativ autonomisierten Subsystems, des Handels, bereits in der Antike zur Folge. Geld wurde nur des Geldverdienens wegen eingesetzt, Macht um Macht zu erringen. Vgl. *George Thomsen,* Die ersten Philosophen, Forschungen zur altgriechischen Gesellschaft, Bd. II, 1961, S. 160.

256 So: *Rudolf Wolfgang Müller,* Geld und Geist, 1972, der das Problem sieht, daß ein Wissenschaftler, der von den Rationalitätsstrukturen des Geldes geprägt ist, keine kritische Distanz zu diesem Medium haben könnte. a.a.O., S. 70. ferner: *Bodo von Greiff,* Gesellschaftsform und Erkenntnisform, 2. Auflage 1977, S. 81 ff.; *Peter Dudek,* Naturwissenschaften und Gesellschaftsformation, 1979, S. 16 ff., 171 ff.

257 Trotz aller Beteuerungen, „dialektisch" zu denken, neigen marxistische Theoretiker zu monokausalen und dadurch sehr einfachen Erklärungsrastern.

258 Der staunenswerte Bau der Pyramiden ist ohne die durch Macht vermittelten Handlungszusammenhänge schlechterdings nicht vorstellbar.

259 Im Grunde ergibt sich die Indifferenz des Individuums aus der Indifferenz des Mediums gegenüber den Besonderheiten der Situation. Dazu: *Luhmann,* Zweckbegriff und Systemrationalität, 2. Auflage 1977, S. 205. Das Individuum stellt sich nur auf die Indifferenz ein.

260 *Müller,* a.a.O., S. 234 ff. (241).

In der Gegenwartsgesellschaft, die funktional voll ausdifferenziert ist, steht ein Gesellschaftstheoretiker, der das Verhältnis von Individuum und Gesellschaft formulieren will, vor der Frage, wie individuelle Identität — als Basis individueller Freiheit — noch möglich ist, wenn aus seiner Sicht der Mensch zuletzt nur noch in Handlungssystemen agiert, die über Kommunikationsmedien organisiert sind. Kann das Individuum über ein noch größeres Maß an Indifferenz Identität behalten, oder ist es notwendig, auf das Refugium einer „intakten", d.h. nicht von zweckrationalen Handlungssystemen organisierten Alltagspraxis angewiesen? Genau an diesem Punkt liegt die Differenz zwischen Luhmann und Habermas.

E. Autopoiesis oder Diskurs — Zur sprachtheoretischen Kritik an Luhmanns Relation von Individuum und Gesellschaft

I. Der Ansatzpunkt der Kritik an Luhmann

Eine Theorie wie Luhmanns Konzept selbstreferentieller Systeme, deren Universalitätsanspruch und Abstraktionshöhe kaum steigerbar sind, kann sinnvoll nur von einer Theorie mit ähnlichem Niveau kritisiert werden, weil die Kritik sich sonst dem Vorwurf aussetzte, keine funktionalen Äquivalente anbieten zu können.[1] Soweit es bei Luhmann um die Grundlegung einer neuen Gesellschaftstheorie geht, hat Jürgen Habermas funktionale Äquivalente zu bieten. Seine Theorie kommunikativen Handelns ist ebenso universalistisch und abstrakt angelegt.[2] Um den Punkt, an dem die Kritik an Luhmann ansetzt, genau bezeichnen zu können, muß noch einmal der innovative Schritt Luhmanns hervorgehoben werden.

Luhmanns Theorieentwurf überschreitet in zweifacher Hinsicht die klassische Relation von Individuum und sozialer Ordnung. Er verzichtet auf das Individuum oder auf die dem Individuum zugerechnete Handlung als Letztelement sozialer Systeme — ist insofern genuin Systemtheoretiker — und zieht damit eine operative, d.h. durch unterschiedliche Grundoperationen konstituierte Grenze zwischen personalen und sozialen Systemen. Zugleich überwindet er allerdings eine Trennung, die im klassischen Denken angelegt und für Paradoxien verantwortlich ist, nämlich die Subjekt-Objekt-Trennung. Das Subjekt ist kein dem Denken exklusiv vertrauter — ja mit ihm identischer — besonderer Ort der Erkenntnisgewinnung. Ihm steht auch keine von ihm völlig unabhängige objektive Welt gegenüber, deren Wesen das Subjekt nach und nach ergründen könnte. In den Naturwissenschaften konnte die Subjekt / Objekt-Differenz lange und erfolgreich praktiziert werden, im Gegenstandsbereich der Sozialwissenschaften — obwohl

---

1 Zum Universalitätsanspruch und zur Abstraktionshöhe der Theorie selbstreferentieller Systeme vgl. die Einleitung zu: *Luhmann*, Soziale Systeme, S. 9 ff. Die Möglichkeit von Kritik limitiert Luhmann vorsorglich mit dem Bemerken: „Aber man kann wohl verlangen, daß der Kritiker für den Aussagebereich der Theorie adäquate Alternativen entwickelt und sich nicht mit dem Hinweis auf seine Theorie begnügt, wonach im Verblendungszusammenhang des Spätkapitalismus die Wirklichkeit nicht begriffen werden könne." a.a.O., S. 9.

2 Allerdings kann man darüber streiten, ob System oder Diskurs der universalistischere Leitbegriff ist. Dazu: *Luhmann*, Soziologie der Moral, a.a.O., S. 21 f.

es sich nicht um Gegenstände handelt — war dies von vornherein ein prekäres Unternehmen, weil das erkennende Subjekt immer schon Teil des Gegenstandsbereichs ist und nichts sehen kann, was nicht durch die Strukturen und Operationsmodi des Gegenstandsbereichs schon vorgeprägt wäre.

Kurz: Gesellschaft kann sich nur selbst beobachten und keine ontologische Differenz zu sich selbst gewinnen. Das von Descartes für die Moderne reformulierte selbstreferentielle Bewußtsein hält sich selbst für autark und deshalb für fähig, eine Differenz zur Welt — auch zur sozialen Welt — zu setzen. Andererseits, und das machte die Paradoxie der klassischen Relation von Individuum und Gesellschaft aus, versuchten Handlungstheoretiker immer wieder, Soziales auf individuelle Intentionen, d.h. auf Bewußtsein, zu reduzieren und damit (gewollt oder ungewollt) die Grenze zwischen Subjekt und Objekt aufzulösen. Luhmann sieht das Bewußtsein als ein System unter anderen. Psychische Systeme prozessieren selbstbezüglich, aber soziale Systeme auch. Die systemtheoretische Beschreibung des psychischen Systems — des Bewußtseins — kann man dann als Objektivierung des Subjekts auffassen oder die horizontale „Gleichstellung" sozialer Systeme mit dem Bewußtsein als Subjektivierung der sozialen Welt.

> „In jedem Falle sprengen solche Thesen die klare cartesische Differenz von Subjekt und Objekt. Will man den Subjektbegriff von dieser Differenz her denken, wird er unbrauchbar, die Differenz wird sozusagen selbst subjektiviert. Das selbstreferentielle Subjekt und das selbstreferentielle Objekt werden isomorph gedacht — so wie eigentlich auch die Vernunft und das Ding an sich bei Kant. Und kommt man dann nicht mit dem einfachen Begriff der Selbstreferenz aus?"[3]

Luhmanns *Neu*konstruktion[4] des Verhältnisses von Individuum und Gesellschaft ist erkenntnistheoretisch tief verankert und auch nur von hier aus in seiner ganzen Tragweite zu verstehen. Die Horizontalisierung von psychischen und sozialen Systemen, die scharf getrennt durch eine System-Umwelt-Grenze und unauflösbar verbunden durch die gemeinsame Sinnverwendung sind, bieten für Habermas den Angriffspunkt für seine Kritik. Die brisante Frage der erkenntnistheoretischen Letztfundierung schiebt sich dabei in den Vordergrund.

II. Habermas versus Luhmann

Will man die Kritik, die Habermas gegen Luhmann ins Feld führt, in einem Satz bündeln, so kann er nur lauten: Die Systemtheorie Luhmanns verzichtet auf Vernunft als Moment der Unbedingtheit von Erkenntnis.

---

3 *Luhmann*, Soziale Systeme, S. 595.

4 Es handelt sich im Grunde um mehr als eine *Re*konstruktion, obwohl in formaler Hinsicht auch dieser Begriff anwendbar bleibt, weil Individuum (Bewußtsein) und Gesellschaft (soziale Systeme) sich in Luhmanns Konzept mit anderen Inhalten und anderen Positionen wiederfinden.

„Die Systemtheorie läßt Erkenntnisakte, auch die eigenen, in einer komplexitätsbewältigenden Systemleistung aufgehen und nimmt damit der Erkenntnis jedes Moment von Unbedingtheit.“[5]

Der komplexe und traditionsbeladene Begriff der Vernunft soll hier auf einen wesentlichen Gesichtspunkt reduziert werden. Vernunft ist die Chiffre für die Repräsentanz des *Ganzen.* Vernunft steht für das Gesamtinteresse von Gattung, Menschheit und Gesellschaft. Unklar bleibt, was das Gesamtinteresse ist — es kann je nach persönlichen Prioritäten mit Vorstellungen wie Überleben, Emanzipation oder Selbstverwirklichung aufgeladen werden[6] — und wo der Träger der Vernunft ist, wo sie ihre Substantialisierung findet. Die von Descartes bis Kant reichenden Versuche, Vernunft in das Individuum zu verlegen, Vernunft als eine Resultante einer durch die richtige Philosophie angeleiteten, geordneten Denkbewegung des Subjekts zu verstehen, sieht Habermas als gescheitert an. Bezogen auf die Funktion der Vernunft, das Ganze zu repräsentieren, spricht Habermas davon, daß subjektphilosophisch nicht ein gesamtgesellschaftliches Bewußtsein konstituiert werden könne.[7]

Aber es war diese subjektzentrierte Bewußtseinsphilosophie, die das Paradigma der Gesellschaftswissenschaft geprägt hat. Das Verhältnis von Individuum und Gesellschaft gerät auch für Habermas in den Brennpunkt seiner Analyse, wenn er Vernunft anders konstituiert sehen will als durch das Subjekt.

„Wenn die Individuen als Teile dem höherstufigen Subjekt der Gesellschaft als Ganzem ein- und untergeordnet werden, entsteht ein Nullsummenspiel, in dem moderne Phänomene wie die wachsenden Bewegungsspielräume und Freiheitsgrade der Individuen nicht richtig untergebracht werden können.“[8]

Der Habermassche Ausgang aus dem Dilemma der Subjektphilosophie ist bekannt. Die rationalisierte Lebenswelt ist der Raum, in dem Vernunft sich bewegt, der Träger ist die Sprache mit ihrem in die Verständigungs- und Koordinierungsfunktion von Sprache eingelassenen Vernunftpotential. Die Vernunft entfaltet sich im freien Diskurs, denn das Maß des diskursiv erreichten Einverständnisses gegenüber dem nur normativ zugeschriebenen Einverständnis ist der Rationalitätsmaßstab der Lebenswelt.[9] Vernunft entfaltet sich im intersubjektiven Verständigungsprozeß, kann demnach nicht durch das vereinzelte Individuum intuitiv erschaut oder rein logisch resp. spekulativ gedanklich deduziert werden.

---

[5] *Habermas,* Der philosophische Diskurs der Moderne, 1985, S. 429 f.

[6] Vgl. *Habermas,* Erkenntnis und Interesse, 1968, S. 59 ff.

[7] *Habermas,* Der philosophische Diskurs der Moderne, S. 434 und 402 („gleichzeitig führte die subjektzentrierte Vernunft zu Abstraktionen, welche die sittliche Totalität entzweiten“).

[8] *Habermas,* a.a.O., S. 434. Habermas gibt in diesem Zitat zu erkennen, daß er mit seiner Theorie auf die Durkheimsche Steigerungsfrage reagieren muß.

[9] Vgl. oben Kapitel V. 2.

Kommunikatives Handeln und die verschiedenen Formen des Diskurses sind für Habermas aber nur der eine Teil gesellschaftlicher Integration. Der andere Teil der Integration läuft über entsprachlichte Steuerungsmedien (Geld / Macht). In dieser „systemischen“ Integration entfaltet sich nur ein *eingeschränktes* Vernunftpotential, nämlich Zweckrationalität.[10] Gefahr für die Vernunft und damit für die Einheit und Identität der Gesellschaft droht durch die Ausdehnung und expansive Verselbständigung jenes zweiten „systemischen“ Integrationsmechanismus, weil er kommunikative Handlungsformen verdrängt und ersetzt.

Luhmanns Theorie selbstreferentieller Systeme ist für Habermas dasjenige Theoriekonzept, das genau auf die „systemische“ Integration und damit auf jenen voranschreitenden, „gefährlichen“ Integrationstyp paßt, aber so tut, als ob die vollständige systemische Integration der Gesellschaft bereits erreicht wäre. Die von Luhmann vorgetragene These der Autopoiesis aller sozialen Systeme, die sich selbst untereinander nur in der System / Umwelt-Perspektive wahrnehmen können und in dieser Weise auch ihr Verhältnis zum Individuum bestimmen, schließt eine der Vernunft als ganzheitliche Steuerung entsprechende Rationalitätsentfaltung aus. Rationalität ist (Teil-)Systemrationalität, die ihren Letztbezugspunkt in der Funktion der Komplexitätsreduktion findet.[11]

Der Vorwurf, den Habermas gegenüber diesem Befund erhebt, zielt auf die fehlende Möglichkeit, in der Gesellschaftstheorie einen normativen Maßstab ausfindig zu machen, der es erlaubt, Gesellschaft distanziert als Ganzes zu kritisieren. Luhmann hält dies für unmöglich, weil ein System sich nicht selbst als Ganzes erfassen und distanziert beschreiben kann, weil es über keine Maßstäbe verfügt, die es nicht selbst im System produziert hätte.[12] Allerdings ist die Frage, ob man einen normativen Maßstab der Gesellschaftskritik für notwendig hält, Geschmacksfrage. Der Vorwurf, Luhmann habe keinen solchen Maßstab, ist letztlich ein moralischer und kein wissenschaftsimmanenter. Viel gewichtiger ist deshalb eine scheinbar an den Vorwurf eines fehlenden Vernunftkonzepts anschließende Kritik von Habermas an Luhmann, die zugleich in das Zentrum dieser Arbeit zielt: Habermas greift die Entkopplungsthese Luhmanns an, wonach psychische und soziale Systeme voneinander abgeschlossen sind und sich nur über die System / Umwelt-Perspektive wahrnehmen. Anknüpfend an die von ihm angepeilten Funktionen öffentlicher Diskussion als Ort des rationalen gesamtgesellschaftlich orientierten Diskurses setzt Habermas an der Relation von persona-

---

10 Vgl. oben Kapitel C. V. 2.

11 *Habermas*, Der philosophische Diskurs der Moderne, S. 431.

12 Darüber hinaus hält er Sprache zwar für eminent wichtig für die Interpenetration von psychischen und sozialen Systemen, bestreitet aber, daß Logik eine wesentliche Eigenschaft von Sprache sei. Luhmann läßt in jüngster Zeit erkennen, daß er Sprache für ebenso bedeutend wie systemtheoretisch noch unerfaßt hält. Eine Gesellschaftstheorie, die einfach an Ergebnisse der Linguistik anknüpft und die *Beobachtung* von Sprache mit deren Sinnpotential gleichsetzt, ist ihm suspekt. *Luhmann*, ZfS 16 (1987), 467 f.

len und sozialen Systemen den Hebel der — zumindest in der Tendenz — theorieimmanenten Kritik an Luhmann an.

> „Tatsächlich richtet sich dieser methodische Antihumanismus nicht gegen eine verfehlte, weil konkretistische Teile ins Ganze einschließenden Denkfigur, sondern gegen ein „Humanitätsanliegen", das auch ohne den Konkretismus vom Ganzen und seinen Teilen auskommen könnte; ich meine das „Anliegen", die moderne Gesellschaft so zu konzeptualisieren, daß für sie die Möglichkeit, im ganzen normativ Abstand von sich zu nehmen und in den höherstufigen Kommunikationsprozessen der Öffentlichkeit Krisenwahrnehmungen zu verarbeiten, nicht schon durch die Wahl der Grundbegriffe negativ präjudiziert wird. Das Konstrukt einer Öffentlichkeit, die diese Funktion erfüllen könnte, findet freilich keinen Platz mehr, sobald kommunikatives Handeln und intersubjektiv geteilte Lebenswelt zwischen Systemtypen hindurchrutschen, die, wie das psychische und soziale System, füreinander Umwelten bilden und nur mehr externe Beziehungen zueinander unterhalten." [13]

Habermas greift die „abstrakte Trennung von psychischen und sozialen System" [14] deshalb an, *weil sie eine Einheit leugnet, die Habermas durch Sprache garantiert sieht.* Für Habermas werden durch übersubjektive Sprachstrukturen Gesellschaft und Individuum so eng miteinander verschränkt, daß ihre Einheit auch theoretisch nicht übergangen oder unterlaufen werden darf. [15] Hier scheint die entscheidende Bruchstelle zwischen der systemtheoretisch erweiterten Handlungstheorie von Habermas und der reinen Systemtheorie Luhmanns zu verlaufen: Habermas hält an der Einheit von Individuum und Gesellschaft fest, während Luhmann jenseits dieser Einheit operiert. Wer diesen theoriestrategischen Kulminationspunkt heraussstellt, kommt um die Frage der Rolle von Sprache im Verhältnis zwischen Individuum und Gesellschaft nicht herum. Dabei fällt auf, daß Habermas Sprache zum Zentralbegriff seiner Theorie erhebt und daß kommunikatives Handeln als Grundfigur seiner Gesellschaftstheorie Webers zweckrationalen Handlungstyp überbietet und insofern höchstes Rationalitätsniveau beansprucht. Luhmann dagegen abstrahiert über Sprache hinaus und hält nur noch an der gemeinsamen *Sinn*verwendung von psychischen und sozialen Systemen fest. [16] Sinn ist jedoch für Luhmann ein *vorsprachlicher* Modus und mit Sprache keineswegs identisch. [17]

Im Verhältnis zwischen psychischen und sozialen Systemen „geschieht" allerdings mehr, als Sprache zu leisten vermag, und erst recht mehr, als argumentative Rede für den Aufbau sozialer Systeme und der individuellen Handlungssteuerung

---

13 *Habermas,* Der philosophische Diskurs der Moderne, S. 436.

14 *Habermas,* a.a.O., S. 437.

15 Vgl. dazu den dahingehenden Vorwurf, den Habermas an Luhmann richtet. *Habermas,* a.a.O., S. 438.

16 Vgl. Kapitel D. III.

17 Luhmann weist darauf hin, daß es lange vor der Evolution von Sprache die Möglichkeit gegeben habe, „etwas als Zeichen für anderes zu verwerten". *Luhmann,* Soziale Systeme, S. 209.

leisten kann. Man darf nicht vergessen, daß der Handlungstheoretiker Habermas soziale Integration (neben der systemischen) sich als Handlungskoordinierung vermittels sprachlicher Argumentation im Sinne des Zwangs zur Akzeptierung des besseren Arguments vorstellt. Ein solcher Mechanismus wäre aber für die Vielfalt sozialer und interpersonaler Beziehungen viel zu einfach. Neben Sozial- und Systemintegration gibt es noch andere Stabilisierungsmechanismen für soziale Systeme, etwa der Zeitdruck oder unsprachliche intersubjektive Emotionsflüsse (man denke an ein schweigendes Liebesverhältnis). Wer eine Gesellschaftstheorie auf Sprache und Kalkül gründet, wie Habermas dies in der dualen Architektonik des kommunikativen und instrumentellen Handelns tut, der hat eine Bringschuld hinsichtlich der Rolle von Sprache zu erfüllen. Die Einwände Luhmanns, daß weder die Behauptung einer allgemeinen *argumentativen* Sprachverwendung noch die Möglichkeit, durch Sprachanalyse Gesellschaftsanalyse betreiben zu können, zwingend seien, pariert Habermas mit dem Hinweis, jede der Thesen von Luhmann zur *untergeordneten* Rolle der Sprache sei „hochkontrovers“.[18] Habermas kehrt allerdings die Beweislast um, wenn er sagt, Luhmann müßte seine kontroversen — also noch nicht widerlegten — Thesen „in speziellen Kontexten der Sprachphilosophie“[19] begründen. Derjenige, der seine Gesellschaftstheorie auf Sprache aufbaut, und dies ist nicht Luhmann, ist begründungspflichtig für die behauptete Exklusivität argumentativer Rede. Oder ist das Paradigma argumentativer Rede nur die — unzulässige — Übertragung spezifisch geisteswissenschaftlicher Realitätsverarbeitung auf die Gesellschaft als Ganzes?

Einwände gegen eine Übergeneralisierung des Diskursmodells bedeuten indes nicht, daß Luhmann den Stellenwert von Sprache — die ja unbestreitbar eine zentrale Trägerin von Sinn ist — geringschätzt.[20] Gerade wer die operative Trennung von psychischen und sozialen Systemen zum Ausgangspunkt seiner Theorie macht, ist darauf angewiesen, eine Rekonstruktion vorzunehmen, wie denn das Verhältnis beider Bereiche aussieht. Im Grunde kann deshalb auch Luhmann nicht wirklich jenseits der Einheit von Individuum und Gesellschaft Soziologie betreiben, sondern er kann nur die Relation neu rekonstruieren. Seine Lösung — und damit auch die Lösung von Durkheims Steigerungsfrage — findet sich in einem Doppelgedanken, nämlich dem, daß psychische und soziale Systeme getrennt *und* zugleich in Co-Evolution entstanden sind und ständig interpenetrieren.[21] Dieser Co-Evolutionsvorgang, bei dem psychische Systeme eigene Komplexität mit Hilfe der Komplexität sozialer Systeme aufbauen[22], kann im wesentlichen nur über Sprache erfolgen. Für Luhmann ist sie das Medium für den Komplexitätstransfer.[23]

---

18 Habermas, Der philosophische Diskurs der Moderne, S. 439.

19 a. a. O.

20 Vgl. FN 12.

21 Bezeichnenderweise widmet Habermas dem zweiten Gedanken im Gegensatz zum ersten nur wenig Aufmerksamkeit.

22 Vgl. Kapitel D. III.

Luhmann beschreibt allerdings diesen Transfer als Einbahnstraße. Er behandelt (und das auch nur knapp), wie Sprache soziale in psychische Komplexität überführt: durch sprachliche Strukturierung des Bewußtseinsprozesses von Vorstellung zu Vorstellung.[24] Aber Interpenetration heißt wechselseitiges Zurverfügungstellen von Komplexität. Das Bewußtsein, das Sprache handhabt, wird dadurch nicht zum sprachlichen Bewußtsein, sondern „lebt" ebenso von nichtsprachlichen Assoziationen, Bildern und von Gefühlsaufladungen. Und auch Kommunikation als Grundoperation eines sozialen Systems läßt sich keineswegs mit Sprache gleichsetzen. Der Prozeß der Kommunikation, der ja Annahme und Verstehen als operative Grundvoraussetzungen in sich trägt, muß nicht nur ständig auf das psychische System achten — was hat es aufgenommen und was nicht[25] —, sondern er ist auch auf die Unberechenbarkeit der beteiligten psychischen Systeme angewiesen, weil nur sie den Antrieb zu höherer Ordnungsbildung darstellt.[26] Die Komplexität des Bewußtseinsprozesses ist auch eine der Bedingungen für die Erweiterung von Sinnhorizonten, für die Variation und Neuschöpfung von sprachlichen Ausdrücken und kulturellen Sinnmustern. Sinngebung und ihre Transformation in Sprache kann nicht nur dem Bereich des Sozialen zugesprochen werden. Sinn wird in psychischen Systemen ebenso produziert wie in sozialen. Sinn entsteht — anders ausgedrückt — subjektiv und intersubjektiv.

Im Verhältnis von Individuum und Gesellschaft ist die von Luhmann bislang vernachlässigte Funktion der Sprache als Umsetzungsmechanismus von Bewußtseinsprozessen in Kommunikationen gerade für die Einflußmöglichkeiten des Individuums von überragender Bedeutung. Große verselbständigte soziale Systeme bauen ihre Stukturen und ihre Autopoiesis auf die binär schematisierten und damit von gewöhnlich in Sprache eingelagerten Verweisungshorizonten freigehaltenen, logischen Zweiwertigkeiten (haben / nicht haben, Recht / Unrecht, wahr / falsch, etc.). Symbolisch generalisierte Kommunikationsmedien, die diese Zweiwertigkeit wie echte, aber generalisierte Werte codieren und ihre Akzeptanz emotional verankern, wirken insofern „systemisch", also den Funktionserfordernissen sozialer Systeme entsprechend, als sie funktional adäquate Handlungsbeiträge nicht nur sicherstellen, sondern generieren.[27] Kommunikationsmedien sind

---

23 *Luhmann*, Soziale Systeme, S. 367.

24 *Luhmann*, Soziale Systeme, S. 368.

25 *Luhmann*, Soziale Systeme, S. 295.

26 Je simpler psychische Systeme operieren, desto einfacher kann sich soziale Ordnung strukturieren. Individuell autonom handelnde Individuen zwingen soziale Ordnung zur Generalisierung von Erwartungen und zur rekursiven Selbstproduktion eigener Elemente, weil die Handlungsbeiträge den Individuen zwar noch individuell *zugerechnet* werden können (allerdings durch das soziale System), aber nicht mehr kausal determinierend wirken dürfen. Eine Handlungsakkordierung im Entscheidungsbereich der beteiligten psychischen Systeme wäre viel zu unwahrscheinlich und zeitraubend. Vielleicht liegt hier ja der eigentliche Grund für die scheinbare Verdrängung des Diskurses aus dem Prozeß gesellschaftlicher Konstitution. Komplexen Gesellschaften fehlt es an Zeit, alles zu kommunizieren.

demnach speziale Mechanismen zur Sicherstellung der Interpenetration vom sozialen System in Richtung personales System. Sprache ist daran zwar zumindest als Grundlegung beteiligt, aber nicht mehr in jedem Fall unmittelbar konstitutiv. Umgekehrt, in der Verlaufsrichtung vom personalen zum sozialen System, spielt Sprache eine ungleich größere Rolle. Ein Individuum, das seine Wünsche, Ziele und Absichten in der sozialen Welt durchsetzen will, ist nicht nur, aber wesentlich auf Sprache angewiesen.[28]

Entscheidende Bedeutung kommt der Sprache zu im Verhältnis von Individuen zu hochaggregierten Sozialsystemen, die durch einzelne Handlungsbeiträge zwar zu einer Reaktion provoziert werden können — der Gegner der Atomenergie verweigert die Stromgeldzahlung; die Reaktion besteht im Abschalten seines Stroms und nicht im intendierten Abschalten der Atomkraftwerke —, aber kaum je zu einer Strukturveränderung nach individuellen Wünschen. Dies gelingt nur dann, wenn individuelle Wünsche quantitativ und qualitativ so zusammengeschlossen werden, daß das soziale System seine Autopoiesis nur über eine Strukturveränderung fortsetzen kann. Diese Handlungsbündelung, die von keinem über Medien gesteuerten System erzeugt oder stabilisiert wird, kann nur sprachlich koordiniert zustande kommen. Diese sprachlichen, — oft, aber keineswegs immer — diskursiv entwickelten Kommunikationszusammenhänge koordinieren sich über Sprache und üben wegen der Möglichkeit des Einbaus der so entstandenen Sprachstrukturen in die Autopoiesis des Bewußtseins teilweise erheblichen Einfluß auf reflexive und sensible soziale Systeme aus. In dieser Hinsicht weist die Theorie Luhmanns noch blinde Flecken auf, die allerdings spätestens dann ausgefüllt werden müssen, wenn über die Grundlegung einer Theorie sozialer Systeme hinaus Gesellschaftstheorie betrieben werden soll, die zwar nicht das Individuum als Element einschließt, wohl aber die entscheidende Außenbeziehung der Gesellschaft, nämlich die Beziehung zu Individuen, mitthematisieren muß.

Habermas hat insoweit recht, als er auf diese (noch) blinde Theoriestelle bei Luhmann hinweist. Aber er hat unrecht, wenn er Luhmann eines methodischen Antihumanismus zeiht.[29] Dieser Vorwurf trifft, wenn mit Humanismus eine moralisierende Attitüde der Sozialwissenschaft gemeint ist. Er geht aber fehl, wenn damit gemeint ist, daß Luhmann gesellschaftliche Entwicklung und gesellschaftliche Prozesse *ohne* Individuen rekonstruiere. Das Verhältnis der Co-Evolution ist bei Luhmann lediglich abstrakter und dadurch wohl auch realitätsangemesse-

---

27 Das Medium Geld beispielsweise erzwingt nicht nur die Annahme bestimmter Selektionsofferten, sondern provoziert auch Individuen zu kreativen ökonomischen Neuschöpfungen (Entdeckung von Marktlücken, Gründung von Alternativunternehmen), also zur Schaffung neuer ökonomischer Strukturen.

28 Selbst ein Bettler, der durch Körperhaltung, Aussehen und einen Hut als Einladung zum Geldeinwurf seinem Wunsch — Geld zu erhalten — appellativ Ausdruck verleiht, unterstützt diesen Ausdruck oft noch mit einer sprachlichen Erläuterung hinsichtlich seiner unverschuldeten Not und verstärkt damit sein Selektionsangebot.

29 *Habermas,* Der philosophische Diskurs der Moderne, S. 436.

ner gefaßt. Die Entkopplung von psychischen und sozialen Systemen ist Voraussetzung für das Komplexitätswachstum des Individuums und der Gesellschaft. Mit jeder höheren Stufe der Autonomie werden die rekursiv geschlossenen Systeme aber auch abhängiger vom Komplexitäts- und Ereignistransfer von einem System ins andere, gewinnt also der Vorgang der Interpenetration größere Bedeutung. Luhmann treibt mit seiner Theorie selbstreferentieller Systeme Durkheims Steigerungsparadoxie zur Auflösung, indem er auf das Ganzes-Teile-Schema und das Subjekt-Objekt-Denken konsequent verzichtet.

Sobald Luhmanns Theorie hinsichtlich einer Ausarbeitung des Verhältnisses von psychischen und sozialen Systemen komplettiert wird, dürfte auch sichtbar werden, daß es für den ehrwürdigen Begriff der Vernunft ein bescheideneres und entzaubertes Äquivalent gibt. In der Subjektphilosophie setzt Vernunft auf eine Bemächtigung der sozialen und natürlichen Welt durch das Bewußtsein. Habermas möchte demgegenüber nur noch das Ganze der Gesellschaft in einem ihrer Teilbereiche repräsentiert sehen und die Objektivität dieser Repräsentanz nichtkontingent absichern. Die nichtkontingente, nichthintergehbare Objektivation sollen der Zwang zum Konsens und die auf diese Funktion hin ausgelegte Sprachstruktur darstellen; der Teilbereich, in dem sich der zum Konsens treibende Diskurs entfalten soll, ist die Öffentlichkeit.

Wenn man auf die problematische Absicht verzichtet, das Ganze in einem sozialen Teilbereich zu repräsentieren, und die Rückversicherung aufgibt, die Sprachstruktur könne gegen Interessen und Verzerrungen der Kommunikationsmedien richtige (wahre?) Entscheidungen für das Ganze objektiv garantieren, bleibt nicht etwa nichts vom Vernunftkonzept übrig, sondern es verlagert sich auf die Frage, wie angesichts rekursiv prozessierender autonomer sozialer Systeme Individuen als Vereinzelte ihre Freiheit und Identität sichern und in gemeinsamer Handlungskoordinierung Einfluß auf soziale Systeme ausüben können. Daß gerade für die letztere Funktion eine diskursive Öffentlichkeit vonnöten ist, kann ebensowenig bestritten werden wie die regulierende und kontrollierende Kraft freier Argumentation, die ihre Geltungsansprüche offenlegt und daraufhin ihre Gründe kritisch befragen lassen muß. Aber der von Habermas favorisierte Diskurs ist nicht deshalb so wichtig, weil er mit den Weihen des stets etwas metaphysisch daherkommenden Vernunftbegriffs versehen werden müßte, sondern weil er einen nicht unwesentlichen Teil der Mechanismen darstellt, mit denen Individuen sich Freiräume sichern und soziale Prozesse beeinflussen können. Die expressiven Bewegungen der vergangenen Jahrzehnte belegen anschaulich, daß Vorstellungen rationaler oder emotionaler Art (etwa Ängste) zu Steuerungen sozialer Prozesse nach Maßgabe individueller Vorstellungen geführt haben. Man denke hier nur an expressive Bewegungen gegen die Atomenergie, die in Ländern mit starken diesbezüglichen Gruppierungen zu einem faktischen Stop der Entwicklung dieser Energieform geführt haben, oder an die Frauenbewegung, deren Ziele mit Quotenregelungen bis in die Parteispitzen hinein institutionell umgesetzt werden.

Ob solche diskursiv herbeigeführten und konsentierten Entscheidungen auch richtig sind, weiß man nicht. Nicht nur Mehrheiten können irren, sondern auch freie Diskurse. Aber derartige Entscheidungsfindungsmechanismen sichern mehr, als die auf symbolisch generalisierten und damit vereinseitigten Kommunikationsmedien basierenden sozialen Systeme wie Politik, Ökonomie und Wissenschaft es könnten, die Berücksichtigung der Vorstellungen psychischer Systeme im sozialen Kommunikationsprozeß.

Das Problem der vernünftigen Steuerung gesellschaftlicher Entwicklung und damit der Begriff der Vernunft läßt sich in dieser Sicht der Dinge als abgeleitetes Problem des Verhältnisses von Individuum und Gesellschaft begreifen. Es geht dann darum, wie autonome Persönlichkeitssysteme sinnhaft ihre Umwelt, die Gesellschaft, gestalten, d.h. strukturell beeinflussen können. Diesen Gestaltungsanspruch kann man und braucht man nicht *normativ* zu begründen. Habermas sucht in der Gesellschaft — im sprachlichen Diskurs — nach einem normativen Parameter, mit dem die Gesellschaft Distanz zu sich selber gewinnen kann. Luhmanns Theorie bestreitet diese Möglichkeit, aber sie stellt unausgesprochen ein Äquivalent bereit. An die Stelle der Normativität der Vernunft treten Ansprüche des individuellen Bewußtseins an die Gesellschaft. Die Distanz ergibt sich dabei schon daraus, daß das individuelle Bewußtsein nicht zur Gesellschaft zählt. Genausowenig, wie sich Gefühle diskursiv begründen lassen,[30] lassen sich Prozesse des Bewußtseins vollständig diskursiv abbilden — schon weil sie mit Gefühlen aufgeladen sind. Damit sind psychische Systeme nicht wahrheitsfähig, können also nicht in einem sozialen System Punkt für Punkt repräsentiert werden. Es ist insofern gar nicht ausgemacht, was eigentlich in Zusammenhang mit expressiven Bewegungen für den Antrieb und Erfolg sorgt, die Macht des besseren Arguments oder ein durch das Argument symbolisiertes, emotionales Einverständnis. Solche Gedanken verlagern die Vernunft unter der Hand wieder dahin, wo sie herkommt, in das Individuum. Plakativ formuliert, kann man aus Luhmanns Theorie zum Thema Vernunft nur eines herauslesen: Es gibt keine Vernunft, es sei denn, Individuen würden sich über ein gemeinsames Denken und Handeln einigen und dieses als vernünftig bezeichnen. Aber dies hätte nichts zu tun mit einer Vernunft, die schon da ist und der man sich unterwerfen muß. Die Vernunft der Postmoderne ist individualisiert.[31] Sie zwingt nicht mehr nur die Individuen zu einem bestimmten Handeln, sondern sie appelliert auch moralisch, emotional, rational und fordernd an soziale Systeme.

Damit im Co-Evolutionsprozeß zwischen psychischen und sozialen Systemen ein Interpenetrationsgleichgewicht bestehen bleibt, müssen allerdings psychische Systeme auch fähig sein, mit ihrer gewachsenen Verantwortung umzugehen und sich in einer hochkomplexen sozialen Umwelt so zu orientieren, daß sie ein

30 Vgl. *Habermas*, Vorstudien, S. 139 sowie oben Kapitel C. IV.

31 Dazu näher unten Kapitel F. III.

hinreichend angemessenes Bild von den Funktionsprozessen der Gesellschaft haben und über eine damit harmonierende Selbstbeschreibung verfügen, die dazu beiträgt, ihre Identität als Person zu sichern. Die gesellschaftstheoretische Konstruktion des Verhältnisses von Individuum und Gesellschaft ist dabei so basal für die Selbstbeschreibung des Individuums und die Beschreibung der Gesellschaft, daß sie immense Ausstrahlwirkungen hat. Rekonstruktionen an diesem Verhältnis haben dementsprechend praktische Wirkungen, die wegen der langsamen Diffundierung konkreterer Denk- und Handlungsbereiche nicht leicht und vor allem nicht schnell wahrzunehmen sind. Im folgenden soll mit der hier erreichten theoretischen Einsicht ein Blick auf die praktischen Konsequenzen der Luhmannschen Konstruktion des Verhältnisses von Individuum und Gesellschaft geworfen und das Thema Vernunft noch einmal aufgegriffen werden.

F. Individualität zwischen Indifferenz und Engagement

I. Die praktische Relevanz der Relationierung von Individuum und Gesellschaft

1. Wissenschaftliche Begrifflichkeit und individuelle Selbstbeschreibung

Hinter der Relation von Individuum und Gesellschaft verbirgt sich nicht nur eine abstrakte Begriffsbildung von Geisteswissenschaftlern. Als Orientierungsmuster des Handelnden hat diese Beziehung ebenso praktische Bedeutung wie im Programm politischer Parteien oder sich kritisch definierender Oppositionen. Nachdem die auf Marx zurückgehende Überschätzung der Gesellschaft, deren (neu zu gestaltende) Strukturen erst die individuelle Freiheit herbeiführen und ermöglichen sollten, in bürokratischen Erstarrungen Schiffbruch erlitten hat, steht heute auch die liberale Kontraposition, wonach individuelle Freiheit gleichsam automatisch eine rationale Gesellschaft produziere, unter Kritik. Angesichts sich auftürmender ökologischer Probleme scheint manchen die Programmierung demokratischer westlicher Gesellschaften auf den Letztwert individueller Freiheit hoffnungslos antiquiert. „Die entscheidende gesellschaftliche Diskussion kann deshalb nicht mehr über das Thema des 19. Jahrhunderts stattfinden, über die *individuelle* Freiheit. Diskutiert werden muß, wieviel *kollektive* Freiheit sich die Menschen noch erlauben können.“[1]

Es mag in der Tat in Zukunft nicht um Steigerung einer bloß negativ verstandenen Freiheit von staatlichen oder gesellschaftlichen Begrenzungen gehen, sondern um gemeinsame Anstrengungen, Lebensmöglichkeiten für alle zu erhalten, die Voraussetzungen individueller Selbstverwirklichung darstellen.[2] Die praktische Frage lautet aber, *wie* dieses Ziel pro toto erreicht werden kann. Die allgemeine Theorie der Soziologie spielt dabei eine merkwürdige Doppelrolle. Zum einen soll sie wissender Chronist sein. Aus der nüchternen, distanzierten Perspektive einer Wissenschaft soll sie kundtun, was man aus der Entfernung über die Gesellschaft sagen kann, wie sie wurde, wohin sie geht und wie Probleme sich lösen lassen. Zum andern ist sie Akteur auf der gesellschaftlichen Bühne. Ihre Bilder von Gesellschaft werden mitunter begierig von anderen Teilen der Gesellschaft aufgesogen und auf deren Bedürfnisse zurechtgeschnitten.[3]

---

1 *Heiko Martens*, Spiegel Nr. 37, 1988, S. 117.

2 Für ein solches Verständnis von individueller Freiheit streitet *Charles Taylor*, Negative Freiheit?, Zur Kritik des neuzeitlichen Individualismus, 1988, S. 118 ff.

Dabei darf die Rolle einer Wissenschaftsdisziplin in einer funktional differenzierten Gesellschaft nicht überschätzt, aber auch nicht aus Enttäuschung über die komplexe, sich der kausalen Steuerung entziehende Welt unterschätzt werden. Eine Gesellschaft, die funktional hochdifferenziert und spezialisiert ist, kann durch keine Einheit mehr repräsentiert werden, aber sie verlangt dennoch — oder gerade deshalb — nach einer Semantik, die soziale und psychische Komplexität in Richtung Verstehbarkeit der Welt reduziert.[4] Die allgemeine Theorie findet nicht nur durch wissenschaftsimmanente Konkretisierungen bis hin zur empirischen Sozialforschung Praxisrelevanz und Kontrolle durch die Praxis, sie kann daneben auch unmittelbar auf ihren Gegenstandsbereich einwirken, wenn ihre Theoriebegrifflichkeit als Wissenschaftssemantik von anderen sozialen Systemen oder von psychischen Systemen im Wege der Interpenetration zum Aufbau eigener Komplexität benutzt wird.

Denkmodelle, die das Verhältnis von Individuum und Gesellschaft betreffen, können in eben jenes Verhältnis eingreifen. Derjenige, der die Gesellschaft mit dem Staat gleichsetzt und ihn als Leviathan begreift, wird gebannt und mißtrauisch jede seiner Aktionen verfolgen und die Einwirkungsmöglichkeiten staatlicher Politik möglicherweise überschätzen. Diejenige, die eine Determinierung des Individuums durch die Funktionszwänge sozialer Systeme für ausgemacht hält, wird nur noch den Lebensweg aus allen Systemzwängen heraus für wahre Freiheit halten.[5] Wer auf die Macht argumentativer Rede vertraut, wird jede Dialogisierung und Versprachlichung von Entscheidungsstrukturen begrüßen oder als Heilmittel für Probleme anpreisen. Wer die Eigendynamik und Selbstproduktion sozialer und individueller Systeme hervorhebt, wird Abhängigkeiten, Emergenzen und Steuerungsschwierigkeiten sehen, wo andere bösen Willen, dunkle Mächte oder das Patriarchat als Ursachen von Problemen ausmachen.

Der Einfluß des jeweils zugrundegelegten Paradigmas, mit dem das Verhältnis von Individuum und Gesellschaft eingefangen werden soll, ist konstitutiver, als man vordergründig denken mag. Das rational erzeugte und kontrollierte Denkmodell variiert Wertvorstellungen und interagiert mit ihnen, es bietet den Orientierungsrahmen, in dem weitaus konkretere Lernprozesse und Überzeugungsbildungen eingeordnet, aber auch prädeterminiert werden. Entscheidend für die Wirkung eines solchen Paradigmas ist die Beantwortung der Frage, wie sich im einzelnen

3 Gerade das politische System ist ständig auf plakative Übersetzungen und programmatische Formulierungen von Lebensstilen, Trends und Problemwahrnehmungen angewiesen. Eine Partei kann regelmäßig nur dann Regierungspartei werden oder zumindest sich als Alternative anbieten, wenn sie ein anschlußfähiges Zukunftsmodell bieten kann, das an Erfahrungen der Wähler und deren Lebenswelt anknüpft und deshalb „verstanden" wird.

4 Hier liegt nach Luhmann die abgeklärte Funktion soziologischer Aufklärung. *Luhmann,* Soziologische Aufklärung 1, a.a.O., S. 72 f.

5 So etwa regressive Alternativmodelle, die möglichst autark, möglichst ohne Kontakt zu formalisierten Sozialsystemen leben wollen. Vgl. dazu: *Peter Ulrich,* Transformationen der ökonomischen Vernunft, a.a.O., S. 448 ff.

das Verhältnis von Individuum und Gesellschaft rekonstruieren läßt. Wer determiniert wen, wie laufen die Einflußkanäle, wo gibt es kausale Beziehungen, wo isolierende Geschlossenheit? Und vor allem: Wie kann sich der Einzelne auf der Folie einer solchen Relation selbst definieren, und welches Bild von der Gesellschaft bestimmt sein Handeln? Die westliche Kultur, die heute der Weltkultur ihre Züge verleiht, basiert auf der grundlegenden Idee des Individualismus. Praktisch von Bedeutung ist heute aber immer weniger die politische Idee von individueller Freiheit — sie ist in den entwickelten Industriestaaten längst institutionalisiert, d.h. aber nicht, auch notwendig realisiert —, sondern die faktische, für den Einzelnen unmittelbar erfahrbare Individualisierung seiner Existenz und seiner Umgebung.

> „Die Lebenswege der Menschen verselbständigen sich gegenüber den Bedingungen und Bindungen, aus denen sie stammen oder die sie neu eingehen, und gewinnen diesen gegenüber eine Eigenrealität, die sie überhaupt erst als ein *persönliches Schicksal* erlebbar machen.“[6]

Manchmal nur zögernd, widerwillig oder angstbesetzt, aber immer weiter ausgreifend, setzt sich eine Dezentrierung des Erlebens und Handelns durch. Der Einzelne spürt immer unmittelbarer, daß er für sich, sein eigenes Schicksal, aber auch für das Schicksal des Kollektivs selbst verantwortlich ist. Die Kontingenz, der Möglichkeitsreichtum und die Unwägbarkeiten, denen sich ein Mensch ausgesetzt sieht, zwingen ihn dazu, ständig über seine Biographie neu zu entscheiden. Das Ausmaß an Kontingenz variiert dabei sicherlich mit der Schichtzugehörigkeit, der Nationalität, der Bildung, dem Einkommen, dem Geschlecht und dem Lebensalter, aber es nimmt in den Industrieländern stetig zu.[7] Der Einzelne, der immer in seiner Ontogenese die Kenntnis der anderen, fremdbestimmten, nichtisolierten, geborgenen und unfreien Lebensform als Kind erwirbt, muß auf der Stufe zum Erwachsenwerden sich mit dem Problem der eigenen Freiheit und Verantwortung auseinandersetzen. Aber dabei hat er es nie einfach nur mit dem abstrakten Problem der Freiheit zu tun, sondern zugleich auch immer mit vorgeordneten Notwendigkeiten, die sich allerdings aus existentialistischer Blickweise auch noch als Entscheidungen auffassen lassen.[8]

Je nach Orientierung, Erlebnishorizont und Präferenz können Menschen ein und dieselben Lebensbedingungen als repressiv, freiheitsbedrohend und determinierend wahrnehmen, chaotische Zustände beklagen, nach staatlicher Ordnung rufen oder die Freiheit und den Wohlstand rühmen.[9] Insofern sind die Selbstbe-

---

6 *Beck*, Risikogesellschaft, S. 126.

7 Neben der Verbesserung der Lebensbedingungen spielt auch eine schichtenunspezifische Mobilität (Möglichkeiten des Bildungserwerbs und sozialen Aufstiegs) eine wesentliche Rolle. Dazu: *Beck*, Risikosgesellschaft, S. 125 ff.

8 Selbst die zwangsweise Rekrutierung zur Armee wird zur zur individuellen Entscheidung, Ja zum Krieg zu sagen oder Selbstmord oder Fahnenflucht zu begehen. *Sartre*, Das Sein und das Nichts, Hamburg 1980, S. 697.

schreibung des Individuums (Identität) und die strukturelle Wahrnehmung seines Handlungsfeldes (Orientierung) von entscheidender Bedeutung. Menschen, die unter der Zunahme individueller Entscheidungsnotwendigkeiten leiden und Kontingenzen nicht dauerhaft verarbeiten, d.h. in ihre eigene Persönlichkeitsstruktur implementieren können, werden zum Risikopotential moderner Gesellschaften, sei es, daß sie mit psychischen Störungen zu kämpfen haben, sei es, daß sie einen Fundus für deviante soziale oder undemokratische politische Bewegungen darstellen.

Das Individuum kämpft an zwei Fronten. Die eine verläuft dort, wo sie in veränderten Formen immer verlaufen ist: Alltagsbewältigung, Arbeit, Reproduktion, Zwänge. Aber die andere, neue Front verläuft quer durch das Individuum selbst. Es hat mit dem Phänomen der „nachindustriellen Einsamkeit" zu tun.[10] Weber diagnostizierte noch denjenigen Teil universaler Rationalisierung, wo der Mensch aus der gängelnden Totalität gesellschaftlich geformter religiöser Weltbilder in die säkularisierte Welt der Arbeit entlassen wird. Die Unrast des Berufsmenschen ist das funktionale Äquivalent für die Sinnstiftung einer Religion oder eines mythischen Weltbildes. Aber heute wird dieser Identifikationsmodus brüchig. Der Sinn als Lebenssinn kann weder zentral durch Religion, Partei oder Staat vorgegeben noch durch zweckrationale Emsigkeit abgearbeitet werden. Er muß vom Individuum in seinem Lebensentwurf, in seinem Lebensstil selbst gesucht und bestimmt werden. Die gesellschaftliche Fremdsteuerung des Individuums — und sei es in der Form hochgeneralisierter Wertesysteme oder Wertehierarchien — verliert immer mehr an Bedeutung. Einstellungen, Werte und Handlungspräferenzen sind heute angemessen nur dann in ihrer Pluralität zu verstehen, wenn sie als *spezifisch individuell bearbeitete* angesehen werden.[11]

Eine weitere Entwicklungstendenz erhöht die praktische Bedeutung der bewußten Kategorisierung des Verhältnisses von Individuum und Gesellschaft. Individuum und Gesellschaft stehen sich weit *unmittelbarer* gegenüber, als dies in Großgruppengesellschaften (ständisch, klassenspezifisch oder familial organisiert) der

---

9 In der jüngeren Vergangenheit konnte man gut beobachten wie Angehörige der radikalen politischen Linken den formalen Ablauf in politischen und ökonomischen Handlungssystemen als Antagonisten individueller Freiheit perhorreszierten, bis sie schließlich die Gesellschaft der Bundesrepublik als „faschistisch" bezeichneten. Auf der anderen Seite des politischen Spektrums leiden Menschen mit einem geschlossenen konservativen Weltbild unter unvorhersehbaren sozialen und politischen Entwicklungen, nehmen sie weniger als Chancen, sondern vielmehr als Bedrohungen wahr. Vgl. dazu *Habermas,* Die neue Unübersichtlichkeit, Ffm. 1985, S. 37 f.

10 *Beck,* Risikogesellschaft, S. 135.

11 Die individuelle Souveränität beim Umgang mit Wertsystemen und Handlungspräferenzen ist funktional notwendig, weil anders gar nicht die moderne Rollenerwartung gegenüber dem Individuum durchgehalten werden kann; als Interaktionspartner soll der Einzelne zuverlässig handeln, aber zugleich Offenheit zeigen, wechselnd engagiert oder distanziert sein und bei all dem seine Identität erhalten. Dazu: *Krappmann,* Soziologische Dimensionen der Identität, 5. Aufl., 1978, S. 50 f. Vgl. auch unten FN 36.

Fall ist. Individuelle Bewegungsspielräume werden von Familie, Nachbarschaft oder Klasse unabhängiger, Risiken werden andererseits von diesen Gruppen auch nicht mehr aufgefangen; der Einzelne spiegelt seine Identität weniger im anwesenden Anderen, erfährt Trends, Moden und Informationen weniger aus seiner Bezugsgruppe, dafür immer mehr aus gesamtgesellschaftlich organisierten Medien.[12]

Die hierarchisierenden Instanzen, die dem Individuum erlaubt haben, sich lebensweltlich als Teil einer Familie, eines Clans, einer Nachbarschaft, eines Berufsstandes, einer Klasse oder Nation zu fühlen, verlieren an integrierender Kraft, haben sie vielfach schon völlig eingebüßt. Die aristotelische Gesellschaftsvorstellung, die das Individuum als Teil von nächsthöheren Ganzheiten ansah und diese wiederum als Elemente einer noch größeren Ganzheit betrachtete,[13] knüpft an derartige alltagsweltliche Erfahrungen an und verliert — soweit sie fortlebt — heute diese fundamentale Grunderfahrung. Stattdessen steht der Einzelne nicht mehr wie ein Teil einem Ganzen gegenüber, sondern so, wie ein Handlungszentrum, ein „Planungsbüro"[14], einer überkomplexen Umwelt gegenübersteht.[15] Die soziale Integration, die Vergesellschaftung als das ewige Thema soziologischer Theorie, muß vor diesem Hintergrund radikal neu formuliert und kategorial gefaßt werden. Die praktischen Entwicklungsabläufe sind es, die über alle theoretischen Immanenzen hinweg nach einer Neuformulierung der Relation von Individuum und Gesellschaft verlangen.

> „Das, was sich in den letzten zwei Jahrzehnten in der Bundesrepublik (und vielleicht auch in anderen westlichen Industriestaaten) abzeichnet, ist nicht mehr im Rahmen der bisherigen Begrifflichkeit immanent als eine Veränderung von Bewußtsein und Lage der Menschen zu begreifen, sondern — man verzeihe mir das Wortmonster — muß als Anfang eines *neuen Modus der Vergesellschaftung* gedacht werden, als eine Art „Gestaltwandel" oder „kategorialer Wandel" im Verhältnis von Individuum und Gesellschaft."[16]

---

[12] Beck spricht von der *neuen Unmittelbarkeit von Individuum und Gesellschaft. Beck,* Risikogesellschaft, S. 158. Diese neue Unmittelbarkeit wird durch den Bedeutungsverlust sozialer Schichtung, der Zunahme individueller Mobilität, der Auflösung kollektiver Lebensformen beschrieben. Dazu: *Scherr,* Postmoderne Soziologie Soziologie der Postmoderne?, ZfS 1990, 3 (9).

[13] Vgl. oben Kapitel A. 2.

[14] *Beck,* Risikogesellschaft, S. 217.

[15] *Popitz* spricht von der Pluralität sozialer Subjektivitäten, die an die Stelle starrer, invarianter Rollenund Statusfixierungen getreten sei. Die Gesellschaft verlangt nach souveränem Umgang mit wechselnden Rollenund Funktionszuweisungen. Für das Individuum stellt sich dann das Problem, die eigene Identität (Einheit) zu erhalten. „Dazu gehört die routinierte Geschicklichkeit des modernen Akteurs, ein komplexes Gefüge von Reflexionsbezügen auf sich selbst und von Ansprüchen an die Gesellschaft zu balancieren, einschließlich der Fähigkeit, jeweils auf den angemessenen Bezug umzuschalten." *Popitz,* Autoritätsbedürfnisse, KZfSS 1987, 633 (643).

[16] *Beck,* Risikogesellschaft, S. 205.

Für das Individuum verbindet sich mit einer solchen Neuformulierung die Hoffnung, ein handlicheres Bild für seine Selbstdefinitionen und eine rationale Vorstellung der gesellschaftlichen Wirklichkeit zu erhalten und damit letztlich wieder Identitätsform und Gesellschaftsform in ein Entsprechungsverhältnis zu bringen.[17] Die Soziologie selbst darf hoffen, ihr Gesellschaftsbild mit der tatsächlichen Entwicklung zu synchronisieren und jene distanziert-ganzheitliche Kompetenz wiederzuerlangen, die eine Theorie als wissenschaftlichen Orientierungsrahmen auszeichnet.

2. *Steuerungsansprüche*

An einer anderen Schnittstelle zwischen individueller Selbst- und Gesellschaftsbeschreibung entfaltet die theoretische Konstruktion von Individuum und Gesellschaft Wirkungen. Es geht um das Problem der Steuerbarkeit sozialer Prozesse durch Individuen. Gerade an diesem Punkt bündeln sich die Erwartungen, Ängste und Ohnmachtserfahrungen des 19. und 20. Jahrhunderts. Der vermessene Anspruch der Aufklärung, das gesellschaftliche Ganze steuern zu können, und die Ohnmacht von Individuen, die glauben, nichts mehr bewirken zu können, sind zwei Einstellungen, von denen die eine in die andere umschlagen kann und die beide falsch sind. Soziologie wirkt aufklärend, wenn sie Zwänge und Freiheiten des Individuums zugleich theoretisch fassen kann. Dann muß aber die traditionelle Vorstellung des Individuums als prinzipiell erkennendes und gestaltendes Subjekt aufgegeben werden. Dies hat Adorno — obwohl dem traditionellen Aufklärungsgedanken verhaftet — erkannt.

> „Dem Individuum kann nicht dadurch geholfen werden, daß man es begießt wie eine Blume. Besser dient es dem Menschlichen, wenn die Menschen unverhüllt der Stellung innewerden, an die sie der Zwang der Verhältnisse bannt, als wenn man sie im Wahn bestärkt, sie seien dort Subjekte, wo sie im innersten recht wohl wissen, daß sie sich fügen müssen.[18]

Nimmt man zu diesem Satz den gegenläufigen Auftrag hinzu, dem vom Thron gestoßenen Individuum zugleich auch den Möglichkeitsreichtum für individuelle Aktionen in der funktional differenzierten Gesellschaft zu zeigen, dann gelangt man fast zwangsläufig zu einer Theorie, die Individuum und Gesellschaft als zumindest virtuell gleichstarke Kontrahenten im Spiel „Wer steuert wen?" ansieht. Dabei sind Individuum und Gesellschaft in jeweils unterschiedlichen Welten verankert (die Welt der Gefühle und Gedanken, die Welt der Kommunikation), existieren als solche aber nur durch und mit dem jeweils anderen Bereich.

---

[17] *Schimank*, Funktionale Differenzierung und reflexiver Subjektivismus, Soziale Welt 1985, S. 447 (452 ff.).

[18] *Adorno*, Individuum und Organisation, in: Kritik. Kleine Schriften zur Gesellschaft, 2. Auflage, 1973, S. 67 (83 f.).

Wer heute mit den Theorien des 19. Jahrhunderts gesellschaftliche Prozesse verstehen und auf Grundlage dieses Verständnisses beeinflussen oder gar steuern will, wird unvermeidlich scheitern oder resignieren. Als das Kardinalproblem jeder Steuerung hat sich in den vergangen Jahrzehnten die Komplexität und Eigendynamik sozialer Systeme herausgestellt. Einem im Vergleich zu vergangenen Epochen ungeheueren Möglichkeitsreichtum steht die Unmöglichkeit gegenüber, etwas direkt und planvoll zu verändern. An diesem Punkt setzt Luhmanns Befund an: Alles sei möglich, und nichts gehe mehr.[19] Aber dies scheint nur so in traditionalen Begrifflichkeiten, die an der Vorstellung hängen, das Ganze könne seine Teile determinieren, und die Teile könnten das Ganze verändern. Dann starrt man gebannt auf den Staat, der seit antiken Gesellschaftskonzepten das Ganze repräsentiert. Er wird zur zentralen Steuerungsfigur stilisiert, und ihn gilt es zu beeinflussen.[20]

Diejenigen, die staatliche Macht nach gewonnenen Wahlen in Händen halten, merken aber schon bald, daß alles komplizierter ist, als in Programmen formuliert und für machbar erklärt. Im Dschungel der Interdependenzen werden aus Steuerungsplänen schnell kleine Schritte der gezielten Beeinflussung, dies allerdings oft mit ungewissem Ausgang.[21]

Steuerung darf bei solchen Überlegungen nicht mit einem soziologischen Makrophänomen ausschließlich gleichgesetzt werden. In letzter Instanz geht es

---

19 *Luhmann,* Politische Planung, 1971, S. 44.

20 Zum gegenwärtigen Stand der Steuerungsdiskussion: *Renate Mayntz,* Politische Steuerung und gesellschaftliche Steuerungsprobleme — Anmerkungen zu einem theoretischen Paradigma, JbStVw 1 (1987), 89 ff.; *Manfred Glagow / Helmut Willke* (Hrsg.), Dezentrale Gesellschaftssteuerung, 1987, *Dieter Grimme* (Hrsg.), Wachsende Staatsaufgaben — sinkende Steuerungsfähigkeit des Rechts, 1989.

21 Daraus sollte weder der Schluß gezogen werden, staatliche Einflußnahme sei unmöglich oder unkalkulierbar, noch daß man nur alle Umstände genau kennen müsse, um doch exakt vorhersehbar planen zu können. Es geht vielmehr darum, die Eigendynamik sozialer Systeme zu begreifen und ihre Funktionsmechanismen in die Steuerungsabsicht einzustellen. Für den aktuellen Bereich des Umweltschutzes hat Luhmann auf die Notwendigkeit eines autonomietolerierenden Verständnisses dessen, was möglich ist, hingewiesen. *Luhmann,* Ökologische Kommunikation, 1986. Wer beispielsweise die Industrie langfristig zu einem bestimmten Tun oder Unterlassen bringen will, sollte sich über die Möglichkeiten moralischer Appelle und strafbewehrter Sanktionen keine zu großen Illusionen machen — obwohl im Einzelfall sich damit durchaus auch Erfolge erzielen lassen. Das ökonomische System reagiert dagegen ausgesprochen sensibel, wenn es um Gewinnaussichten und Verlusterwartungen geht. Eine Steuerpolitik, die den „Verbrauch" von Umwelt (etwa Luft, Boden, Gewässer) scharf kostenintensiv werden läßt und die umweltfreundliche Produktion durch Steuererleichterungen prämiert, dürfte langfristig am ehesten weitumspannte Steuerungschancen einlösen können. Punktuellen oder besonders intensiven Gefahren wird daneben weiterhin mit klassisch-administrativen Maßnahmen begegnet werden müssen. Vgl. zum staatlichen Handlungsinstrumentarium: *Michael Kloepfer,* Instrumente des staatlichen Umweltschutzes in der Bundesrepublik Deutschland, in: Umwelt- und Technikrecht, (UTR Bd. 3), 1987, S. 3 ff.; *Adrienne Windhoff-Héritier,* Wirksamkeitsbedingungen politischer Instrumente, JbStVw 3 (1989), 89 ff.; *Udo Ernst Simon* (Hrsg.), Präventive Umweltpolitik, 1988.

um die Steuerung sozialer Systeme durch Individuen. Wie das politische System ökonomisch zu steuern vermag, ist zwar eine Frage, die mit dem Individuum unmittelbar nichts zu tun hat. Aber an irgendeinem Punkt erweist sich das Verhältnis von Individuum und Gesellschaft als der basale Bezugsrahmen für Steuerungsprobleme. Der Staat, der die Ökonomie beeinflußt, wird seinerseits von Parteien und Wählern geprägt. Welche Strömung sich in einer Partei durchsetzt, auf welchen Wählerwillen Rücksicht genommen werden muß, wird durch individuelles Verhalten, durch individuelle Meinungen, Präferenzen, Einstellungen erheblich beeinflußt. Natürlich kann man dann der Ansicht sein, all diese individuellen Steuerungsimpulse seien entweder in ihrer mengenmäßigen Bündelung zufällig oder von anderen Sozialsystemen (Massenmedien, Verbänden) manipuliert. Aber Systemtheoretiker dieses Schlages verkennen die Grenzen der Manipulierbarkeit. Der neue „Vergesellschaftungstyp“, der nolens volens auf autonomen Individuen basiert, erzeugt auch auf der Seite der Individuen eine Komplexität, die von sozialen Systemen, die ihrerseits auf Steuerung individuellen Denkens und Handelns spezialisiert sind — Parteien, Werbung, Presse, Fernsehen —, nicht mehr kausal in einer Punkt-für-Punkt-Relation beeinflußt werden kann. In offenen Gesellschaften scheint sich eine Komplexitätsbalance von individuellen und sozialen Systemen anzudeuten. Strategien der Beeinflussung müssen nach beiden Seiten mit der Eigendynamik ihres Gegenübers rechnen und ihre Konzepte darauf ausrichten. Die Chance einer sich abzeichnenden „post-modernen“ Gesellschaft könnte genau in bislang für Probleme gehaltenen Komplexitätserscheinungen liegen, weil „Sozialtechnologie“[22] ein wesentlich niedrigeres Komplexitätsniveau individueller Systeme voraussetzt, als es die gegenwärtige gesellschaftliche Wirklichkeit fördert und fordert, und deshalb soziale Systeme gezwungen sind, sich auf nichtdeterminierte Individuen zu „verlassen“ resp. sich auf sie einzustellen.

II. Entkopplungsthese und Postmoderne

1. Postmodernität als Pluralisierung

Die gegenwärtig sich noch im Gang befindliche Diskussion, die mit der umstrittenen Vokabel vom „Übergang zur Postmoderne“ bezeichnet wird, thematisiert die Grundlagen des modernen Weltverständnisses. Es geht um das naturwissenschaftlich-kausale Weltbild, technischen und sozialen Fortschrittsglauben, Aufklärung und das traditionelle Konzept individueller Freiheit. *Wolfgang Welsch* hat Genealogie und Substanz des Begriffs der Postmoderne untersucht und ist dabei im wesentlichen zu zwei Ergebnissen gelangt. Zum einen taucht der Begriff

---

[22] Zu dieser auf Luhmanns Systemtheorie gemünzten, aber ihre Intention verfehlenden Begrifflichkeit vgl. die älteren Vorwürfe von Habermas an die Adresse Luhmanns, in: *Habermas / Luhmann*, Theorie der Gesellschaft oder Sozialtechnologie?, 1971.

„Postmoderne" mit zeitlichen Versetzungen in mehreren kulturellen Bereichen auf und zeigt ein *Diskontinuierungsbedürfnis* in Architektur, Kunst, Philosophie und Soziologie an.[23]

Zum anderen macht Welsch den Kern des Begriffs Postmoderne in der Bejahung radikaler *Pluralität* aus.

> „Postmoderne wird hier als Verfassung radikaler Pluralität verstanden, Postmodernismus als deren Konzeption verteidigt. Das charakteristische postmoderner Pluralität gegenüber früherer ist, daß sie nicht bloß ein Binnenphänomen innerhalb eines Gesamthorizonts darstellt, sondern noch jeden solchen Horizont bzw. Rahmen oder Boden tangiert. Sie schlägt auf eine Vielheit der Horizonte durch, bewirkt eine Unterschiedlichkeit der Rahmenvorstellungen, verfügt eine Diversität des jeweiligen Bodens."[24]

Postmoderne heißt Absage an die Einheit und Bejahung der Auflösung des Ganzen.[25]

> „Solange die Auflösung der Ganzheit noch als Verlust erfahren wird, befinden wir uns in der Moderne. Erst wenn sich eine andere Wahrnehmung dieses Abschieds — eine positive — herausbildet, gehen wir in die Postmoderne über."[26]

Die Soziologie muß mit ihrer basalen Relation von Individuum und Gesellschaft auf das spätmoderne Einheitsbedürfnis einer mit sich zerfallenden Moderne (Habermas) reagieren. Die Einheit von Individuum und Gesellschaft ist eine Konstruktionsvorgabe, die jeder Theorie auferlegt scheint. Das Auseinanderbrechen einer im Ganzes-Teile-Schema gedachten Relation von Individuen und *ihrer* Gesellschaft wird als Anomie (Durkheim) und Ende der Zeit wahrgenommen, aber keinesfalls begrüßt. Dahinter steht die reale Angst, eine von humanen und individuellen Steuerungsvorgaben abgekoppelte Gesellschaftsorganisation könne unkontrolliert wachsen und anonyme Herrschaft über Menschen ausüben (Weber). *Etzioni* hat dagegen den Begriff Postmoderne in der Soziologie verwandt, um die mögliche Rehabilitierung des Primats normativer Wertesysteme gegenüber den sich sachlich gerierenden Imperativen der Technik anzuzeigen.[27]

Pluralisierung von Lebensstilen, Werteinstellungen, Ideologien, Rollenmustern, Organisationsformen, Warenangeboten, technischen Medien[28] und das Ziel

---

23 *Welsch,* Unsere postmoderne Moderne, 1987, S. 18 ff. Zwischenzeitlich hat auch die Politik ihre Interesse an postmodernen Einstellungen, die künftiges Wählerverhalten prägen könnten, gezeigt. Ernsthafteres Interesse wird beispielsweise durch die Aufnahme eines Titels wie: *Peter Koslowski,* Die postmoderne Kultur, 1987, in die Schriftenreihe des Bundeskanzleramtes angezeigt.

24 *Welsch,* a.a.O., S. 4.

25 *Welsch,* a.a.O., S. 172; *Lyotard,* Postmodernes Wissen. Ein Bericht. Wien 1986, S. 14 f.

26 *Welsch,* a.a.O., S. 175.

27 *Amitai Etzioni,* Die aktive Gesellschaft. Eine Theorie gesellschaftlicher und politischer Prozesse, Opladen 1975 (Original: The Active Society, New York, 1968), S. 8.

einer Steuerung des Ganzen, der Gesellschaft, scheinen sich auszuschließen. Je individualisierter Wertevorstellungen werden — etwa weil einheitliche Ideologien und Weltbilder zerfallen —, desto schwerer kann man sich vorstellen, daß etwa eine Summe individueller Wertepräferenzen gebündelt und zum Druckpunkt auf ökonomische und politische Systeme wird.

2. Expressive Bewegungen und ihr Anspruch auf Repräsentation des Ganzen

Entgegen dieser theoretischen Vorannahme haben in den vergangenen zwei Jahrzehnten spontane und expressive Bewegungen wiederholt erheblichen Einfluß auf Richtung, Inhalt und Tempo von Organisationsentscheidungen genommen.[29] Diese zeitlich und sachlich unbeständigen, unvorhersehbaren Bewegungen (Studentenrebellion, Frauenbewegung, Antikernkraftbewegung, Friedensgruppen, Hausbesetzer oder Homosexuellenaktionen) sind mehr als jemals zuvor Resultate individualisierter und pluralisierter Lebenseinstellungen,[30] die sich eigene Lebensräume schaffen, verteidigen oder verändern bzw. bestimmte allgemeine Ziele (Umweltschutz, Frieden) punktuell versuchen durchzusetzen. Auffällig an diesen Aktionsgruppen ist eine typische Kombination von einer diffuselementaren Kritik am Gesellschaftssystem als Ganzem und einer moralischargumentativ sich ausdrückenden Emotionalität. Man kann wie Habermas diese Bewegungen auch als Rebellion gegen die vereinseitigten zweckrationalen Systematisierungen einer verwalteten Welt begreifen und begrüßen.

> „Was in den Erscheinungsformen der Psychobewegung und eines erneuerten religiösen Fundamentalismus kraß zum Ausdruck kommt, steht als Antrieb auch hinter den meisten Alternativ-Projekten und vielen Bürgerinitiativen — das Leiden an den Entzugserscheinungen einer kulturell verarmten und einseitig rationalisierten Alltagspraxis."[31]

Die Interpretation von derlei Bewegungen als Rebellion und Protest gegen die machtvolle Expansion eines zweckrational vereinseitigten Wirtschafts- und Verwaltungssystems macht diese Bewegungen jedoch zu *Defensiv*aktionen, zum

---

28 Heute wird bereits von „fast unüberschaubaren" Lebensstilen gesprochen. *Rudolf Richter*, Klassenkultur und Lebensstile, in: SWS-Rundschau, 1988, S. 333 (336). Dabei darf allerdings nicht übersehen werden, daß jede Pluralisierung auch Einheitstendenzen freisetzt. Warenangebote werden vielfältiger, aber immer normierter und durch weniger Hersteller produziert. Individuelle Lebensstile diversifizieren, gleichen sich aber gerade in ihrem Abgrenzungsbemühungen wieder an.

29 Zu expressiven Bewegungen vgl. *Alain Touraine*, The Voice and the Eye. An analysis of social movements, 1981, S. 77 ff.

30 Vgl. dazu *Weymann* (Hrsg.), Handlungsspielräume. Untersuchungen zur Individualisierung und Institutionalisierung von Lebensläufen in der Moderne, Bd. 9, Der Mensch als soziales und personales Wesen, 1988.

31 *Habermas*, TkH 2, S. 580.

letzten Gefecht einer kommunikativen Alltagspraxis der Lebenswelt — die für die Einheit von Individuum und Gesellschaft steht — gegen die einseitige Rationalisierung auch noch dieser Alltagswelten. In seinem Konzept einer kommunikativ noch heilen Alltagspraxis hält Habermas an dem Gedanken der Einheit von Individuum und Gesellschaft fest. Die Einheit wird repräsentiert von der „richtig" rationalisierten Lebenswelt, wo die Handlungen der Individuen und damit auch die Strukturen von Handlungssystemen der Vernunft unterstellt werden, die im rationalen Argumentations- und Begründungspotential von Sprache eingelassen ist.[32] Der Anspruch expressiver Bewegungen geht denn auch aufs Ganze. Verselbständigte soziale Systeme müssen in dieser Sicht der Dinge vor allem deshalb zum öffentlichen Diskurs gezwungen werden, um sie zu operativen Änderungen nach Maßgabe individueller Vorstellungen zu bringen.[33]

Löst man sich mit den Vertretern des Gedankens der Postmoderne von dem Zwang zur Einheit und folgt der These Luhmanns von der Entkopplung von Individuum und Gesellschaft, so kann man expressive Bewegungen erheblich nüchterner betrachten und sie nicht nur auf eine defensive Funktion beschränkt sehen. Wenn es zutrifft, daß nicht mehr nur die Prozesse sozialer Systeme eigentümlich indifferent (autonom) gegenüber individuellen Steuerungsversuchen werden, sondern auch umgekehrt psychische Systeme nach der Logik ihrer eigenen Autopoiesis funktionieren und indifferent gegenüber sozialen Systemen werden, *dann hat der Expansionsdrang zweckrationaler Systemstrukturen eine andere Grenze als die zufällige Rebellion verzweifelter Individuen.* Die Autopoiesis der Gesellschaft ist kein starres System und kein Nullsummenspiel, bei dem sich etwas unbedingt auf Kosten eines anderen Bereichs ausdehnen müßte. Auch wenn jeder Lebensbereich den Funktionsmechanismen zweckrationaler Subsysteme ausgeliefert würde, dann erzwänge gerade dieses Mehr an Erwartungen gegenüber dem Individuum dessen größere Indifferenz. Je indifferenter ein Individuum gegenüber sozialen Systemen wird, desto mehr Möglichkeiten hat es, kausale Anbindungen seines Bewußtseinsprozesses an soziale Imperative (Übernahme konkreter Wertepräferenzen, moralischer Standards, geschlossener Weltbilder ins Über-Ich) aufzulockern und soziale Anforderungen in generalisierter Form in seiner Autopoiesis zu verarbeiten, um dadurch immer souveräner — selbstbestimmter — mit ihnen umzugehen.[34]

---

32 Vgl. dazu oben Kapitel C.4.

33 Von ähnlichen Überlegungen läßt sich mitunter auch das Bundesverfassungsgericht leiten. Es diagnostiziert „politische Ohnmacht" im Bewußtsein der Bürger.

34 Es sind — und darin kann das alte Paradigma von Individuum und Gesellschaft nur eine Paradoxie erblicken — die Flexibilitätszumutungen der Gesellschaft an das Individuum, die traditionale soziale Strukturen auflösen (Klassenzugehörigkeiten, Rollen- und Ortsfixierungen, Parteipräferenzen) und damit zugleich das Individuum von diesen alltagsweltlichen Zusammenhängen trennen. Damit wird allerdings das Individuum auch aus Fremdbestimmungen gelöst, es wird nicht mehr fremdreferentiell — wie etwa in der mittelalterlichen Gesellschaft —, sondern selbstreferentiell gesteuert.

Dieser Autonomie des Bewußtseins gegenüber sozialen Funktionserfordernissen entspricht zur anderen Seite hin auch eine zunehmende Verarbeitung emotionaler Ereignisse im Strom der Vorstellungen eines Individuums. Damit entsteht eine Indifferenz des psychischen Systems gegenüber sozialen Systemen und eine weitere gegenüber dem eigenen organischen System.[35] Zugleich muß es sich eine funktional ausdifferenzierte Gesellschaft versagen, unmittelbar die Konditionierung des organischen Systems über das psychische zu kontrollieren, weil die psychischen Prozesse zu komplex für eine soziale Steuerung geworden sind.

Die Autopoiesis des Bewußtseins verfügt danach über Souveränitätsfreiräume gegenüber sozialen und organischen Ereignissen (Erwartungen und Gefühlen).[36] Funkenübersprünge aus dem einen in den anderen Bereich sind dann unmittelbar möglich ohne teleologische Hierarchien. Werte können sich in der gesellschaftlichen Diskussion auf der Folie von aufgebrochenen Gefühlskontingenzen (etwa der Angst vor atomarer Bedrohung) blitzschnell ändern.[37] Einstellungen warten bei ihrer Veränderung nicht auf eine Veränderung der Ideologie. Das Verhältnis von Individuum und Gesellschaft wird nach seiner Entkopplung viel unmittelbarer als zuvor. Ereignisse des einen Bereichs schlagen schnell auf den anderen durch, führen dort aber wegen der Indifferenz kaum zu Strukturbildungen, es sei denn, es wird intensiv das jeweils andere System zum Schwingen gebracht.[38]

Die Autonomisierung psychischer Systeme zieht nicht nur größere Indifferenz nach sich, sondern ermöglicht und fördert auch neue soziale Prozesse. Je indifferenter Individuen mit formal organisierten sozialen Systemen umgehen (Stichworte: Distanz zur Berufrolle; Pragmatischer Umgang mit Waren und Parteien, der sich in der Abnahme von Markentreue und dem Abschmelzen eines Stammwählersockels bemerkbar macht), desto größer wird auch die Notwendigkeit anderer intensiver und zufälligerer Kommunikation.[39] Neudefinitionen von Liebesbeziehungen und Freundschaften, gewollte Beziehungen in Vereinen, Nachbarschaften, Projekten und Bürgerinitiativen sind weniger Verteidigungsaktionen

---

Schimank, Funktionale Differenzierung und reflexiver Subjektivismus, Soziale Welt 1985, S. 447 (449).

[35] Zum Verhältnis Bewußtsein und Körper, *Véronique Zanetti*, Kann man ohne Körper denken? Über das Verhältnis von Leib und Bewußtsein bei Luhmann und Kant, in: Gumbrecht / Pfeiffer (Hrsg.), Materialität und Kommunikation, 1988, S. 280 ff.

[36] Der Begriff Autopoiesis betont in grundsätzlicher Hinsicht diese Freiräume, wenn er vom funktionalen Primat der Selbst- vor der Fremdselektion ausgeht. Vgl. *Lipp*, KZfSS 1987, S. 452 (460).

[37] Der Wertewandel dürfte dann eher ein Dauerphänomen werden. Zum Wertewandel vgl. *Karl-Heinz Hillmann*, Wertewandel, 1989, S. 194 ff. Zur Dynamisierung von Werturteilen: *Helmut Klages*, Wertedynamik, 1988.

[38] Hohe finanzielle Anreize können z. B. auf Dauer individuelle Einstellungen strukturell beeinflussen, weil sie zumindest virtuell einen größeren Freiraum für individuelle Identitätsentfaltung ermöglichen.

[39] Autopoietisch operierende Systeme bedürfen des Zufalls als produktiven Anstoß für den Aufbau komplexerer Strukturen. Vgl. *Luhmann*, Soziale Systeme, S. 165.

einer immer schon dagewesenen Alltagswelt, sondern die individuell initiierte Neukonstruktion sozialer Beziehungen, wobei die neue individuelle Autonomie sich gerade darin erweist, daß man versucht, diese sozialen Systeme von den Zweckrationalitäten der formal organisierten Welt der Wirtschaft und Verwaltung freizuhalten. Die Entkopplung von Individuum und Gesellschaft führt zu größeren wechselseitigen Indifferenzen, Vereinseitigungen (entsozialisierte Privatheit, enthumanisierte Systemlogik), aber es ist zugleich auch gerade diese Trennung, die eine bunte Vielfalt neuer Lebensstile, Denkbewegungen, Kontingenzen und Bedarf für den Diskontinuitätsbegriff der Postmoderne entstehen läßt. In diesem Sinne drängt sich auch für die Soziologie ein auf Pluralisierung zentrierter Begriff der Postmoderne von den realen Entwicklungen ihres Gegenstandsbereichs her auf.[40] Die Dynamik dieser sozialen Pluralisierung verdankt sich weniger sozialen Impulsen — auch nicht einer traditionalen Lebenswelt —, sondern dem entstandenen Freiraum für die Aktivität hochautonomer Individuen. Es entsteht neben den formalen sozialen Systemen ein sich immer wieder erneuernder sozialer Bereich, der eine besondere Nähe zum individuellen Bewußtsein zu haben scheint. Oft kurzlebige und strukturell wenig verfestigte soziale Systembildungen lassen vorübergehend ein hohes Maß an Interpenetration von psychischem und sozialem System zu.[41]

Der Entstehung expressiver Bewegungen — und dabei sollte nicht nur an politische Bewegungen gedacht werden, sondern an alle vorwiegend vom individuellen Engagement getragenen sozialen und kulturellen, sich informal konstituierenden sozialen Systeme — haften die Merkmale der Spontaneität sowie der zeitlichen und strukturellen Instabilität an. Themen, die einen kleinen Kreis, eine Subkultur, eine gesellschaftliche Gruppe beschäftigen und die emotional aufgeladen und / oder argumentativ kommuniziert wurden, können schnell alle ergreifen und politische, soziale oder wissenschaftliche Systeme zu Reaktionen zwingen. Dadurch kann eine in dieser Form und Alltäglichkeit neue Unmittelbarkeit zwischen individuell-expressiven Äußerungen und Erwartungen auf der einen Seite und hochreflexiven, umweltsensiblen, zweckrationalen, formal organisierten Sozialsystemen auf der anderen Seite entstehen. Diese Unmittelbarkeit ist aber nur deshalb möglich, weil sowohl psychische Systeme als auch autopoietisch operierende Sozialsysteme als rekursiv geschlossene Systeme arbeiten.[42]

---

40 „The main feature ascribed to „postmodernity" is thus the permanent and irreducible *pluralism* of cultures, communal traditions, ideologies, „forms of life" or „language games" (choice of items which are „plural" varies with the theoretical allegiance); or the awareness and recognition of such pluralism." *Zygmunt Bauman,* Is There a Postmodern Sociology?, in: Theory, Culture Society, Vol. 5 (No. 2-3) June 1988, S. 217 (225 f.).

41 Ganz allgemein kann man von der zunehmenden Möglichkeit individuell initiierter Sozialbildung (vor allem auf Interaktionsebene) sprechen. *Luhmann* charakterisiert diesen Trend als „zunehmende Herauslösung von personaler Interaktion aus gesellschafts-strukturellen Bindungen". Soziale Systeme, S. 643, vgl. auch S. 560 f.

42 Nur durch diese Geschlossenheit kann beispielsweise eine Organisation (Wirtschaftsunternehmen, Partei, Wissenschaftsinstitut) über sich und ihr Verhältnis zur Um-

Aus der empirisch sichtbaren Unmittelbarkeit zwischen psychischen und sozialen Systemen darf deshalb nicht auf eine kausale Steuerungskapazität des einen gegenüber dem anderen Bereich geschlossen werden. Genau diese kausale Steuerungsabsicht verbirgt sich aber hinter der Diskursethik einer Theorie kommunikativer Rationalität. Von Habermas inspirierte Theoretiker möchten — gewiß in seinem Sinne — die Ökonomie an rationale Formen politisch-ökonomischer Willensbildung „wiederankoppeln“.[43] Diese Willensbildung soll über eine Normativität produzierende, diskursive Verständigungsordnung erfolgen. Das ökonomische System, um mit *Ulrich* das wohl wichtigste Beispiel herauszugreifen, soll durch die Diskussionen mündiger Wirtschaftsbürger auf allen relevanten Entscheidungsebenen kontrolliert werden.[44] Damit soll eine höhere Rationalität — die diskursive — in die niedrigere Systemrationalität steuernd und kontrollierend eingreifen.[45]

Nicht mehr das einsame Individuum, das Subjekt, wird als Adresse der gesellschaftssteuernden Vernunft angegeben, sondern die Vielheit von Individuen, die als „mündige Bürger“ am Diskurs teilnehmen, aus dem sich dann über ihren Köpfen als Quersumme des Argumentierens die rationale Entscheidung ergibt.

Zugleich wirkt dieser Diskurs für die Individuen sinnstiftend und motivierend. Lebenswelt und System werden wieder unter einem gemeinsamen Rationalitätsdach vereint. Freudig verhalten sich die Individuen wieder so, wie es die „Motivations- und Verhaltensprämissen“ des ökonomischen Systems verlangen. Die Individuen handeln nicht mehr „eigen-sinnig“.

> „Der Verlust des lebensweltlichen Sinnzusammenhangs schlägt über kurz oder lang auf die innere Funktionsfähigkeit des Systems durch. In dem Maß nämlich, wie die institutionalisierten Systemzwecke ihre Überzeugungskraft verlieren und von den Menschen kritisch in Frage gestellt werden, beginnen diese, sich tendenziell den systemischen Verhaltenserwartungen zu entziehen und eigen-sinnig zu *handeln,*

---

welt reflektieren, dabei größeres Differenzierungsvermögen erreichen und mehr aus der Umwelt wahrnehmen, also sensibler werden. Vgl. dazu oben Kapitel D. III. 2.

43 *Peter Ulrich,* Transformation der ökonomischen Vernunft, S. 372.

44 *Ulrich,* a. a. O.

45 Ganz offensichtlich haben politisch und ökonomisch wirksame expressive Bewegungen, die wie die Antikernkraftbewegung eine Entscheidungsstruktur, gewoben aus staatlich-bürokratischer, ökonomischer und wissenschaftlich-technischer Macht, durch hinterfragende öffentliche Diskussionen zur Revidierung falscher Energieprognosen und geschönter Sicherheitsstatistiken gezwungen hat, für dieses theoretische Konzept Pate gestanden. Es taucht jedoch die Frage auf, ob man gerade großtechnische Fehlentwicklungen ausschließlich einer vereinseitigten ökonomischen Rationalität anlasten kann, oder ob nicht vielmehr die Überschätzung von Steuerungsmöglichkeiten in politischen und wissenschaftlichen Systemen die Hauptverantwortung trägt. Die Idee zum ungebremsten und flächendeckenden Ausbau der Atomenergie ist programmatisch schließlich im Godesberger Programm der SPD verankert worden — einer Partei, die dem Diskurs und dem Gedanken der Aufklärung verbunden ist — und auch unter ihrer Regierungsverantwortung mit Milliarden staatlicher Subventionen für die Ökonomie erst interessant gemacht worden.

soweit sie als Wirtschaftssubjekte über Handlungsfreiräume verfügen. Jede Systemsteuerungskonzeption kann aber immer nur so lange funktionieren, wie sich die Wirtschaftssubjekte gemäß den Motivations- und Verhaltensprämissen *verhalten*, die den institutionalisierten Steuerungsmechanismen theoretisch zugrundegelegt worden sind.“[46]

Integration können sich Habermas und seine Schüler als normative oder konsensuale vorstellen. Schwindet das normative, unausgesprochene Einverständnis, weil alles kritisch befragt wird, muß ein anderes, diesmal ausgesprochenes Einverständnis erzielt werden, damit die Individuen nicht aus dem Ruder laufen. Dem ist entgegenzuhalten, daß es natürlich Integrationsmechanismen gibt, die entweder normativ oder argumentativ verankert sind. Aber die Entkopplungsthese der Systemtheorie Luhmanns läßt auch den umgekehrten Gedanken zu, daß gerade das „eigen-sinnige“ Verhalten der Individuen ein Integrationsmoment sozialer Systeme darstellt, weil autopoietische Systeme auf unwahrscheinliche Umwelterelgnisse geradezu angewiesen sind, um weitere Komplexitätszunahmen zu erreichen. Habermas bleibt dem Schema vom Ganzen und seinen Teilen verhaftet. Die Individuen bleiben Teile des sozialen Systems, die auf die Funktionserfordernisse strukturell eingeschworen werden müssen. Der Preis, den Habermas dafür von den sozialen Systemen verlangt, ist hoch. Die verselbständigten sozialen Systeme sollen ihre Entscheidungen unter das Kuratel der diskursiven, interindividuell erzeugten Vernunft stellen. Dies ist die modernste Variante des neuzeitlichen Verhältnisses von Individuum und Gesellschaft. Allerdings kann dieser alteuropäische Theorieansatz die postmoderne Pluralität von Lebensstilen, die sich der *Indifferenz* und dem darauf fußenden Engagement der Individuen gegenüber sozialen Funktionserfordernissen verdankt, weder freudig noch nüchtern begrüßen. Die wegen der rekursiven Geschlossenheit zweier getrennter Systembereiche — psychischer und sozialer Systeme — *notwendigerweise* eintretende Indifferenz des einen gegenüber dem anderen Bereich kann für Habermas nur als Sinnverlust oder / und Zerstörung lebensweltlicher Strukturen und damit als Pathologie aufgefaßt werden.[47]

Das Auseinandertreten von Individuum und Gesellschaft — das die Theorie schon deshalb analytisch nachvollziehen muß, um die Einheit beider zu verstehen — kann von Habermas nicht akzeptiert werden, weil angesichts der sich dann auftürmenden Komplexitätsschwellen jede *einheitliche* Vernunft illusorisch würde[48] und es auch schwerfiele, eine individuell produzierte kommunikative Ver-

46 *Ulrich*, a.a.O., FN 3.

47 Es fragt sich, ob Habermas seinen selbstgesetzten Anspruch, sensibel gegenüber sozialen Pathologien zu sein *(Habermas*, TkH 2, S. 422 und 211), nicht übererfüllt und blind für evolutionär neu auftretende Normalitäten wird.

48 Ab einer bestimmten Komplexitätsstufe wird der zuvor durchaus nicht nur sympathische, sondern auch effektive Mechanismus der Konsenserzielung zur bloßen Fiktion. *Willke*, Entzauberung des Staates, a.a.O., S. 96.

nunft einer durch formale Sozialsysteme produzierten Systemrationalität vorzuziehen. Die Theorie selbstreferentieller Systeme hat dagegen weder mit dem Integrationsproblem noch dem Vernunftanspruch in gleichem Maße Probleme. Autopoietische Systeme sind nicht von Leistungen eines anderen Systems kausal abhängig. Aber zwei interpenetrierende Systembereiche wie personale und soziale Systeme bedürfen konstitutiv des jeweils anderen autopoietisch organisierten Systems und seiner Leistungen. Je komplexer und geschlossener ein System ist, desto mehr kann es Leistungserwartungen generalisieren oder im Verweigerungsfall die Leistung ersetzen. Die Gleichförmigkeit der Leistungsabgabe, die einfache Systeme benötigen, wird für autopoietische Systeme eher zum Hemmschuh beim Aufbau größerer Komplexität. Unter den Bedingungen autopoietisch operierender Systeme bekommt das Problem sozialer Ordnung ein neues Gesicht. Es geht nicht mehr nur noch darum, sozial zu garantieren, daß Individuen funktionsadäquat handeln, sondern es ist ebenso wichtig, daß psychische (und soziale) Systeme selbstbezüglich operieren können und dabei unwahrscheinliche Ereignisse produzieren. Die Unberechenbarkeit individuellen Handelns wird zu einem wichtigen zweiten Faktor sozialer Ordnungsbildung. Insofern stabilisieren expressive Bewegungen die Gegenwartsgesellschaft mehr, als sie sie in ihrem Bestand bedrohen würden.

III. Die Individualisierung der Vernunft

Die Pluralisierung der Postmoderne betrifft nicht nur Lebensstile, neue gesellschaftliche Gruppenbildungen und eine Vervielfältigung von Wertepräferenzen; die Pluralisierungsidee macht auch vor dem Vernunftbegriff — sofern er nicht ohnehin schon aufgegeben wurde — nicht halt. Die Soziologie selbst hat sich inzwischen zu einer pluralen Wissenschaft entwickelt, ihre Theorievielfalt verdankt sich zwar zum Teil den ganzheitlichen Systematisierungsbemühungen Einzelner, eine allgemein akzeptierte universelle Theorie ist jedoch heute noch unwahrscheinlicher als vor 50 Jahren. Seit der Methodenstreit in den Geisteswissenschaften noch einmal um die Einheit wenigstens eines Wahrheitsmodus ging, blieb am Schluß nur die Ernüchterung, daß in Zukunft auch mehrere methodische Wege zugelassen werden müssen.[49] Die Vernunft jedoch schien als Repräsentantin des Ganzen, als Interessenwahrerin der Gattung, allen Pluralisierungen gegenüber immun; entweder man akzeptierte sie, oder man lehnte sie rigoros als unwissenschaftliche Vorannahme ab.[50]

49 Bereits klassisch: *Feyerabend,* Against Method. Outline of an Anarchistic Theory of Knowledge, in: *Radner / Winokur* (Hrsg.), Minnesota Studies in the Philosophy of Science, Bd. IV, Minneapolis, 1970, S. 17 ff.

50 Mit dieser Ablehnung setzte man sich dann dem Verdikt des Nihilismus aus, den Nietzsche heraufziehen sah und dessen Konsequenzen der Existentialismus verarbeitete. Dazu: *Ulrich,* Transformation der ökonomischen Vernunft, S. 273 f.

Die praktische Seite der Vernunft war aber stets Kompensation des Einheitsverlustes, der mit der Etablierung der Denkfigur von Individuum und Gesellschaft eingetreten war. Bereits seit Aristoteles verlangt die Gegenüberstellung freier Individuen und einer von ihnen relativ unabhängigen Gesamtordnung nach einer wiedervermittelnden Einheitsform. Dabei fällt das Problem, wie die soziale Ordnung vor anomischen Tendenzen geschützt werden kann, zusammen mit dem Problem, wie sicherzustellen ist, daß die verselbständigte Gesellschaft sich nicht der individuellen Kontrolle entzieht. Die Vernunft wirkt zu beiden Seiten. Sie überzeugt das rational denkende und handelnde Individuum und objektiviert sich in sozialen Strukturen. An dieser einheitstiftenden Funktion der Vernunft, die von Kant deutlich offengelegt wurde,[51] hält auch Habermas fest. Der eigentümlich zwanglose Zwang des besseren Arguments überzeugt den Diskursteilnehmer und wird im gesellschaftlichen Bereich dort strukturell wirksam, wo der Diskurs zugelassen oder, wie in der „Öffentlichkeit“, institutionalisiert worden ist.[52]

Luhmanns Entkopplungsthese scheint demgegenüber die Funktion der Vernunft noch dringlicher werden zu lassen. Mit der alten begrifflichen Trennung von Individuum und Gesellschaft war der Verdacht geboren, daß eine komplette Beherrschung der sozialen Welt durch das Individuum nicht mehr möglich ist. Luhmann legt diesen Gedanken nüchtern konstatierend offen, wenn er psychische und soziale Systeme zunächst durch ein wechselseitiges Komplexitätsgefälle als prinzipiell unfähig ansieht, sich vollständig zu verstehen oder gar kausal zu steuern. Mittlerweile hat er diesen Graben durch die Einführung des Begriffs der Autopoiesis noch tiefer angelegt, weil nicht nur die formale — aber faktisch wirksame — Komplexitätsdiskrepanz, sondern auch der operative Systemmodus in beiden Bereichen ein gänzlich anderer ist. Ein Vernunftkonzept bleibt Luhmann aber bewußt schuldig. Von seiner Theorie darf man nicht mehr erwarten, als er der Aufklärung an Aufgabe zubilligt: „Manifestmachen von latenten Strukturen und Funktionen und andererseits: funktionaler Vergleich.“[53]

Damit ist ein Minimalprogramm für die Soziologie umrissen, aber zur Antwort auf die drängende Frage, ob komplexe Gesellschaften rational gesteuert werden können, trägt es wenig bei. Im Gegenteil. Luhmann desillusioniert diejenigen, die den direkten Zugriff auf die (veränderungsbedürftige) Gesellschaft planen, mit dem Hinweis, daß die Weltgesellschaft gegenüber individuell initiierten Eingriffen indifferent sei.

> „Die Gesellschaft ist, obwohl weitgehend auf Interaktionen bestehend, für Interaktion unzugänglich geworden.“[54]

---

51 Vgl. dazu oben Kapitel A. III. 3.

52 Argumentative Kommunikation, die an eine Alltagspraxis (Lebenswelt) rückgekoppelt ist, soll die auseinandergetretenen Expertenkulturen kontrollierend auf das einheitliche Interesse zurückführen.

53 *Luhmann*, Soziale Systeme, S. 468.

54 *Luhmann*, Soziale Systeme, S. 585.

Damit ist nur gesagt, daß Interaktionen (also soziale Systeme) nicht die Einheit der Gesellschaft repräsentieren können, also die traditionelle Rolle der Vernunft nicht zu spielen vermögen, aber nicht, daß Interaktionen nichts bewirken. Die Gesellschaft strukturiert Interaktionen, verändert sich aber mit den Interaktionen, und niemand führt Regie.[55] Individuell gewollte Steuerungen sozialer Ordnungen sind mit Planungen vergleichbar, die — einmal in ein Steuerungssystem funktional implementiert — das System schnell in die Hyperkomplexität führen.[56]

Aber das Problem der Vernunftsteuerung liegt viel tiefer. Es liegt in dem über Epochen transportierten Anspruch des individuellen Bewußtseins, seine sich selbst zugedachte Rolle als exklusives Subjekt zu behalten. Damit ist in Luhmanns Theorie der Antrieb für das traditionelle Vernunftkonzept viel mehr ein Phänomen des psychischen Systems als der sozialen Systeme.

> „Wenn heute von ‚kommunikativer Verständigung' im Sinne eines Rationalitätsprinzips gesprochen wird, dann mit bewußter Ausklammerung psychischer Fragen; es werden damit also Prämissen gesetzt, die vorab darauf verzichten, das Rationalitätsproblem im hier gemeinten Sinne überhaupt zu stellen."[57]

Im Grunde gibt es für Luhmann mindestens zwei Rationalitäten. Diejenige, die im System der modernen Gesellschaft und dessen Umwelt (psychischer Systeme?) erreicht worden ist[58], und eine andere, die eher im Bewußtsein gelagert ist.[59] Die entfaltete Systemrationalität ist allerdings eine ihre eigene Evolution sichernde, aber *nicht normativ* von außen gesteuerte Rationalität.[60] Aber gerade die unter Begründungszwang stehende Normativität, die durch verbindliche Werte, Ideen oder Erwartungen Ausdruck verliehen bekommt, stellt die Brücke dar, über die der Kontrollanspruch der Individuen gegenüber der verselbständigten Gesellschaft sich bewegt. Luhmann lehnt diese Brückenbildung von psychischen zu sozialen Systemen mit den Bausteinen Kultur, Norm und Rolle ab. Seine methodische Egalisierung verschiedenster sozialer Systeme einerseits und sozialer und personaler Systeme andererseits zwingt zu der Einsicht, daß jedes autopoietisch operierende System eine eigene Rationalität aufweist.[61] Wenn man nicht von vornherein der Rationalität psychischer Systeme eine privilegierte Sonderstellung einräumt, kommt eine doppelte Pluralisierung der Vernunft in den Blick. Auf der einen Ebene entscheiden soziale Systeme nach ihrer — jeweils unterschiedlichen — Rationalität, Wirtschaftsbetriebe anders als politische Partei-

---

55 *Luhmann*, Soziale Systeme, S. 588 f. Damit ist nur gesagt, daß niemand die *umfassende* Regie (wie ein Gott) führt, nicht, daß es einigen nicht gelänge, erfolgreich selbst im Weltmaßstab zu steuern.

56 *Luhmann*, Soziale Systeme, S. 635 ff.

57 *Luhmann*, Soziale Systeme, S. 643.

58 a. a. O.

59 Dies wird von Luhmann offengelassen.

60 *Luhmann*, Soziale Systeme, S. 645.

61 Vgl. dazu neuerdings *Luhmann*, Die Wirtschaft der Gesellschaft, 1988, S. 291 und die eher noch Unsicherheit verratenden Fragen auf S. 300.

en oder Wissenschaftsstrategen. Psychische Systeme entscheiden auf einer anderen Operationsebene ebenfalls rational, aber auf Grundlage eines völlig anderen Prozesses als soziale Systeme. Die vier Rationalitätstypen Webers sind nach Einführung dieser Scheidelinie nur noch bedingt und unter Angabe der jeweiligen Referenz weiterhin verwendbar. Organisationen, die zweckgerichtet und mediengesteuert operieren, kann man insgesamt als zweckrationale soziale Systeme bezeichnen.[62] Die Realität einer solchen zweckrationalen Organisation wird nicht unwesentlich von der Interpenetration psychischer und sozialer Systeme geschaffen. Die psychischen Systeme — die äußerlich als handelnde Individuen wahrgenommen werden — handeln nur prima facie nach den gleichen Rationalitätsstandards wie das soziale System. Auch wenn sie zweckrational entscheiden, ist diese Zweckrationalität eine andere als die Zweckrationalität der Organisation. Eine zweckrational geprägte Entscheidung des personalen Systems ist ein Produkt seiner Autopoiesis, die Umweltereignisse in jenem zirkulären, im Körperbefinden und der Gefühlsstruktur verankerten Prozeß des Bewußtseins und seiner Vorstellungen zum Systemereignis (Entscheidung) generiert.

Soziale Systeme beeinflussen diesen innerindividuellen Entscheidungsprozeß nicht nur, indem sie dem Bewußtsein basale Distinktionswerkzeuge mit hoher Komplexitätsverarbeitungskapazität (Denkformen, Logik, Sprache, Weltbilder) zur Verfügung stellen,[63] sondern sie benötigen, wenn sie ein hohes Maß an stabiler Autonomie aufweisen sollen, besondere Medien, die auf die Autopoiesis des Bewußtseins einwirken. Symbolisch generalisierte Kommunikationsmedien wie Geld und Macht tun dies, indem sie kontingente Situationen binär schematisieren und die eine — sozial erwünschte — Entscheidung motivational prämieren.[64]

Es stellt sich dann die schwierige Frage, ob im Bereich sozialer Systeme Autopoiesis als besondere Form rekursiver Geschlossenheit eines Systems durchgängig angenommen werden kann oder sich auf die Systeme beschränkt, die über ausdifferenzierte Kommunikationsmedien verfügen. Aber auch ohne eine Antwort auf diese Frage zu geben, kann für den wichtigen Bereich des Verhältnisses zwischen personalen und denjenigen sozialen Systeme, die mediengesteuert

---

62 Man kann sie auch, wie Habermas dies tut, als mediengesteuerte, systemisch integrierte Handlungszusammenhänge verstehen.

63 Mit diesen grundsätzlich wirkenden Mechanismen kann zwar eine Richtung des Verhaltens festgelegt werden z. B. in erster Linie logisch zu operieren und Gefühle nicht unmittelbar auf den Denk- und Entscheidungsprozeß durchschlagen zu lassen —, aber die Annahme eines bestimmten einzelnen Selektionsvorschlages — etwa das Ansinnen des Vorgesetzten ein bestimmtes Aktenstück herauszusuchen — ist damit noch keineswegs sichergestellt.

64 Paradigmatisch ist das der Fall bei Geld und Macht. Geld schafft Möglichkeiten der Bedürfnisbefriedigung, und das in einem solchen Maße, daß bereits der bloße Besitz von Geld eine Bedürfnisbefriedigung darstellt. Macht wirkt unspezifischer sowohl durch die Drohung, Unlust (Verweigerung der Bedürfnisbefriedigung, Schadenszufügung) zu erzeugen, als auch durch Machtgebrauch, Bedürfnisse des Machtinhabers zu befriedigen.

sind, die Übertragung von sozialer Rationalität auf psychische Systeme studiert werden.

Auch diese situativ viel konkretere „Steuerung" des personalen Systems durch soziale Systeme — etwa Organisationen — ist keine kausale Steuerung, die Punkt-für-Punkt-Beziehungen erzeugen könnte. Die Autopoiesis des personalen Systems kann anders entscheiden, andere Vorstellungen produzieren — z. B. den Besitz von Geld ablehnen —, obwohl eine solche Indifferenz physische und psychische Grenzen hat. Das psychische System operiert nach eigenen Rationalitätsvorgaben. Dabei können Emotionen eine nicht unerhebliche Rolle spielen, die aus der Sicht sozialer Systeme irrational erscheinen mögen. So wird ein Soziologe etwa die Angst vor der unsichtbaren Strahlung beim Einsatz der Atomenergie oder die Angst vor einem Atomkrieg als irrational bezeichnen. Irrational ist Angst aber nur aus der Sicht sozialer Systeme, weil sie von sozialen Funktionssystemen nicht zu kontrollieren ist.[65] Innerhalb psychischer Systeme sind Gefühle wie Angst als Basis des Bewußtseins stets vorhanden und beteiligt und solange nicht irrational, wie sie die Selbstreflexivität des Bewußtseins nicht dadurch zerstören, daß sie ungehindert durch das intermediäre Netz des Bewußtseins als Handlung durchschlagen. Für Luhmann ist Rationalität eben nur die entfaltete Fähigkeit zu differenzieren.[66] Das Bewußtsein wird noch nicht dadurch irrational, daß es Gedanken und Kalküle mit Emotionen auflädt und Emotionen in den Vorstellungs- und Entscheidungsprozeß immer einfließen läßt. Seine Rationalität liegt gerade darin, dies zu wissen und dennoch die Grenze zwischen personalem und organischem System als Differenz präsentzuhalten.[67]

Das Anerkennen einer besonderen psychischen Rationalität neben einer sozial institutionalisierten läßt sich mühelos in den von Durkheim und Luhmann angenommenen Co-Evolutionsprozeß psychischer und sozialer Systeme einbauen. Versteht man unter „humaner" Vernunft psychisch gelagerte Rationalität, so ist klar, daß allein auf psychische Entscheidungen — seien sie auch noch so sehr durch Diskurs, Konsens und normatives Einverständnis beglaubigt — sich keine moderne Gesellschaft mehr aufbauen kann. Nach der Entkopplung psychischer und sozialer Systeme können wegen des Komplexitätsgefälles Individuen nicht mehr über die Gesellschaft als Ganzes im Sinne einer unmittelbaren und vorhersehbaren Steuerung entscheiden. Sie müssen sich auf die Rationalität ausdifferenzierter Subsysteme verlassen. Aber weil soziale Systeme nur Teilrationalitäten repräsentieren und indifferent gegen individuelle Motive, Gefühle, Bedürfnisse

---

65 *Luhmann*, Ökologische Kommunikation, S. 239.

66 Rationalität ist die Fähigkeit, sich an der systemeigen gesetzten Differenz zwischen System und Umwelt zu orientieren. *Luhmann*, Ökologische Kommunikation, S. 246 f.; *ders.*, Soziale Systeme, S. 638 ff.

67 Die Indifferenz des psychischen Systems gegenüber organischen Impulsen (Selbstdisziplin, Triebaufschub) führt nach dem Reflexivwerden des Bewußtseins trotz oder gerade wegen — der erreichten Geschlossenheit des Bewußtseins zu einer größeren Umweltoffenheit auch in dieser Richtung. Gefühle können wieder zugelassen werden.

sind, bedürfen sie der ständigen Herausforderung und Ergänzung durch die andersartige Rationalität psychischer Systeme. Bei der Übertragung psychischer Rationalität auf soziale Systeme spielt Sprache eine besondere Rolle, weil sie zunächst die vereinzelten psychischen Systeme zusammenschließen kann und über dieses Interpenetrationsmedium aus Vorstellungen kommunikative Akte werden, die dann Resonanzen im sozialen System erzeugen können.

Rationalität kann nach der Entkopplung von Individuum und Gesellschaft nur noch als *Komplementärverhältnis* gedacht werden. Die unterschiedliche Autopoiesis psychischer und sozialer Systeme läßt keine andere Wahl. Vereinseitigungen der gesellschaftlichen Evolution sind dann nicht nur dadurch möglich, daß die Einbringung individueller Rationalität in den sozialen Prozeß verhindert wird — etwa durch Kommunikationsverbote, Ausschaltung und Behinderung der öffentlichen Meinung, Entsprachlichung der Gesellschaft —, sondern auch umgekehrt durch individuelle Übersteuerung sozialer Systeme.

So gelesen, konvergieren Habermas und Luhmann zumindest als Befürworter einer offenen und pluralen Gesellschaft.[68] Die Gefahr einer Theorie des kommunikativen Handelns liegt aber in ihrem Festhalten an Einheitsvorstellungen. Auch mit einer überindividuellen und nicht einem Sozialsystem zugeordneten, in Sprache aufgehobenen Vernunft läßt sich Mißbrauch treiben.[69] Warum ein „besseres" Argument seine Koordinationswirkung entfaltet, weiß man nicht genau angesichts der Komplexität und Eigendynamik psychischer Prozesse, aber sicherlich nicht nur deshalb, weil es ein besseres Argument ist. Die Theorie selbstreferentieller Systeme hat Ganzheitsnostalgien (Welsch) gründlich aufgegeben, aber sie steht vor Vermittlungsproblemen (intern und extern) und einer systemimmanent erzeugten Komplexität, die mit immer höheren Abstrahierungen aufgefangen werden muß. Dennoch scheint die abgeklärte Aufklärung Luhmanns einen Weg zur Neudefinition des Individuums in der Gesellschaft jenseits klassischer Relationierungen zu weisen. Vernunft wird zu einem pluralen Geschehen zwischen geschlossenen und autonomen Systemen, die ihre Autonomie der Indifferenz gegenüber dem anderen Bereich verdanken und deren geschlossenes Prozessieren alle beteiligten Systeme extrem abhängig von Umweltereignissen macht. Individuelles Handeln, das autonomisierte soziale Systeme beeinflussen möchte, muß mit dieser Paradoxie leben und sein Kalkül auf sie einrichten. Dies setzt hohes Differenzierungsvermögen und eine adäquate Theorie voraus. Die Erhaltung personaler Identität erfordert gerade deshalb eine immer größere Indifferenz gegenüber sozialen Systemen (und damit die Sichtbarmachung der Entkopplung personaler und sozialer Systeme), weil mediengesteuerte soziale Systeme sich enorm ausgebreitet haben. Aber wenn dadurch gewachsene kulturelle Alltäglich-

---

[68] Von der Theorieanlage her begegnen sich beide Entwürfe in dem Versuch, die Begrenzungen der Subjektphilosophie zu überschreiten. *Habermas*, Nachmetaphysisches Denken, 1988, S. 30 f.

[69] Vgl. dazu die Kritik von *Lyotard*, Das postmoderne Wissen, a.a.O.

keiten zerstört werden, wird nicht eine basale Lebenswelt zerstört, sondern nur traditionelle kulturelle Muster. Die Autonomie personaler Systeme war aber seit Beginn der Individualisierung nie kongruent mit kulturellen Mustern, ebensowenig wird sie kongruent werden mit mediengesteuerten funktionalen Systemimperativen. Sprache ist ein Medium der Interpenetration; sie wirkt und wird generiert sowohl in personalen wie sozialen Systemen. Solange die Autopoiesis autonomer Individuen funktioniert, wird auch Sprache produziert, die weit über den Sinngehalt von zweckrationalen Kommunikationen hinausgeht. Wer die Ausdehnung mediengesteuerter, zweckrationaler Handlungssysteme sich nur auf Kosten einer intakten Lebenswelt, die auch als Garant für freie Individuen steht, vorstellen kann, zeigt, daß er die Relation von Individuum und Gesellschaft noch als Nullsummenspiel auffaßt, bei dem jeder Geländegewinn der einen Seite zu Verlusten der anderen Seite führt.

G. Resümee

I. Theoriekontingenz und die Bedeutung von Grundmodellen

Die vorliegende Arbeit beschäftigt sich mit der Veränderung einer der tragenden theoretischen Denkmodelle der Sozialwissenschaften, der Beziehung von Individuum und Gesellschaft. Diese Grundrelation ist — wie alle strukturbildenden Kategorien — entscheidend für den Theorieaufbau einer Gesellschaftswissenschaft und beeinflußt dadurch in spezifischer Weise das, was wir (auch im Rahmen empirischer Sozialforschung) erkennen können.

Piaget hat solche basalen Modellvorstellungen als „aktives Strukturieren der Realität" bezeichnet[1]. Als Struktur ist ein begrifflich-bildliches Grundmodell von einer relativen Invarianz abhängig. Gleichwohl können auch Strukturen prozessieren, und oft werden dabei in eher unspektakulärer Weise bislang unbestrittene Selbstverständlichkeiten in Frage gestellt, sie erscheinen als anders möglich, als kontingent. Habermas und Luhmann sind Theoretiker, die sich der zunehmenden Kontingenz der Gesellschaft wie der Theorie voll bewußt sind und sie in ihr theoretisches Koordinatensystem einbauen. Systemische Durchdringung einer unhinterfragten Lebenswelt und Möglichkeitssteigerungen durch rekursiv-selbstbezügliche Systembildung stellen verschiedene theoretische Reaktionen auf ein und dasselbe Phänomen dar. Es geht um die unbehagliche Einsicht des 20. Jahrhunderts, daß die Welt keine ontische Substanz besitzt und wir nur erkennen, was wir erkennen wollen. Der ontische Erkenntnisdrang nach letzter Wahrheit endet in der Gewißheit des Ungewissen. „Das ontologische Vordringen zum „Ursprung" kommt nicht zu ontologischen Selbstverständlichkeiten für den „gemeinen Verstand", sondern ihm öffnet sich gerade die Fragwürdigkeit alles Selbstverständlichen".[2]

Mit dieser erkenntnistheoretischen Paradoxie, daß Wissensvermehrung zu weniger Gewißheit führt, hat auch und besonders die Soziologie zu kämpfen. Sie, die selbst Teil ihres Forschungsgegenstandes ist, kann weder stringent eine Subjekt-Objekt-Distanz durchhalten noch der allgegenwärtigen Gesellschaftskomplexität entfliehen. Die soziologische Theorie ist gezwungen, in Abstrahierungen auszuweichen, um eine halbwegs adäquate Beschreibung ihres Gegenstandes zu erreichen, und sie wird sich zunehmend der Willkür ihrer Begriffsentscheidungen

---

1 *Piaget*, Erkenntnistheorie der Wissenschaften vom Menschen, dtsch. 1972, S. 45.

2 *Heidegger*, Sein und Zeit, 1972, S. 334.

bewußt. Jemand wie Luhmann weiß, daß er Konstruktionen voraussetzungslos in den Raum hinein baut, ohne letzte Gewißheit, daß sie tragen. Die sprachtheoretisch orientierte Soziologie von Habermas sucht zwar auf der einen Seite noch nichtkontingente Verankerungen in der neotranszendentalen Sprachgrammatik, kombiniert aber die Notwendigkeiten der Sprachlogik mit dem realen und blinden Prozeß sozialer Konsenserzielung — einem Prozeß, der seinen Antrieb immer auch den Energien und Zufälligkeiten der beteiligten psychischen Systeme verdankt.[3]

II. Probleme und Aufgaben der Arbeit

Vom Kontingenzstrudel erfaßt, hat sich die Soziologie multipliziert und verwirrt in ihrer Theorievielfalt selbst Eingeweihte. Muße zur Betrachtung findet der Beobachter am ehesten im Zentrum des Geschehens. Je grundlegender — und deshalb funktional invarianter — die Begrifflichkeiten werden, desto eher kann man sich an ihrem Entwicklungsverlauf und ihrer momentanen theoretischen Gestalt Orientierung verschaffen. Die Vorstellung der Beziehung von Individuum und Gesellschaft läßt sich im Bereich der Gesellschaftswissenschaften kaum an Fundamentalität überbieten. Und in der Tat: vergleicht man moderne Vorstellungen der Beziehung von Mensch-Gesellschaft, Bürger-Staat mit der Gedankenwelt der Staatsphilosophie eines Aristoteles, so scheint die Änderung der basalen Begriffsrelation marginal. Aber die Konstanz und Festigkeit trügt. Explizit hat Luhmanns Systemtheorie das ehrwürdige okzidentale Verhältnis von Individuum und Gesellschaft in Frage gestellt, seine Auflösung gefordert und an einer radikalen Rekonstruktion sich versucht. Dies geschah natürlich nicht unvermittelt. Vorausgegangen waren zahlreiche Versuche, die Relation von Individuum und Gesellschaft neu zu strukturieren. Piaget — ein Außenbeobachter der Soziologie — hat dabei drei Hauptstrukturbildungen unterschieden: 1. die additive oder atomistische Komposition, wonach die Summe individuellen Handelns eine Ganzheit bildet, 2. Ordnungskonzepte, die dem Ganzen eine vorgängige prägende Emergenz zuschreiben, und schließlich 3. Konstruktionen, die von einer wie immer gearteten Beziehungstotalität ausgehen und dann etwa das System der Interaktionen untersuchen[4].

Additive und deterministische Denkmodelle der Grundrelation von Individuum und Gesellschaft haben weitgehend an Plausibilität und Überzeugungskraft verloren. Kaum jemand etwa traut der Gesellschaft heute noch zu, den „neuen Menschen“ zu schaffen. Dunkel wird geahnt, daß die Beziehung der Einzelakteure und der sozialen Ganzheit ein kompliziertes Beziehungsgeflecht interdependenter

---

[3] *Jacques Poulin*, Die pragmatische Dekonstruktion des Menschen, in: Frank / Raulet / von Reijen (Hrsg.), Die Frage nach dem Subjekt, 1988, S. 247 (262).

[4] *Piaget*, a.a.O., S. 46.

Abhängigkeiten ist. Das Ganzes-Teile-Schema, so anschaulich es scheint, führt ebenso wie summarische und deterministische Modelle in die Sackgasse von Antinomien und Nullsummenvorstellungen. Wer zunehmende soziale Komplexität und Ordnung per se als Bedrohung individueller Freiheit empfindet, läßt sich ebenso von jenen Antinomien und Nullsummenannahmen leiten wie derjenige, der in neuen individuellen Lebensäußerungen die Anomie sozialer Ordnung heraufziehen sieht. Es war das erste Ziel der Arbeit, den Bruch mit der traditionellen Relationierung von Individuum und Gesellschaft seit der scheinbar paradoxen Steigerungsfrage Durkheims, wie es möglich sei, daß sowohl soziale Ordnung als auch individuelle Freiheit wachsen können, hervorzuheben und so den Boden für rekonstruktive Neuarrangements dieser Beziehung vorzubereiten.

Die zweite Aufgabe dieser Arbeit war, die heute wohl radikalste Neuformulierung der Relation durch die Systemtheorie Luhmanns vorzustellen und sie gleichzeitig gegen das anspruchsvolle Konkurrenzunternehmen der Habermasschen Sprachsoziologie zu konturieren.

Als Drittes schließlich kam es darauf an, die operationalen Möglichkeiten des systemtheoretischen Modells vorsichtig zu erproben und die Debatte über Begriff und Inhalt der Postmoderne resp. des Vernunftbegriffs unter den Auspizien dieses Schemas zu sehen.

III. Die Ergebnisse im einzelnen

Die klassische Formulierung der Relation von Individuum und Gesellschaft zeigt ihre Formen bereits in der Ethik und Staatsphilosophie des Aristoteles und wird in der Moderne von den Einheitsgaranten des „Guten“ oder der Religion lediglich losgelöst. Die Individuen werden als elementar und im Grundsatz als frei handelnd angesehen. Trotz dieser ihnen zugeschriebenen Autonomie werden sie auch als Teile eines organischen Ganzen — letztlich des Staates, der zunächst noch für Gesellschaft steht — erklärt. Diesem Ganzen wird eine begrenzte prägende Kraft auf die Individuen zuerkannt, wiewohl das Ganze von dem aktiven Einsatz der Einzelnen abhängig bleibt.

Die prinzipielle Schrankenlosigkeit und Richtungslosigkeit individuellen Handelns verlangt nach Disziplinierungen durch das gesellschaftliche Ganze. Ein zu unbändiges individuelles Handeln gefährdet die staatliche Ordnung, ein Zuviel an staatlicher, unkontrollierter Macht bedroht die Freiheit der Individuen. Hobbes radikalisiert die in der Relation von Individuum und Gesellschaft angelegte Antagonie, indem er das Bild losgelöster, von jeder staatlichen und gesellschaftlichen Ordnung befreiter Individuen als anarchisches Schreckensszenario entwirft. Die funktionale Notwendigkeit des Ganzen, damals als staatliche Ordnung gedacht, wird scheinbar unwiderlegbar vor Augen geführt. Aber die nach Hobbes mächtige und im Kern gewalttätige Disziplinierung des freien Willens der sozialen Elemente macht die bipolare Einseitigkeit der klassischen Relation sichtbar: Anarchie oder Leviathan scheinen bei konsequentem Denken die stets präsenten Möglichkeiten und Gegensätze gesellschaftlicher Entwicklung. Es ist dieselbe antinomische Bipolarität, die noch heute das Spannungsverhältnis zwischen Konservativen und Progressiven maßgeblich am Leben erhält.

Kant überschreitet einfache Dichotomisierungen. Er geht davon aus, daß die Disziplinierung der Elemente des Gemeinwesens nicht, zumindest nicht allein, über das Gewaltmonopol des Staates repressiv sichergestellt werden kann. Eine vernünftige Gesellschaftsordnung — und das ist für Kant zugleich eine stabile Gesellschaft — bedarf einer freiwilligen Unterwerfung unter Funktionserfordernisse des Ganzen. Kant gelingt die gegen empirische Kontrafaktizität immunisierte Verankerung dieser Freiwilligkeit im Individuum durch eine Umdefinition des freien individuellen Willens. Individuelle Vernunft — das Thema der Aufklärung — bedeutet für Kant reflexive Einsicht in rationale Strukturen der Gesellschaft. Die soziale Präformation der Individuen wird gegen das leere, rein egozentrische Nutzenkalkül des Individuums gestellt. Der kategorische Imperativ ist die grundlegendste individuelle Einsicht. Er ist zugleich ein gesellschaftserhaltendes Handlungsgebot, als auch ein individueller Kontrollmaßstab für die Rationalität sozialer Regeln.

Die moderne Soziologie seit Ende des 19. Jahrhunderts baut ihre Gesellschaftskonzeption auf die tradierte Relation von Individuum und Gesellschaft. Durkheim soziologisiert das kantische Gesellschaftsmodell. Auch für Durkheim gibt es keine naturwüchsige Individualität. Individuelle Strukturen und wesentliche Einzelhandlungen sind für Durkheim sozial geformt. Wichtiger als staatliche Pression wird dann moralische Erziehung.

Da sich die moderne Individualität für Durkheim der gesteigerten Ordnungsleistung einer hochdifferenzierten Gesellschaft verdankt, scheint ihm die klassische Dichotomisierung der Alternativen von individueller Freiheit oder starker gesellschaftlicher Ordnung obsolet. Die simultane Steigerung von Freiheit und Ordnung wird — auch als Co-Evolution — denkbar.

Diese simultane Steigerung individueller Entscheidungsfreiheiten und sozialer Ordnungsbildung liegt auch der Rationalisierungsidee Webers zugrunde. Handlungsstrukturen und Denkhorizonte der Welterklärung sind sowohl für das individuelle Denken und Handeln bedeutsam, wie sie auch Möglichkeiten und Limitierungen für den Aufbau und Erhalt sozialer Strukturen — für Weber Handlungsstrukturen — bereitstellen. Der okzidentale Prozeß der Rationalisierung von Weltbildern und Handlungsstrukturen stellt für Weber die notwendige Bedingung für die typisch modernen Komplexitätssteigerungen im individuellen wie sozialen Bereich zur Verfügung. Aber Weber sieht auch in diesem Prozeß der Co-Evolution individueller und sozialer Entitäten bereits die Gefahr einer Entkopplung beider Bereiche durch Verselbständigung. Besonders die soziale Verselbständigung und Verdinglichung (geronnener Geist) des zweckrationalen Handlungstyps in staatlicher Bürokratie und ökonomischen Sphären bedrohen die zuvor geförderte individuelle Freiheit, deren rationalisierteste Form als zweckrationales und zugleich verantwortungsbewußtes Handeln durch Entmündigung gefährdet wird.

Die Gefahr einer Entkopplung anstelle produktiver Co-Evolution von Individuum und Gesellschaft ist auch das Thema der sprachphilosophisch inspirierten Soziologie von Habermas. Wie Weber geht auch Habermas implizit von einer handlungstheoretischen Variante der Durkheimschen Co-Evolutionsthese aus. Nur rückt hier eine Rationalisierung von Denk- und Handlungsstrukturen durch die Entfaltung des in Sprache eingelassenen Rationalitätspotentials in den Vordergrund. Durch die sprachtheoretische Wendung der Rationalisierungsidee Webers schafft sich Habermas nicht nur eine Grundlage für die Überschreitung des zweckrationalen Handlungstyps als höchste Stufe der Rationalisierung bei Weber, er gewinnt auch eine Begrifflichkeit, die Entkopplungsphänomene als Gesellschaftspathologien registriert. Der neu eingeführte Typ des kommunikativen Handelns leistet im Grunde das, was Kant im Verhältnis von Individuum und Gesellschaft durch Handeln auf Grundlage des kategorischen Imperativs erwartete. Der praktische Diskurs zwingt Individuen unter die Vernunft des in Geltungsansprüchen und Geltungsbegründungen universalpragmatisch eingelassenen sprachlichen Rationalitätspotentials. Soweit soziale Strukturen dem kommunikativen Handeln zugänglich sind, werden auch sie der sprachtheoretischen Vernunft unterworfen. Aber nicht alle gesellschaftlichen Bereiche sind dem kommunikativen Handeln, dem individuellen Handeln überhaupt, zugänglich. Ein Teil der Gesellschaft ist für Habermas systemisch verselbständigt. Zweckrationale, instrumentelle Handlungsstrukturen in Ökonomie und Politik haben sich auf der Grundlage handlungssteuernder Medien (Geld und Macht) soweit verselbständigt, daß sie tendentiell kaum noch individuellem Handeln zugängig sind.

Damit jedoch nicht genug. Die zweckrationale und entsprachlichte Form der Sozialbildung bleibt nicht auf die Subsysteme Ökonomie und Politik beschränkt, sondern dringt nach Habermas in immer weitere und entferntere Bereiche der Gesellschaft ein. Dieser Ausdehnungsprozeß birgt für Habermas — ähnlich wie es die Entwicklung der Wissenschaft für Husserl tat — die Gefahr in sich, daß eine wie immer geartete alltagsweltliche Lebenswelt, die Basis der Sprachbildung, zerstört und damit das Band der Vernunft zwischen Individuum und Gesellschaft durchschnitten wird.

Die Dualisierungen, mit denen Habermas arbeitet — instrumentelles / kommunikatives Handeln, System / Lebenswelt, Medien- und Diskurssteuerung, Zweckrationalität / Sprachvernunft — signalisieren bei aller konstruktivistischen Kontingenz einer Theorie doch ein allgemeines Problem der modernen Soziologie. Heute geht es weniger um die Frage, ob das Verhältnis von Individuum und Gesellschaft atomistisch oder antinomisch arrangiert ist, es geht auch nicht mehr nur um die Frage, ob und wie sich Gesellschaft und Individuen in einem Verhältnis der Co-Evolution begreifen lassen, vielmehr hat sich die Soziologie vordringlich mit dem Phänomen der Entkopplung von Individuum und Gesellschaft zu beschäftigen. Die Fülle von Dualisierungen in der sprachorientierten Soziologie reagieren auf sozietale Verselbständigungen, die angesichts gleichzeitiger Komplexitätszunahmen sozialer Systeme dem Versuch einer individuellen Vernunftsteuerung spotten. Die alte Einheit von Individuum und Gesellschaft, die konstitutiv für das alt-europäische Denken seit Aristoteles war, scheint zerbrochen. Versuche, die moderne hochkomplexe Gesellschaft mit Theorien einzufangen, die an dieser Einheit konstitutiv festhalten, werden allemal mit der Resignation vor der Unmöglichkeit zu steuern bezahlt.

Luhmann bricht mit der inadäquant gewordenen Einheit und vollzieht damit eine gesellschaftswissenschaftliche kopernikanische Wende. Wie die Astronomie die Erde aus dem Mittelpunkt in eine Randstellung rückte, vertreibt auch Luhmann den Menschen als intentionalen Schöpfer, Bezugspunkt oder Element aus dem Zentrum der Soziologie an den Rand. Und ebenso, wie das kopernikanische Weltbild (zurecht) hoffte, den Ungereimtheiten und Kompliziertheiten der Planetenbewegungen des ptolemäischen Weltbildes zu entgehen, hofft auch Luhmann trotz erneuter Abstrahierung der Theorie zu „einfacheren", jedenfalls aber angemesseneren Begriffen der sozialen Welt zu gelangen. Alles Denken, Planen, Assoziieren, Wünschen und Fürchten zählt, soweit es die Gestalt von Vorstellungen annimmt, zum psychischen System. Alles Kommunizieren, Sprechen, Handeln, Zeigen, Ausdrücken zählt zum sozialen System. Beide Systeme sind hochkomplex, zeichnen sich durch eigenständige Operationsmechanismen, eigene Logik und eigene Zeitlichkeit aus. Sie sind in ihren Operationen selbstbezüglich, nichts kann vom einen Bereich in den anderen dringen, ohne vom aufnehmenden System in spezifischer Form bearbeitet zu werden. Welche Umweltereignisse ein System wahrnimmt, obliegt prinzipiell seiner Regie, seinen Selektionskriterien. Ob Menschen sich über Gentechnik, Emanzipationsprobleme, Tierschutz oder Ausländerfragen die Köpfe zerbrechen, ist nie ausschließlich eine Frage „objektiver" Bedingtheiten, also nicht determiniert von sozialen oder biologischen Systemen. Was Menschen sehen, worunter sie leiden, worüber sie sich empören, wird bei enorm gesteigerter Themenkontingenz zwar vom jeweiligen Zeitgeist gesteuert, aber immer mehr auch zu einer Sache individueller Entscheidung. Auf der anderen Seite scheinen soziale Systeme eigentümlich immun gegen individuelle Determinationsversuche, eigenwillig reagieren sie oft gar nicht oder in einer nicht gewünschten Art und Weise. Derlei Entkopplungsphänomene stellen für Luhmann keine Krisensymptome dar, sondern sind völlig normal im Umgang autopoietischer Systeme miteinander.

Bei aller Entkopplung treiben psychische und soziale Systeme natürlich nicht unverbunden nebeneinander, sondern sind in spezifischer und notwendiger Weise sinnhaft aufeinander bezogen. Nach der Entkopplungsthese kommt Luhmann auf die Co-Evolutionsthese wieder zurück. Ausgehend von der Klammerfunktion des Sinns, der sowohl in psychischen wie sozialen Systemen unentbehrlicher

Operator ist, versucht Luhmann, mit der Theorie symbolisch generalisierter Kommunikationsmedien eine soziale Funktion zu rekonstruieren, die zugleich den Aufbau hochkomplexer sozialer Systeme und die Handlungsanbindung der Individuen an diese Systeme erklärt. Kommunikationsmedien wie Macht, Geld, Wahrheit, Recht wählen aus einem Überangebot an Möglichkeiten und motivieren zur Annahme von Selektionsofferten. Die Medien sind dabei klar binär struktuiert, überführen dadurch eine multiple, nicht entscheidbare Situation in eine zweiwertige Entweder / Oder-Situation, die Entscheidungen geradezu erzwingt und dabei auf Anschlüsse verweist. Motivational auf das psychische System wirkende Belohnungs- und Bestrafungsverknüpfungen stellen die Annahme von Selektionsofferten — in unterschiedlicher Intensität — sicher.

Systemtheoretisch wird die besondere Leistung dieser Medien hervorgehoben, die sprachliche Komplexität zwar reduzieren und damit Handeln überhaupt erwartbar strukturieren können, aber zu gleicher Zeit auch als Platzhalter für die Rückführbarkeit in das möglichkeitsreichere Terrain der Sprache stehen und so auf andere Möglichkeiten verweisen.

Derlei Einsichten der Systemtheorie haben für das Verhältnis von Individuum und Gesellschaft Folgen. Soziologie wird nicht aus der Sicht des Handelnden als Transformationsweg vom individuellen Denken zum sozialen Handeln betrachtet, wobei es dann konstitutiv auf Intentionen und Absichten des psychischen Bewußtseins des Akteurs ankäme. Soziologie wird aber auch nicht als Wissenschaft gesehen, die erklärt, wie übermächtige soziale Systeme ehemals freie Individuen zum systemkonformen Handeln überlisten, manipulieren oder zwingen. Vielmehr geht es der Systemtheorie darum, der Erkenntnis Bahn zu schaffen, daß bei hoher psychischer und sozialer Komplexität kausale Steuerungen des einen oder des anderen Bereichs prinzipiell unmöglich werden und deshalb beide Bereiche auch nicht mehr einheitlich theoretisch bearbeitet werden können. Eine Soziologie, die es mit Erwartungen, Wünschen und Ängsten von Individuen zu tun hat, wird schnell von psychischer Komplexität überrollt, ohne wie die Psychologie über kontrollierte Mechanismen der Theoriebildung zu verfügen.

Soziologen sehen mehr, wenn sie weniger sehen wollen. Verzichten sie auf das psychische Bewußtsein als Begriffspol der Theorie, gewinnen sie Raum für eine abstrakte Neufassung der Leistung und Funktion sozialer Systeme. Natürlich kommen auch in einer solchen Theorie konkrete Menschen vor, und das Bewußtsein komplex verfaßter Individuen ist conditio sine qua non jeder sozialen Systembildung. Aber trotz aller — auch — gegebenen faktischen Einheit von Individuen und Gesellschaft liegt der Reiz der Systemtheorie Luhmanns in der Betonung der Differenz beider Bereiche. Zieht man die Trennlinie als grundsätzliche, als unübersteigbare Emergenzschwelle, so werden Verselbständigungen beider Bereiche zum Normalfall und nicht zur Pathologie. Vernunft als Anspruch humaner, d.h. individueller Steuerung sozialer Systeme verliert dann ihren aufs Ganze gehenden, totalitären Charakter. Die Implementation humaner Anliegen wird zur

Daueraufgabe individueller Anstrengungen, womit immer auch koordinierte, und das meint wiederum soziale, etwa politische Aktionen, gemeint sind. Aber sie gelingt nie als Implementation in das soziale System hinein, sondern nur als resonanzerzeugende gezielte Herausforderung. Wo sie als Implementation gelingt, etwa als eine ideologischen oder religiösen Zielen verbundene Ökonomie oder Politik, treten totalitäre Züge auf, die Folgen einer im technischen Sinne verstandenen „Überhumanisierung" des Sozialen sind. Rationalität existiert in einer jeweils spezifischen Form sowohl im Bereich individueller als auch sozialer Systeme. Marktlogik, zweckrationales Kalkül auf der Seite autonomisierter sozialer Systeme und moralische, emotionale resp. auch intellektuelle Vernunft stehen in einem co-evolutiven Komplementärverhältnis, zuweilen auch im Verhältnis wechselseitiger Begrenzung und Kontrolle. Auflösungen zur einen oder zur anderen Seite beschwören die Gefahr herauf, daß ein fein austariertes, hochkomplexes Beziehungsgeflecht gestört wird. Damit würde vor allem eine neue Entwicklungsstufe im Verhältnis von Individuum und Gesellschaft behindert, die Stufe der gleichzeitigen Abschließung individueller und sozialer Systeme einerseits und einer neuen Unmittelbarkeit im Verhältnis beider andererseits.

Gibt man die von Anbeginn an mit der Relationierung von Individuum und Gesellschaft transportierte Einheitsvorstellung auf und verzichtet auf mechanische oder kausale Interdependenzmodelle, so wird der Weg frei für ein nüchterneres, aber auch komplizierteres Gesellschaftsbild. Sowohl die Einsamkeit des Individuums, seine wahrhaft existentialistische Freiheit als auch seine stete Abhängigkeit von seiner sozialen Umwelt stehen als Voraussetzung und Konsequenz eines rekursiven und geschlossenen Systems auf der einen Seite, während auf der anderen Seite höchst unterschiedlich verfaßte soziale Systeme stehen, die nichts sind ohne die individuelle Umwelt der Akteure, die aber auch hochautonomisierte Handlungsketten mit einer eigenen Systemlogik bilden, die in ihrer Komplexität niemals vollständig erfaßt werden kann. Das Verhältnis von Individuum und Gesellschaft ist als Ganzheitsvorstellung gebrochen, aber zugleich ist die Distanz zwischen beiden Bereichen enorm geschrumpft. Soziale Integration kann sich heute nicht mehr allein auf das Steuerungspotential der nach wie vor unentbehrlichen Kommunikationsmedien verlassen, sondern muß mit der — aus der Sicht sozialer Systeme — Irrationalität von individuell initiierten Unmittelbarkeiten rechnen. Umgekehrt wird verantwortungsethisch orientiertes zweckrationales Handeln voraussetzungsreicher und risikoreicher denn je, es wird in zunehmendem Maße gezwungen, nur Rahmen zu setzen, Einflüsse geltend zu machen, Anreize zu bieten und sich zu einem Gutteil auf die intendierte Resonanz der angesprochenen sozialen Systeme zu verlassen. Die Aufgabe der Soziologie, sofern sie sich als soziale und politische Beratungswissenschaft versteht, liegt dann in der Sichtbarmachung von Abhängigkeiten, Steuerungsmöglichkeiten und der Abgabe von Resonanzprognosen.

Literaturverzeichnis

Adorno, Theodor W.: Individuum und Organisation, in: Kritik. Kleine Schriften zur Gesellschaft, 2. Auflage, Ffm. 1973, S. 67 ff.

— Negative Dialektik, Gesammelte Schriften, Bd. 6, Ffm. 1973.

— Einleitung zu: ders. (Hrsg.), Der Positivismusstreit in der deutschen Soziologie, 9. Auflage, Darmstadt / Neuwied 1981, S. 7 ff.

— Einleitung zu: Durkheim, Emile, Soziologie und Philosophie, Ffm. 1985.

Apel, Karl Otto (Hrsg.): Sprachpragmatik und Philosophie, Ffm. 1976.

Aristoteles: Metaphysik, übersetzt von Paul Gohlke, Paderborn 1961.

— Politik (Politiea, DT.), übersetzt von Eugen Rolfes, 3. Auflage, Hamburg 1965.

— Werke in deutscher Übersetzung, begründet von Ernst Grumach, hrsg. v. Hellmut Flashar, Darmstadt, Bd. 6: Nikomachische Ethik, übersetzt von Franz Dirlemeier, 1979; Bd. 7: Endemische Ethik, übersetzt von Franz Dirlemeier, 1969.

Aufenanger, Stefan / *Lenssen,* Margrit (Hrsg.): Handlung und Sinnstruktur. Bedeutung und Anwendung der objektiven Hermeneutik, München 1986.

Austin, John Langshaw: How to do Things with Words, Oxford 1962; dtsch. Stuttgart 1972.

Bauer, Leonhard / *Matis,* Herbert: Geburt der Neuzeit. Vom Feudalsystem zur Marktwirtschaft, München 1988.

Bauman, Zygmunt: Is There a Postmodern Sociology?, in: Theory, Culture Society, Vol. 5 (No. 2-3) June 1988, 217 ff.

Beck, Ulrich: Risikogesellschaft. Auf dem Weg in eine andere Moderne, Ffm. 1986.

Bendix, Reinhard: Max Weber's Sociology Today, in: International Social Science Journal 17 (1965), 7 ff.

Bertalanffy, Ludwig von: Zu einer allgemeinen Systemlehre, in: Biologia Generalis 19 (1949), 114 ff.

— General System Theory. Foundations Development Applications, London 1973.

Böhler, Dietrich: Rekonstruktive Pragmatik. Von der Bewußtseinsphilosophie zur Kommunikationsreflexion: Neubegründung der praktischen Wissenschaften und Philosophie, Ffm. 1985.

Bohm, David: Die implizite Ordnung. Grundlagen eines dynamischen Holismus, München 1985.

Breuer, Stefan: Max Webers Herrschaftssoziologie, in: Zeitschrift für Soziologie, Jg. 17, Heft 5, 1988, 315 ff.

Buchanan, James M.: The Limits of Liberty. Between Anarchy and Leviathan, Chicago / London 1975.

Capra, Fridjoff: The Turning Point, 1982; dtsch. Wendezeit, Bern / München / Wien 1983.

Coleman, James S.: The Asymmetrie Society, dtsch. Die asymmetrische Gesellschaft. Vom Aufwachsen mit unpersönlichen Systemen, Weinheim (u. a.), 1986.

Descartes, René: Meditationen über die Grundlagen der Philosophie, hrsg. v. Lüder Gäbe, Hamburg 1977.

Dudek, Peter: Naturwissenschaften und Gesellschaftsformation. Zum Problem der historischen und begrifflichen Konstitution der klassischen bürgerlichen Naturwissenschaften, Ffm. / New York 1979.

Duerr, Hans Peter: Nacktheit und Scham. Der Mythos vom Zivilisationsprozeß, Ffm. 1988.

Durkheim, Emile: Soziologie und Philosophie, Ffm. 1985.

— Die Regeln der soziologischen Methode, Ffm. 1984.

— Der Selbstmord, Ffm. 1983.

— Über die Teilung der sozialen Arbeit, Ffm. 1977.

— Erziehung, Moral und Gesellschaft, Ffm. 1984.

Eco, Umberto: Zeichen. Einführung in einen Begriff und seine Geschichte, Ffm. 1977.

Eder, Klaus: Die Entstehung staatlich organisierter Gesellschaften. Ein Beitrag zu einer Theorie sozialer Evolution, Ffm. 1980.

Elias, Norbert: Über den Prozeß der Zivilisation. Soziogenetische und psychogenetische Untersuchungen, Erster Band: Wandlungen des Verhaltens in den weltlichen Oberschichten des Abendlandes, 2. Auflage, Bern 1969; Zweiter Band: Wandlungen der Gesellschaft. Entwurf zu einer Theorie der Zivilisation, 2. Auflage, Bern 1969.

— Die Gesellschaft der Individuen, Ffm. 1987.

— Engagement und Distanzierung. Arbeiten zur Wissenssoziologie I, Ffm. 1987.

Esser, Hartmut: Gesellschaft ohne Personen Individualismus ohne Individuen, Soz. Revue 11 (1988), 263 ff.

Etzioni, Amitai: Die aktive Gesellschaft. Eine Theorie gesellschaftlicher und politischer Prozesse, Opladen 1975.

Ferguson, Marylin: Die sanfte Verschwörung. Persönliche und gesellschaftliche Transformation im Zeitalter des Wassermanns, Basel 1982.

Feyerabend, Paul: Against Method. Outline of an Anarchistic Theory of Knowledge, in: Radner / Winokur (Hrsg.), Minnesota Studies in the Philosophy of Science, Bd. IV, Minneapolis 1970.

Forschner, Maximilian: Gesetz und Freiheit. Zum Problem der Autonomie bei Immanuel Kant, München (u. a.), 1974.

Frank, Manfred: Der kommende Gott. Vorlesungen über die Neue Mythologie, Ffm. 1982.

Gabriel, Karl: Analysen der Organisationsgesellschaft. Ein kritischer Vergleich der Gesellschaftstheorien Max Webers, Niklas Luhmanns und der phänomenologischen Soziologie, Ffm. 1979.

Gadamer, Hans-Georg: Die Idee des Guten zwischen Plato und Aristoteles, Heidelberg 1978.

Gauthier, David P.: The Logic of Leviathan. The moral and political Theory of Thomas Hobbes, Oxford 1969.

Geismann, Georg: Kant als Vollender von Hobbes und Rousseau, in: Der Staat 21 (1982), S. 161 ff.

Giddens, Anthony: Interpretative Soziologie. Eine kritische Einführung, Ffm. / New York 1984.

Giegel, Hans-Joachim: Interpenetration und reflexive Bestimmung des Verhältnisses von psychischem und sozialem System, in: Haferkamp / Schmid (Hrsg.), Sinn, Kommunikation und soziale Differenzierung, Ffm. 1987, S. 212 ff.

Greiff, Bodo von: Gesellschaftsform und Erkenntnisform. Zum Zusammenhang von wissenschaftlicher Erfahrung und gesellschaftlicher Entwicklung, Ffm. / New York 1977.

Gripp, Helga: Jürgen Habermas. Und es gibt sie doch — Zur kommunikationstheoretischen Begründung von Vernunft bei Jürgen Habermas, Paderborn / München / Wien / Zürich 1984.

Habermas, Jürgen: Strukturwandel der Öffentlichkeit. Untersuchungen zu einer Kategorie der bürgerlichen Gesellschaft, Darmstadt / Neuwied 1962.

— Erkenntnis und Interesse, Ffm. 5. Auflage 1979.

— Zur Rekonstruktion des Historischen Materialismus, Ffm. 1976.

— Vorstudien und Ergänzungen zur Theorie des kommunikativen Handelns, Ffm. 1984.

— Theorie des kommunikativen Handelns, Bd. 1, Handlungsrationalität und gesellschaftliche Rationalisierung; Bd. 2, Zur Kritik der funktionalistischen Vernunft, Ffm. 1981.

— Zur Logik der Sozialwissenschaften, 5. erweiterte Auflage, Ffm. 1982.

— Moralbewußtsein und kommunikatives Handeln, Ffm. 1983.

— Die neue Unübersichtlichkeit, Ffm. 1985.

— Der philosophische Diskurs der Moderne. Zwölf Vorlesungen, Ffm. 1985.

— Nachmetaphysisches Denken. Philosophische Aufsätze, Ffm. 1988.

— / *Luhmann*, Niklas: Theorie der Gesellschaft oder Sozialtechnologie — Was leistet die Systemforschung?, Ffm. 1971.

Heidegger, Martin: Sein und Zeit, Tübingen 1972.

Hillmann, Karl-Heinz: Wertewandel. Zur Frage soziokultureller Voraussetzungen alternativer Lebensformen, Darmstadt 1989.

Hobbes, Thomas: De Corpore Politico, Chapter I, in: The English Works of Thomas Hobbes of Mamesbury, Bd. IV, Aalen 1966.

Hobbes, Thomas: Leviathan. Introd. by A.D. Lindsay. London 1970.

Horkheimer, Max: Zur Kritik der instrumentellen Vernunft, Ffm. 1967.

— / *Adorno*, Theodor W.: Dialektik der Aufklärung. Philosophische Fragmente, Ffm. 1969.

Isensee, Josef: Mehr Recht durch weniger Gesetze?, ZRP 1985, 139 ff.

Jensen, Stefan: Aspekte der Medien-Theorie: Welche Funktionen haben die Medien in Handlungssystemen?, ZfS 1984, 145 ff.

Joas, Hans: Durkheim und der Pragmatismus, in: KZfSS 1985, 411 ff.

Johnson, Paul J.: Hobbes and the Wolf-Man, in: Thomas Hobbes, His Viiew of Man edited by J.G. van der Bend, Amsterdam 1982, S. 31 ff.

Jonas, Hans: Macht oder Ohnmacht der Subjektivität? Das Leib-Seele-Problem im Vorfeld des Prinzips Verantwortung, Ffm. 1987.

Kafka, Gustav: Aristoteles, München 1922.

Kant, Immanuel: Zum Verhältnis der Theorie zur Praxis im Staatsrecht (Gegen Hobbes), in: Über den Gemeinspruch, Akademie Textausgabe, Band VIII, Berlin 1968.

— Übergang von der Metaphysik der Sitten zur Kritik der reinen praktischen Vernunft, in: Akademie Textausgabe, Band IV, Berlin 1968.

— Was ist Aufklärung?, in: Akademie Textausgabe, Band VIII, Berlin 1968.

Klages, Helmut: Wertedynamik. Über die Wandelbarkeit des Selbstverständlichen, Zürich / Osnabrück, 1988.

Kloepfer, Michael: Instrumente des staatlichen Umweltschutzes in der Bundesrepublik Deutschland, UTR, Bd. 3, 1987, S. 3 ff.

Kohlberg, Lawrence: Zur kognitiven Entwicklung des Kindes, Ffm. 1974.

Krappmann, Lothar: Soziologische Dimensionen der Identität, 5. Auflage 1978.

Krawietz, Werner: Recht als Regelsystem, Wiesbaden 1984.

Krüll, Marianne / *Luhmann*, Niklas / *Maturana*, Humberto: Grundkonzepte der Theorie autopoietischer Systeme, Z. syst. Ther. Jg. 5 (1), 1987, S. 4 ff.

Künzler, Jan: Grundlagenprobleme der Theorie symbolisch generalisierter Kommunikationsmedien, ZfS 1987, S. 317 ff.

Lipp, Wolfgang: Autopoiesis biologisch, Autopoiesis soziologisch — Wohin führt Luhmanns Paradigmenwechsel?, KZfSS 1987, 452 ff.

Loewenstein, Bedrich: Plädoyer für die Zivilisation, Hamburg 1973.

Luhmann, Niklas: Die Gewissensfreiheit und das Gewissen, in: AöR 90 (1965), S. 257 ff.

— Grundrechte als Institution. Ein Beitrag zur politischen Soziologie, Berlin 1965.

— Theorie der Verwaltungswissenschaft, Berlin 1966.

— Soziologie als Theorie sozialer Systeme, in: Soziologische Aufklärung, Band 1, Opladen 1970, S. 114 ff.

— Politische Planung. Aufsätze zur Soziologie von Politik und Verwaltung, Opladen 1971.

— Funktionen und Folgen formaler Organisation, 2. Auflage, Berlin 1972.

— Religiöse Dogmatik und gesellschaftliche Evolution, in: Dahm / Luhmann / Stoodt, Religion — System und Sozialisation, Darmstadt / Neuwied 1972, S. 11 ff.

— Zur Theorie symbolisch generalisierter Kommunikationsmedien, ZfS 1974, 236 ff.

— Systemtheorie, Evolutionstheorie und Kommunikationstheorie, in: Soziologische Aufklärung, Band 2, Opladen 1975, S. 93 ff.

— Macht, Opladen 1975.

— Interpenetration — Zum Verhältnis personaler und sozialer Systeme, ZfS 1977, 62 ff.

— Arbeitsteilung und Moral. Durkheims Theorie, in: Durkheim, Über die Teilung der sozialen Arbeit, Ffm. 1977, S. 17 ff.

— Zweckbegriff und Systemrationalität. Über die Funktion von Zwecken in sozialen Systemen, Baden-Baden 1977.

— Interpenetration bei Parsons, ZfS 1978, 299 ff.

— Soziologie der Moral, in: Luhmann / Pfürtner, Theorietechnik und Moral, Ffm. 1978, S. 8 ff.

— Organisation im Wirtschaftssystem, in: ders., Soziologische Aufklärung, Band 3, Opladen 1981, S. 390 ff.

— Über die Funktion der Negation in sinnkonstituierenden Systemen, in: Soziologische Aufklärung, Bd. 3, Opladen 1981, S. 35 ff.

— Vorbemerkungen zu einer Theorie sozialer Systeme, in: ders., Soziologische Aufklärung, Band 3, Opladen 1981, S. 11 ff.

— Liebe als Passion. Zur Codierung von Intimität, 2. Auflage, Ffm. 1983.

— Rechtssoziologie, 2. Auflage, Opladen 1983.

— Soziale Systeme. Grundriß einer allgemeinen Theorie, Ffm. 1984.

— Autopoiesis des Bewußtseins, Soziale Welt 1985, 402 ff.

— Einige Probleme mit reflexivem Recht, ZfRS 1985, 1 ff.

— Individuum, Individualität und Individualismus, 1985 (unveröffentlichtes Manuskript).

— (Hrsg.): Soziale Differenzierung. Zur Geschichte einer Idee, Opladen 1985.

— Ökologische Kommunikation. Kann die moderne Gesellschaft sich auf ökologische Gefährdungen einstellen?, Opladen 1986.

— Sprache und Kommunikationsmedien. Ein schieflaufender Vergleich, ZfS 16 (1987), S. 467 f.

— Autopoiesis als soziologischer Begriff, in: Haferkamp / Schmid (Hrsg.), Sinn, Kommunikation und soziale Differenzierung, Ffm. 1987, S. 307 ff.

— Warum AGIL?, KZfSS 40 (1988), 127 ff.

— Die Wirtschaft der Gesellschaft, Ffm. 1988.

— Wie ist Bewußtsein an Kommunikation beteiligt?, in: Gumbrecht / Pfeiffer, Materialität der Kommunikation, Ffm. 1988.

Lutz, Peter Christian: „Aliention" als Konzept der Sozialwissenschaften, in: KZfSS 1975, 1 ff.

Lyotard, Jean-Francois: La Condition postmoderne. Rapport sur le savoir, Paris 1979; Neuausgabe Graz / Wien 1986.

Mackensen, Rainer: Die Postmoderne als negative Utopie, Soz.Revue Jg. 11 (1988), 6 ff.

Macpherson, Crawford B.: Die politische Theorie des Besitzindividualismus. Von Hobbes bis Locke, Ffm. 1973.

Maier, Ferdinand: Zur Herrschaftslogik des sozialen Handelns. Eine kritische Rekonstruktion von Max Webers Gesellschaftstheorie, Koenigstein / Ts. 1982.

Marcuse, Herbert: Der eindimensionale Mensch. Studien zur Ideologie der fortgeschrittenen Industriegesellschaft, Neuwied / Berlin 1967.

Maturana, Humberto: Erkennen, Die Organisation und Verkörperung der Wirklichkeit. Ausgewählte Arbeiten zur biologischen Epistemologie, Braunschweig (u. a.) 1982.

Mayntz, Renate / *Nedelmann,* Birgitta: Eigendynamische soziale Prozesse. Anmerkungen zu einem analytischen Paradigma, KZfSS 1987, 648 ff.

Mead, George Herbert: Mind, Self and Society. From the standpoint of a social behaviorist, Chicago 1934, dtsch. Geist, Identität und Gesellschaft, Ffm. 1973.

Müller, Rudolf Wolfgang: Geld und Geist. Zur Entstehungsgeschichte von Identitätsbewußtsein und Rationalität seit der Antike, Ffm. / New York 1977.

Münch, Richard: Theorie des Handelns. Zur Rekonstruktion der Beiträge von Talcott Parsons, Emile Durkheim und Max Weber, Ffm. 1982.

— Die Struktur der Moderne. Grundmuster und differentielle Gestaltung des institutionellen Aufbaus der modernen Gesellschaften, Ffm. 1984.

Neumann, Franz L.: Zum Begriff der politischen Freiheit, in: Zeitschrift für die gesamte Staatswissenschaft, Bd. 109, (1953), S. 25 ff.

Nocke, Joachim: Autopoiesis — Rechtssoziologie in seltsamen Schleifen, KZ 1986, 363 ff.

Parsons, Talcott: The Social System, Glencoe 1964.

— Social Structure and Personality, New York 1964.

— Social Structure and the Symbolic Media of Interchange, in: Blau, Peter M. (Hrsg.), Approaches to a Study of Social Structure, London / New York, 1975, S. 94 ff.

— Zur Theorie sozialer Systeme, hrsg. und eingeleitet von Stefan Jensen, Opladen 1976.

— / *Shils,* Edward Albert: Toward a General Theory of Action, Erstausgabe 1981, Cambridge, Mass. 1976.

Peirce, Charles S.: Einige Konsequenzen aus vier Unvermögen, in: Karl Otto Apel (Hrsg.), Schriften I, Frankfurt 1967, S. 184 ff.

Piaget, Jean: Erkenntnistheorie der Wissenschaften von Menschen, Frankfurt / M. / Berlin / Wien 1973.

Pleßner, Helmuth: Die Stufen des Organischen und der Mensch. Einleitung in die philosophische Anthropologie, Berlin / Leipzig 1928.

Popitz, Heinrich: Autoritätsbedürfnisse. Der Wandel der sozialen Subjektivität, KZfSS 1987, 633 ff.

Popper, Karl R.: Immanuel Kant. Der Philosoph der Aufklärung, in: Immanuel Kant zu Ehren, hrsg. v. Joachim Kopper und Rudolf Malter, Ffm. 1974, S. 335 ff.

Prauss, Gerold: Kant über Freiheit als Autonomie, Ffm. 1983.

Preglau, Max: „System“ und „Lebenswelt“ als theoretisches Konzept der Wirtschaftssoziologie, ÖZS 1987, 60 ff.

Rapp, Friedrich: Die nicht geplante Entwicklung, in: FAZ Nr. 213 v. 15.9.1987, S. 13.

Richter, Rudolf: Klassenkultur und Lebensstile, WS-Rundschau 1988, 333 ff.

Robbins, Lionel C.: A Essay on the Nature and Significance of Economic Science, 2. Auflage, London 1972.

Rousseau, Jean-Jacques: Contrat Social ou Principes du Droit Politique, Paris 1914.

Sartre, Jean Paul: Das Sein und das Nichts. Versuch einer phänomenologischen Ontologie, Hamburg 1962.

Sattler, Andreas: Die Entwicklung der Europäischen Gemeinschaften, in: JöR N.F. 37 (1987), S. 365 ff.

Scherr, Albert: Postmoderne Soziologie-Soziologie der Postmoderne?, in: ZfS 19 (1990), 3 ff.

Schimank, Uwe: Funktionale Differenzierung und reflexiver Subjektivismus. Zum Entsprechungsverhältnis von Gesellschafts- und Identitätsform, Soziale Welt 1985, 447 ff.

Schluchter, Wolfgang: Max Webers Religionssoziologie, in: KZfSS 36 (1984), 342 ff.

— Max Webers Analyse des antiken Christentums, in: Schluchter (Hrsg.), Max Webers Sicht des antiken Christentums, Ffm. 1985, S. 11 ff.

Schmid, Michael: Autopoiesis und soziales System: Eine Standortbestimmung, in: Haferkamp / Schmid (Hrsg.), Sinn, Kommunikation und soziale Differenzierung, Ffm. 1987, S. 25 ff.

Scholz, Frithard: Freiheit als Indifferenz. Alteuropäische Probleme mit der Systemtheorie Niklas Luhmanns, Ffm. 1982.

Schütz, Alfred: Der sinnhafte Aufbau der sozialen Welt. Eine Einleitung in die verstehende Soziologie, Ffm. 1981.

Service, Elman R.: Ursprünge des Staates und der Zivilisation. Der Prozeß der kulturellen Evolution, Ffm. 1977.

Simmel, Georg: Zur Psychologie der Mode. Soziologische Studie, in: ders., Schriften zur Soziologie, hrsg. von Dahme / Rammstedt, 2. Auflage, Ffm. 1986, S. 131 ff.

Smid, Stefan: Recht und Staat als „Maschine“, in: Der Staat 1988, S. 325 ff.

Sohn-Rethel, Alfred: Geistige und körperliche Arbeit, Ffm. 1970.

— Warenform und Denkform, Ffm. 1978.

Stölting, Erhard: Disziplin und Durst nach unbegrenztem menschlichem Umgang. Alltagsmoral in der Sowjetunion, Erlangen 1987.

Strasser, Hermann: The Normative Structure of Sociology. Conservative and emancipatory themes in social thought, London, Henley and Boston 1976.

— Lektionen von Karl Mannheims radikaler Wissenssoziologie, Angewandte Sozialforschung 1983, 307 ff.

Taylor, Charles: Negative Freiheit? Zur Kritik des neuzeitlichen Individualismus, Ffm. 1988.

Tenbruck, Friedrich: Das Werk Max Webers, in: KZfSS 27 (1975), 663 ff.

— Das Werk Max Webers: Methodologie und Sozialwissenschaften, in: KZfSS 38 (1986), 13 ff.

Thomsen, George: Die ersten Philosophen. Forschungen zur altgriechischen Gesellschaft, Bd. II, Berlin (Ost) 1968.

Tönnies, Ferdinand: Thomas Hobbes. Der Mann und Denker, 2. Auflage, Stuttgart 1922.

Touraine, Alain: La société post-industrielle, Paris 1969; dtsch. Die postindustrielle Gesellschaft, Ffm. 1972.

— The Voice and the Eye. An analysis of social movements, Cambridge 1981.

Ulrich, Peter: Transformation der ökonomischen Vernunft. Fortschrittsperspektiven der modernen Industriegesellschaft, 2. Auflage, Bern / Stuttgart 1987.

Varela, Francisco J.: Two Principles of Self-Organisation, in: Ulrich / Probst (Hrsg.), Self-Organisation and Management of Social Systems, Berlin 1984, S. 25 ff.

Vivelo, Frank Robert: Handbuch der Kulturanthropologie. Eine grundlegende Einführung, München 1988.

Weber, Max: Gesammelte Politische Schriften, 3. Auflage, Tübingen 1971

— Gesammelte Aufsätze zur Religionssoziologie, Band 3, Tübingen 1971

— Gesammelte Aufsätze zur Religionssoziologie, Band 1, Tübingen 1972

— Wirtschaft und Gesellschaft, 5. Auflage, Studienausgabe, Tübingen 1972.

— Gesammelte Aufsätze zur Wissenschaftslehre, 4. Auflage, Tübingen 1973.

Welsch, Wolfgang: Unsere postmoderne Moderne, Weinheim 1987.

Wenzel, Harald: Mead und Parsons. Die emergente Ordnung des sozialen Handelns, in: Joas (Hrsg.), Das Problem der Intersubjektivität. Neuere Beiträge zum Werk George Herbert Meads, Ffm. 1985, S. 26 ff.

Weymann, A. (Hrsg.): Handlungsspielräume. Untersuchungen zur Individualisierung und Institutionalisierung von Lebensläufen in der Moderne, Bd. 9, Der Mensch als soziales und personales Wesen, 1988.

Willke, Helmut: Differenzierung und Integration in Luhmanns Theorie sozialer Systeme, in: Haferkamp / Schmid (Hrsg.), Sinn, Kommunikation und soziale Differenzierung, Ffm. 1987, S. 247 ff.

— Entzauberung des Staates. Überlegungen zu einer sozietalen Steuerungstheorie, Königstein 1983.

Willms, Bernhard: Liberty as Conditio Humana in Hobbes, in: Thomas Hobbes. His View of Man, edited by J. G. van der Bend, Amsterdam 1982, S. 99 ff.

Zapf, Wolfgang u. a.: Individualisierung und Sicherheit. Untersuchungen zur Lebensqualität in der Bundesrepublik Deutschland, München 1987.

Zielcke, Andreas: Die symbolische Natur des Rechts. Analyse der Rechtssoziologie Niklas Luhmanns, Berlin 1980.

FSC
www.fsc.org
MIX
Papier | Fördert gute Waldnutzung
FSC® C083411

Kolibri 360 GmbH
Ferdinand-Jühlke-Straße 7
99095 Erfurt, Deutschland
produktsicherheit@kolibri360.de

Druck:
CPI Druckdienstleistungen GmbH
im Auftrag der
Kolibri 360 GmbH
Ferdinand-Jühlke-Str. 7
99095 Erfurt